高等职业教育智能制造类新形态一体化教材

电机与电气控制技术

DIANJI YU DIANQI KONGZHI JISHU

主　编　蒋祥龙　刘海军　代　莉
副主编　李建宏　史学伟　张　维　周扬帆
　　　　伍春霞　苟志强　罗　茜　王　川
主　审　余金洋　邓文亮

中国教育出版传媒集团
高等教育出版社·北京

内容提要

本书是高等职业教育智能制造类新形态一体化教材，坚持“以职业标准为依据，以企业需求为导向，以职业能力为核心”的理念，结合企业实际，反映岗位需求，突出新知识、新技术、新工艺、新方法编写而成。

本书共7个项目，主要内容包括：直流电机的应用与维护，交流电机的应用与维护，变压器的应用与维护，低压电器的选用与检修，交流电机控制电路的安装、设计与调试，CA6150型卧式车床电气控制电路的检修，交流电动机变频调速控制电路的安装与调试。

本书配套丰富的助学助教数字化资源，包括PPT课件、视频等，其中部分资源以二维码链接形式在书中呈现。

本书适用于职业教育电气自动化技术、工业机器人技术、机电一体化技术、建筑智能化工程技术、应用电子技术等相关专业教学使用，也可供有关工程技术人员阅读参考。

图书在版编目(CIP)数据

电机与电气控制技术 / 蒋祥龙，刘海军，代莉主编．
北京 ：高等教育出版社，2025．8．-- ISBN 978-7-04-065153-9

Ⅰ．TM3；TM921.5

中国国家版本馆CIP数据核字第2025GG9618号

策划编辑 谢永铭　**责任编辑** 谢永铭　**封面设计** 张文豪　**责任印制** 高忠富

出版发行	高等教育出版社	**网　　址**	http://www.hep.edu.cn
社　　址	北京市西城区德外大街4号		http://www.hep.com.cn
邮政编码	100120	**网上订购**	http://www.hepmall.com.cn
印　　刷	上海叶大印务发展有限公司		http://www.hepmall.com
开　　本	787mm×1092mm　1/16		http://www.hepmall.cn
印　　张	15		
字　　数	374千字	**版　　次**	2025年8月第1版
购书热线	010-58581118	**印　　次**	2025年8月第1次印刷
咨询电话	400-810-0598	**定　　价**	49.00元

物 料 号　65153-00

配套学习资源及教学服务指南

二维码链接资源

本书配套视频等学习资源，在书中以二维码链接形式呈现。使用手机扫描书中的二维码即可查看，随时随地获取学习内容，享受学习新体验。

打开书中附有二维码的页面　　扫描二维码　　查看相应资源

在线自测

本书提供在线交互自测，在书中以二维码链接形式呈现。使用手机扫描书中对应的二维码即可进行自测，根据提示选填答案，完成自测确认提交后即可获得参考答案。自测可重复进行。

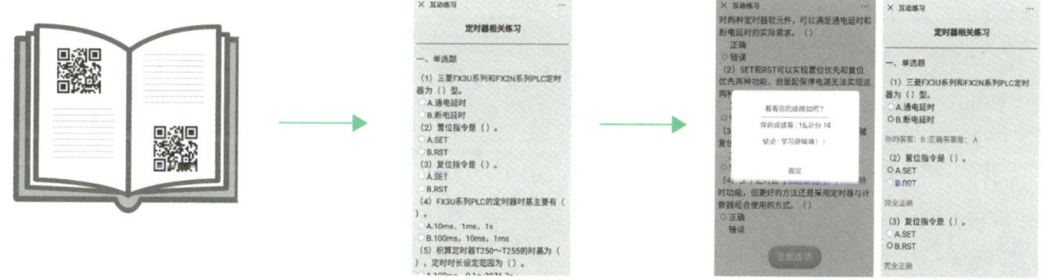

打开书中附有二维码的页面　　扫描二维码开始答题　　提交后查看自测结果

教师教学资源索取

本书配有与课程相关的教学资源，例如，教学课件、参考答案等。选用教材的教师，可扫描以下二维码，关注微信公众号“高职智能制造教学研究”，点击“教学服务”中的“资源下载”，或在电脑端访问网址（101.35.126.6），注册认证后下载相关资源。

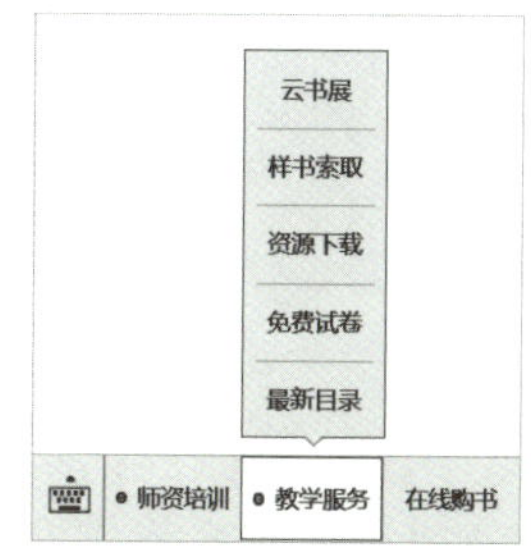

★如您有任何问题，可加入工科类教学研究中心QQ群：240616551。

续表

所属	页码	类型	说明	所属	页码	类型	说明
项目5	143	视频	Y-△降压启动控制电路的安装与调试	项目6	168	视频	CA6140型卧式车床电气控制电路的原理分析
	148	视频	半波整流能耗制动控制电路的原理分析		178	互动练习	项目6自测题
	149	视频	半波整流能耗制动控制电路的安装与调试	项目7	181	视频	交流异步电动机的调速控制
	150	视频	反接制动控制电路的安装与调试		184	视频	变频调速原理
	158	视频	低压电气控制电路的设计		190	视频	认识三菱FR-E700变频器
	158	视频	低压电气控制电路的设计实例		198	视频	三菱变频器的基本操作
	163	互动练习	项目5自测题		213	视频	三菱变频器控制电动机正反转
					221	视频	三菱变频器多段速控制
					225	互动练习	项目7自测题

本书二维码资源列表

所属	页码	类型	说明
项目 1	3	视频	认识直流电机
	16	视频	直流电机的工作特性
	16	视频	直流电机的机械特性
	23	视频	他励直流电机的启动
	25	视频	他励直流电机的调速
	28	互动练习	项目 1 自测题
项目 2	32	视频	认识三相异步电动机的作用及结构
	44	视频	分析三相异步电动机的工作特性及机械特性
	48	互动练习	项目 2 自测题
项目 3	51	视频	单相变压器
	59	视频	三相变压器
	60	视频	三相变压器绕组的连接方式及并联运行
	65	互动练习	项目 3 自测题
项目 4	69	视频	开关电器
	77	视频	熔断器
	82	视频	接触器
	89	视频	热继电器、速度继电器、时间继电器
	90	视频	电流继电器、电压继电器、中间继电器
	98	视频	主令电器
	103	互动练习	项目 4 自测题

所属	页码	类型	说明
项目 5	107	视频	点动控制电路的原理分析
	108	视频	点动控制电路的安装与调试
	115	视频	长动控制电路的原理分析
	116	视频	长动控制电路的安装与调试
	120	视频	顺序启动、同时停止控制电路的原理分析
	122	视频	顺序启动、同时停止控制电路的安装与调试
	123	视频	顺序启动、逆序停止控制电路的原理分析
	123	视频	顺序启动、逆序停止控制电路的安装与调试
	128	视频	接触器联锁、双重联锁控制电路的原理分析
	129	视频	双重联锁控制电路的安装与调试
	134	视频	自动往返行程(位置)控制电路
	141	视频	定子串电阻降压启动控制电路
	141	视频	Y-△降压启动控制电路的原理分析

前言

《中华人民共和国国民经济和社会发展第十四个五年规划和2035年远景目标纲要》明确强调了加速职业教育发展步伐、促进绿色转型，以及构建高质量教育体系的战略方向。本书内容紧密对接生产一线需求，不仅理论扎实，更侧重于实践操作的指导性和应用价值的挖掘，确保了教材的可操作性和实用性。

本书贯彻党的二十大精神，践行社会主义核心价值观，以立德树人、产教融合、工匠精神、绿色低碳发展及安全生产等为指引，按照企业典型工作任务编写。

本书主要有以下特色：

1. 注重价值观培养，在教学目标和教学内容中融入课程思政元素，将我国领先的变频调速技术、电机技术等融入教材，增强学生的民族自信心和民族自豪感。

2. 新形态一体化，实现了线上资源与纸质教材的深度融合，配套PPT课件、视频等资源，丰富教材呈现方式。

3. 按企业典型岗位工作设计项目，每个项目又设计了若干任务，逐步完成项目目标，逻辑清晰，且具有内容的独立性。每个任务编排有任务分析、知识准备、任务实施、任务考评、课后习题5个部分，实现“做中学、学中做”，也便于教师安排教学及学生自学。

4. 理论教学以“够用”为原则，以培养应用型、技术型、创新型人才为目标；坚持“以职业标准为依据，以企业需求为导向，以职业能力为核心”的理念，结合企业实际，反映岗位需求，突出新知识、新技术、新工艺、新方法；采用“任务驱动”的编写理念，以工作任务为引领，使理论与实践融为一体。

5. 学生成绩由过程考核和结果考核两部分组成，过程考核体现在平时，由授课教师根据学生考勤、实际操作、问题回答、学习态度、8S管理等方面进行评定。在学生学完该课程规定的内容后，教师根据学生期末考试成绩、平时考核进行综合评定，成绩合格者予以通过。

6. 支持一体化教学实施。一体化教学能充分发挥学生的主观能动性，让学生成为课堂教学的主体，教师辅助学生完成任务。学生收到任务单后，

项目 3 变压器的应用与维护 49

项目 4 低压电器的选用与检修 67

项目 5 交流电机控制电路的安装、设计与调试 105

项目 7 交流电动机变频调速控制电路的安装与调试 179

② 主磁极

主磁极的作用是产生主磁场。主磁极由主磁极铁芯和励磁绕组两部分组成。主磁极铁芯一般用0.5~1.5 mm厚的硅钢板冲片叠压铆紧而成。励磁绕组用绝缘铜线绕制而成,套在主磁极铁芯上。当励磁绕组中通入直流电流后,便产生主磁场。主磁极可以有一对或多对,用螺钉固定在机座上。

③ 换向极

换向极的作用是改善换向,减小电机运行时电刷与换向器之间可能产生的换向火花,一般装在两个相邻主磁极之间,由换向极铁芯和换向极绕组组成。换向极绕组用绝缘导线绕制而成,套在换向极铁芯上,换向极的数目与主磁极相等。

④ 电刷装置

电刷装置是用来引入或引出直流电压和直流电流的。电刷装置由电刷、刷握、刷杆和刷杆座等组成。电刷放在刷握内,用弹簧压紧,使电刷与换向器之间有良好的滑动接触。刷握固定在刷杆上,刷杆装在圆环形的刷杆座上,相互之间必须绝缘。刷杆座装在端盖或轴承内盖上,圆周位置可以调整,调好以后加以固定。

(2) 转子

直流电机运行时转动的部分称为转子。转子的主要作用是产生电磁转矩和感应电动势,是直流电机进行能量转换的枢纽,所以通常又称为电枢,由电枢铁芯、电枢绕组、换向器、转轴和风扇等组成。

① 电枢铁芯

电枢铁芯是主磁路的主要部分,同时用以嵌放电枢绕组。一般电枢铁芯采用由0.5 mm厚的硅钢片冲制而成的冲片叠压而成,以降低直流电机运行时电枢铁芯中产生的涡流损耗和磁滞损耗。叠压而成的电铁芯固定在转轴或转子支架上。电枢铁芯的外圆开有电枢槽,槽内嵌放电枢绕组。电枢铁芯如图1-3所示。

图1-3 电枢铁芯

② 电枢绕组

电枢绕组的作用是产生电磁转矩和感应电动势,是直流电机进行能量变换的关键部件。它是由许多线圈按一定规律连接而成的,线圈采用高强度漆包线或玻璃丝包扁铜线绕制而成,不同线圈的线圈边分上、下两层嵌放在电枢槽中,线圈与铁芯之间以及上、下两层线圈边之间都必须绝缘。为防止离心力将线圈边甩出槽外,槽口用槽楔固定。线圈伸出槽外的端接部分用热固性无纬玻璃带进行绑扎。

③ 换向器

在直流电动机中,换向器配以电刷,能将外加直流电源转换为电枢线圈中的交变电流,使电磁转矩的方向恒定不变;在直流发电机中,换向器配以电刷,能将电枢线圈中感应产生的交变电动势转换为正、负电刷上引出的直流电动势。换向器是由许多换向片组成的圆柱体,换向片之间用云母片绝缘。

④ 转轴

转轴起转子旋转的支撑作用,须有一定的机械强度和刚度,一般用圆钢加工而成。

2. 直流电机的工作原理

(1) 直流电动机的工作原理

图 1-4 所示为一个简单的直流电动机模型。在一对静止的磁极 N 和 S 之间,装设一个可以绕 $z-z'$ 轴转动的圆柱形铁芯,在它上面装有矩形的线圈 $abcd$。这个转动的部分通常称为电枢。线圈的两端 a 和 d 分别接到换向片的两个半圆形铜环 1 和 2 上。换向片 1 和 2 之间是彼此绝缘的,它们和电枢装在同一根轴上,可随电枢一起转动。A 和 B 是两个固定不动的碳质电刷,它们和换向片之间是滑动接触的。来自直流电源的电流通过电刷和换向片流到电枢的线圈里。

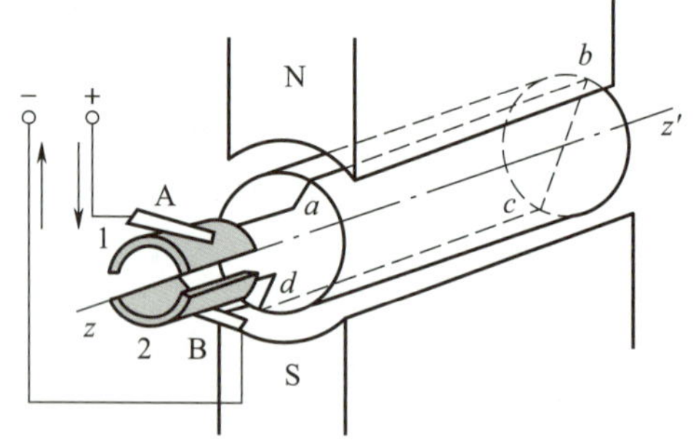

图 1-4 一个简单的直流电动机模型

当电刷 A 和 B 分别与直流电源的正极和负极接通时,电流从电刷 A 流入,从电刷 B 流出。这时线圈中的电流方向是从 a 流向 b,再从 c 流向 d。载流导体在磁场中要受到电磁力,其方向可由左手定则确定。当电枢在图 1-5(a)所示的位置时,线圈 ab 边的电流从 a 流向 b,用⊕表示,cd 边的电流从 c 流向 d,用⊙表示。根据左手定则可以判断出,ab 边受力的方向是从右向左,而 cd 边受力的方向是从左向右。在电枢上就产生了逆时针方向的转矩,因此,电枢将沿着逆时针方向转动起来。

当电枢转到使线圈的 ab 边从 N 极进入 S 极,而 cd 边从 S 极进入 N 极时,与线圈 a 端连接的换向片 1 跟电刷 B 接触,而与线圈 d 端连接的换向片 2 跟电刷 A 接触,如图 1-5(b)所示。此时,线圈内的电流方向变为从 d 流向 c,再从 b 流向 a,从而保持在 N 极的导体中的电流方向不变。因此,转矩的方向也不改变,电枢仍然按照原来的逆时针方向继续旋转。

由此可以看出,换向片和电刷在直流电动机中起着交换电枢线圈中电流方向的作用。

(2) 直流发电机的工作原理

图 1-6 所示为直流发电机工作原理示意图,其基本结构与直流电动机完全相同,只是电枢由原动机拖动,以恒定的转速按照逆时针方向旋转,当线圈有效边 ab 和 cd 切割磁力线时,便在其中产生感应电动势,其方向可由右手定则确定。如图 1-6 所示瞬间,导体 ab 中的

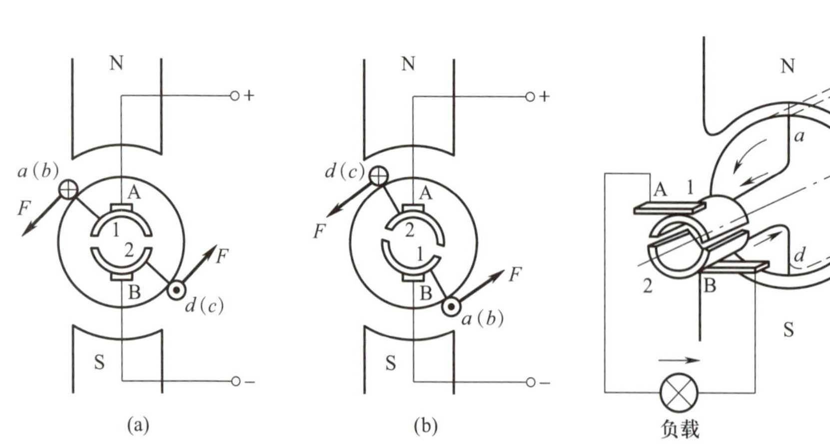

图 1-5 换向器在直流电动机中的作用

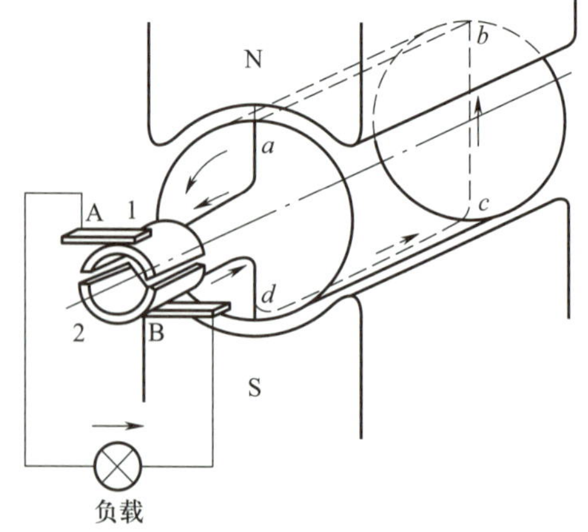

图 1-6 直流发电机工作原理示意图

电动势方向由 b 指向 a,导体 cd 中的电动势方向则由 d 指向 c,从整个线圈来看,电动势的方向为由 d 指向 a,故外电路中的电流自换向片 1 流至电刷 A,经过负载,流至电刷 B 和换向片 2,进入线圈。此时,电流流出处的电刷 A 为正电位,用"+"表示;而电流流入线圈处的电刷 B 则为负电位,用"-"表示。即电刷 A 为正极,电刷 B 为负极。

电枢旋转 180°后,导体 ab 和 cd 以及换向片 1 和 2 的位置同时互换,电刷 A 通过换向片 2 与导体 cd 相连接,此时,由于导体 cd 取代了原来 ab 所在的位置,即转到 N 极,改变原来电流方向,电流方向由 c 指向 d,因此,电刷 A 的极性仍然为正;同时,电刷 B 通过换向片 1 与导体 ab 相连接,而导体 ab 此时已转到 S 极,也改变了原来电流方向,电流方向由 a 指向 b,因此,电刷 B 的极性仍然为负。

通过换向器和电刷的作用,可以及时地改变线圈与外电路的连接,使线圈产生的交变电动势变为电刷两端方向恒定的电动势,保持外电路的电流按一定方向流动。

由此可知:直流电机既可作发电机运行,又可作电动机运行,这就是直流电机的可逆原理。如果原动机拖动电枢旋转,通过电磁感应,便将机械能转换为电能,供给负载,这就是发电机;如果由外部电源供给电机,由于载流导体在磁场中的作用,产生电磁力,建立电磁转矩,拖动负载转动,又成为了电动机。

3. 直流电机的励磁方式

直流电机励磁绕组的供电方式称为励磁方式。按直流电机励磁绕组与电枢绕组连接方式的不同,直流电机可分为他励直流电机、并励直流电机、串励直流电机、复励直流电机四种,如图 1-7 所示。其中,图 1-7(a)为他励直流电机,励磁绕组与电枢绕组分别用两个独立的直流电源供电;图 1-7(b)为并励直流电机,励磁绕组与电枢绕组并联,由同一直流电源供电;图 1-7(c)为串励直流电机,励磁绕组与电枢绕组串联;图 1-7(d)为复励直流电机,既有并励绕组,又有串励绕组。直流电机的并励绕组一般电流较小、导线细、匝数较多,串励绕组的电流较大、导线较粗、匝数较少,因而不难辨别。

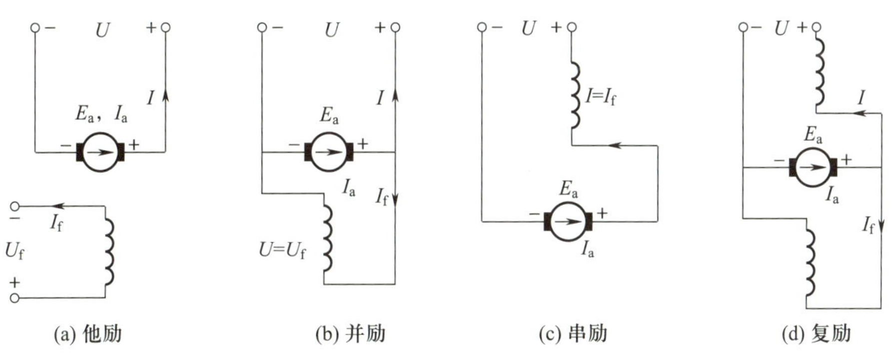

图 1-7 直流电机结构示意图

4. 直流电机的电枢反应和换向

(1) 直流电机的电枢反应

当电机有负载时,电枢绕组中有电流通过,产生磁场,称为电枢磁场。电枢磁场对主磁场的影响称为电枢反应。

电枢磁场与主磁场在气隙中叠加形成合成磁场,其效果使磁场轴线顺着转子实际旋转方向偏移角度 α。这导致主磁极几何中性线处的磁感应强度不再为 0,并且物理中性线顺着转子实际旋转方向偏移角度 α,如图 1-8 所示。此即电枢反应对磁场分布的核心影响。

电机工作在磁路近饱和状态下,电枢磁场还会削弱主磁场,这是第二个影响。对于直流电动机而言,除了换向器与电刷间的火花增大外,电动机的输出转矩会有所减小,他励和并励电机转速上升,串励电机可能飞车。

(2) 直流电机的换向

直流电机运行时,电枢绕组从主磁极下方移至相邻极时,其连接的换向片被电刷短接,使电枢绕组电流方向改变,此过程称为换向。

电枢反应会加剧换向火花。改善方法包括:

① 换向极是改善直流电机换向性能的核心措施,其安装于定子主磁极之间的几何中性线上。该装置通过产生与电枢反应磁场方向相反的补偿磁场,有效抵消电枢磁场畸变,消除换向火花产生的根源。

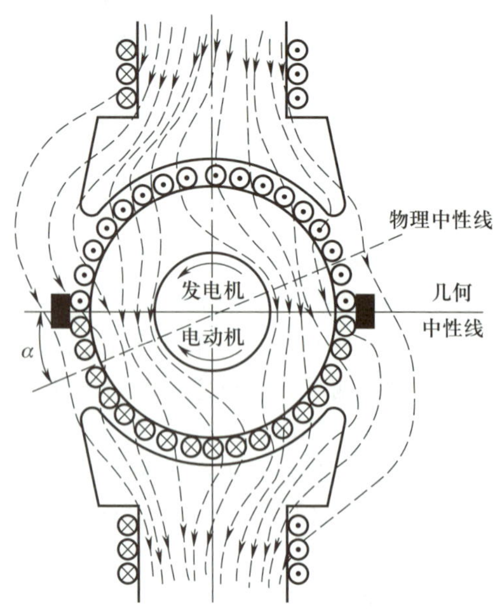

图 1-8 电枢反应磁场示意图

② 正确选用不同材料的电刷及适当调整电刷位置等也可以在一定程度上减小电刷下的火花。为了减少火花,他励和并励直流电机的电刷安装时,需要逆着转子转动的方向偏转一个小角度,这样能自动抵消电机带负荷时磁场发生的变化。串励电机严禁移动电刷,防止磁场畸变引发飞车事故。

③ 在负载变化较大的中、大型电机中,在主磁极嵌入补偿绕组也是改善换向的有效方法,补偿绕组与电枢绕组串联,严禁独立供电或并联接线。

1.1.3 任务实施

1. 准备元器件和工具

元器件和工具清单见表 1-1。

表 1-1 元器件和工具清单

序号	元器件和工具	型号与规格	数量	单位	备注
1	常用电工工具	验电笔、螺钉旋具(一字和十字)、电工刀、尖嘴钳、钢丝钳、压线钳等	1	套	
2	万用表	MF-47、DT9502 或自定	1	台	
3	直流电机	Z4-112/2-1	1	台	
4	各类扳手	套筒扳手、开口扳手等	1	套	
5	拉马		1	套	
6	木槌		1	把	
7	撬棍		1	根	

2. 识读直流电机的铭牌数据

每台直流电机的机座上都有一个铭牌，其上标有电机型号和各项额定值，用以表示电机的主要性能和使用条件，图 1-9 所示为某台直流电机的铭牌。

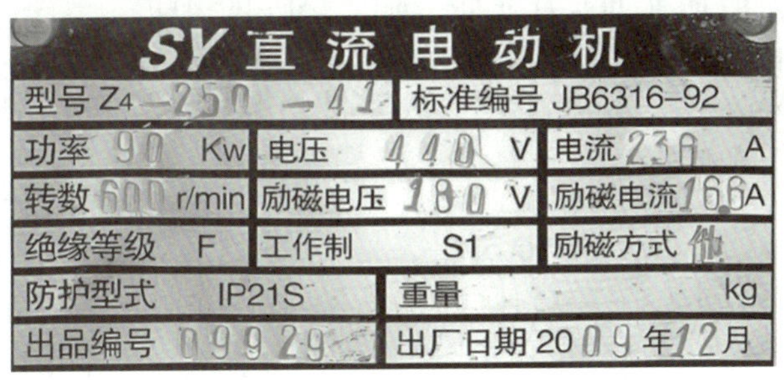

图 1-9　某台直流电机的铭牌

① 电机型号：表明电机的系列及主要特点。知道了电机型号，便可以从相关手册及资料中查出该电机的有关技术数据。型号 Z4-180-41 的含义如下：

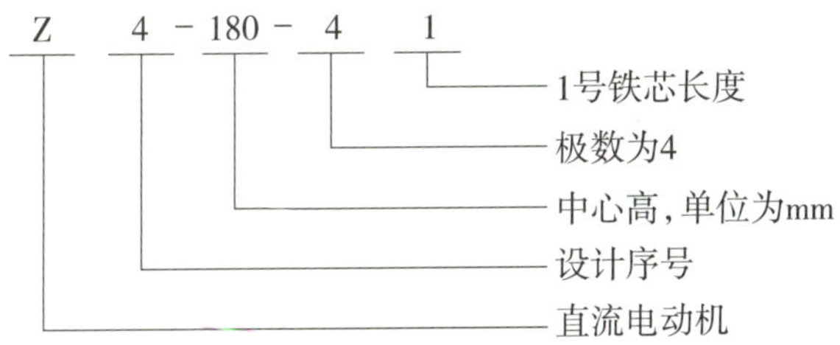

② 额定功率 P_N（单位为 W，kW）：指电机在额定运行时的输出功率，对发电机是指输出电功率；对电动机是指轴上输出的机械功率。

③ 额定电压 U_N（单位为 V，kV）：指额定运行状态下，直流发电机的输出电压或直流电动机的输入电压。

④ 额定电流 I_N（单位为 A，kA）：指额定电压和额定负载时允许电机长期输入（电动机）或输出（发电机）的电流。

⑤ 额定转速 n_N（单位为 r/min）：指电机在额定电压和额定负载时的旋转速度。

此外，铭牌上通常还标有励磁方式、额定励磁电压 U_{fN}（单位为 V，kV）、额定励磁电流 I_{fN}（单位为 A，kA）和绝缘等级等参数。

3. 拆装直流电机

在拆卸直流电机前，应在端盖与机座的连接处、刷架处等做好明显的标记，以便装配。直流电机拆卸示意图如图 1-10 所示。

① 拆除电机接线盒内的连接线。

② 拆下换向器端盖（后端盖）上通风窗的螺栓，打开通风窗，从刷握中取出电刷，拆下接到刷杆上的连接线。

③ 拆下后端盖的螺栓、轴承盖螺栓，并取下轴承外盖。

④ 拆卸后端盖。拆卸时在端盖下方垫上木板等软材料，以免端盖落下时碰裂，用木锤通过铜棒沿端盖四周边缘均匀地敲击。

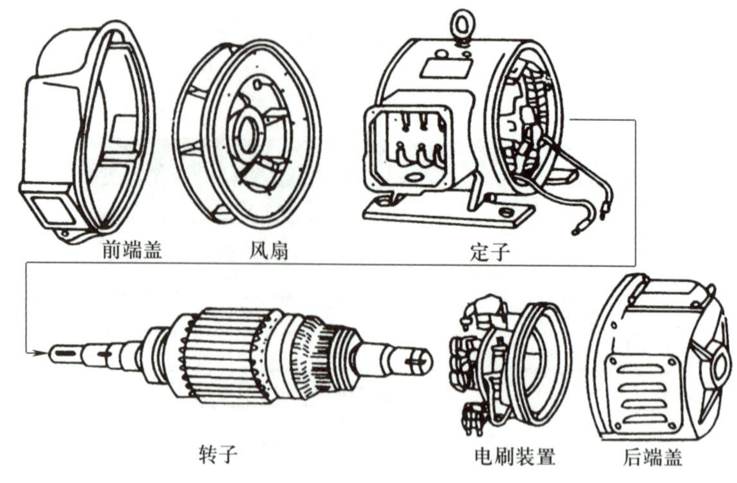

图 1-10 直流电机拆卸示意图

⑤ 拆下前端盖的螺栓，将连同前端盖在内的电枢从定子内小心地抽出，注意不要碰伤电枢绕组、换向器及磁极绕组，并用厚纸或布将换向器包好，用绳子扎紧。

⑥ 拆下前端盖上的轴承盖螺栓，并取下轴承外盖。

⑦ 将连同前端盖在内的电枢放在木架或木板上，并用厚纸或布包好。

直流电机维护或修复后的装配顺序与拆卸顺序相反，并要按所做标记校正电刷的位置。

4. 识读直流电机结构

① 根据实物，结合图 1-2，写出直流电机各部分名称并记录在表 1-2 中。

② 拆开直流电机的外壳，观察其内部结构，并将各部分作用记录在表 1-2 中。

表 1-2 直流电机观察记录表

序号	名称	作用
1		
2		
3		
4		
5		
6		
7		
8		

③ 实训完成后，按照要求将直流电机安装复原，并整理好工具及工位，经指导教师检查无误后方可离开。

1.1.4 任务考评

根据班级人数先分组，然后进行任务实施，实施过程中的考评细节参见表 1-3。

表 1-3 任务考评表

项目	评价指标	自评	互评	自评、互评平均分	总分
工作任务（40 分）	了解直流电机的结构并正确说明原理（4 分）				
	了解直流电机主磁极的组成及用途（4 分）				
	了解直流电机转子的组成及各部分用途（4 分）				
	了解电刷装置和换向器的原理、结构及用途（4 分）				
	能按要求拆装直流电机，识读铭牌信息及各组成部分并正确说明其作用（24 分）				
职业素养（15 分）	工作服整洁、无饰品或硬质件（5 分）				
	正确查阅维修资料和学习材料（5 分）				
	8S 素养（5 分）				
个人思考和总结（5 分）	按照完成任务的安全、质量、时间和 8S 要求，提出个人改进性建议（5 分）				
教师评价（40 分）					

成绩：______

1.1.5 课后习题

1. 直流电机有哪些励磁方式？分别是什么？

2. 在换向器上，电刷正常应当置放在什么位置？为什么？

3. 直流电机的主要额定值有哪些？直流电动机、直流发电机的额定功率、额定电压的意义相同吗？

4. 直流电机按励磁方式怎么分类？

任务 1.2

分析直流电机的工作特性及机械特性

知识目标

1. 识记直流电机的电磁转矩和电枢电动势。
2. 掌握直流电机的工作特性。
3. 懂得直流电机的机械特性。

技能目标

1. 能读懂直流电机电磁转矩、电枢电动势相关公式及其表示的含义。
2. 掌握他励直流电机的工作特性的推导。
3. 掌握直流电机机械特性相关条件及变化规律。

素养目标

1. 培养自觉遵循国家标准、操作规范化和认真负责的工作习惯。
2. 培养灵活创新、坚持不懈、精益求精的工作态度。
3. 培养团结协作、互帮互助的合作精神。

实施流程

序号	工作内容	教师活动	学生活动
1	布置任务	1. 通过在线平台下发预习任务； 2. 通过在线论坛收集、分析学生疑问； 3. 通过在线平台设置考勤	1. 接受任务，明确任务； 2. 在线学习相关资料，参考教材和课件完成课前预习； 3. 反馈疑问； 4. 完成在线平台签到
2	知识准备	1. 直流电机的工作特性； 2. 直流电机的机械特性	1. 学习直流电机的工作特性； 2. 学习直流电机的机械特性
3	任务实施	1. 教师下发任务单； 2. 督导学生完成	1. 按照任务要求与教师演示过程，学生分组完成任务单； 2. 师生互动，讨论任务实施过程中出现的问题； 3. 完成任务书

续表

序号	工作内容	教师活动	学生活动
4	任务考评	1. 按具体评分细则对学生进行评价； 2. 采用过程性考核方式，根据学生学习全过程的表现，教师给定综合评定分数	按具体评分细则进行自评、互评

1.2.1 任务分析

直流电机的运行特性分为工作特性和机械特性。要分析这两种特性，首先得掌握直流电机的电磁转矩、电枢电动势的相关知识和运行原理。熟悉他励直流电机的工作原理示意图和结构示意图，记住相关的运行方程式，才能正确推导出直流电机的工作特性，掌握机械特性相关变化规律。

1.2.2 知识准备

1. 直流电机的电磁转矩和电枢电动势

(1) 直流电机的电磁转矩

直流电机的电磁转矩 T 是带动直流电机旋转的动力矩，它是个既有大小又有方向的向量。其方向由左手定则确定。

电磁转矩的大小为

$$T=\frac{pN}{2\pi a}I_a=C_T\Phi I_a \tag{1-1}$$

式中：C_T——为转矩系数，包含磁极对数 p，电枢绕组总导体数 N，单波绕组并联支路对数 a；

Φ——气隙磁通（单位为 Wb）；

I_a——电枢电流（单位为 A）；

T——电磁转矩（单位为 N·m）。

由上式可知，电机的电磁转矩与气隙磁通和电枢电流的乘积成正比。当气隙磁通恒定时，电枢电流越大，电磁转矩越大；当电枢电流一定时，气隙磁通越大，电磁转矩也越大。

直流电机的电磁转矩 T、转速 n 及轴上的输出功率 P 满足

$$T=9550\frac{P}{n}$$

(2) 直流电机的电枢电动势

通常所说的电枢电动势是指正、负电刷之间的感应电动势。该电动势等于电枢绕组每一条支路中各导体的感应电动势之和。这些导体分布在电枢槽内，因而它们在气隙磁场中也就处在不同的位置。电枢旋转时，每个导体切割的磁通密度不一样，所以它们产生的感应电动势的大小也不一样。在不同瞬间，同一导体中感应电动势的数值也不同。理想情况下，对于给定的直流电机，其电枢电动势大小为

$$E_a=\frac{pN}{60a}\Phi n=C_e\Phi n \tag{1-2}$$

由此可知，直流电机在旋转时，电枢电动势 E_a 的大小与气隙磁通 Φ 和电机转速 n 的乘积成正比，它的方向与电枢电流方向相反，在电路中起限制电流的作用。

2. 直流电机的运行原理

图 1-11 所示为他励直流电机工作原理示意图和结构示意图，电枢绕组切割主磁场产生的感应电动势 E_a 称为反电动势，在电动机运行状态下，E_a 的方向与电枢电流 I_a 方向相反；电磁转矩 T 为拖动转矩，与电机转速 n 方向相同；T_L 为负载转矩；T_0 为空载转矩，与电机转速 n 方向相反。

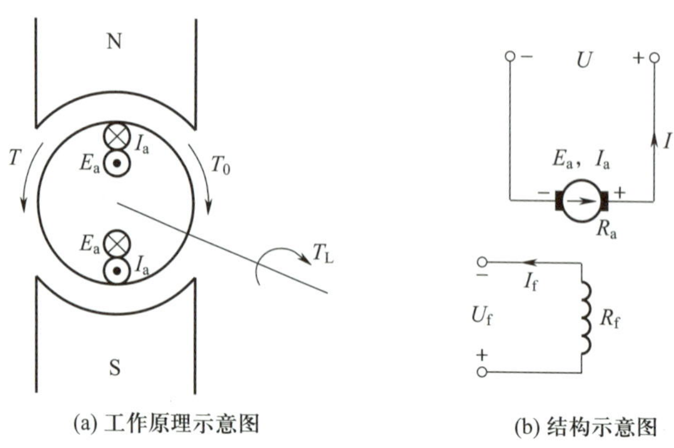

图 1-11　他励直流电机工作原理示意图和结构示意图

接下来将通过三个基本方程式来了解直流电机的运行原理。

(1) 电动势平衡方程式

观察图 1-11(b)中的电机电枢回路，由基尔霍夫电压定律可得出以下电压方程式

$$U=E_a+I_aR_a \tag{1-3}$$

式中：U——电枢电压(单位为 V)；

R_a——电枢回路中的内电阻(单位为 Ω)。

(2) 功率平衡方程式

直流电机输入的电功率是不可能全部转换成机械功率的，因为在转换的过程中存在着各种损耗。按其性质可分为机械损耗 P_m、铁芯损耗 P_{Fe}、铜损 P_{Cu} 和附加损耗 P_S 四种。

① 机械损耗 P_m：轴与轴承摩擦、电刷与换向器摩擦、通风损耗等。这些损耗主要与转速有关，转速变化不大时，基本为常量。

② 铁芯损耗 P_{Fe}：当直流电机旋转时，电枢铁芯因其中磁场反复变化而产生的磁滞损耗和涡流损耗称为铁芯损耗。

③ 铜损 P_{Cu}：主要由电流通过电机线圈时产生的热量损失引起，与电流大小和电机转速的变化有关。铜损是电机内部能量损失的主要来源之一，因此，在设计和使用中应考虑线圈的导体数量、截断面积及电流负载条件。

④ 附加损耗 P_S：包括励磁损耗、电路损耗等，这些损耗主要来自于电路中的电感、电容等元件阻碍电流流通，对电机性能带来的额外影响，减缓电机的工作效率。

上述机械损耗 P_m 和铁芯损耗 P_{Fe}，在直流电机旋转起来，尚未带负载时就存在，故这两种损耗之和称为空载损耗 P_0，即

$$P_0=P_m+P_{Fe} \tag{1-4}$$

由于机械损耗 P_m 与铁芯损耗 P_{Fe} 都会产生与旋转方向相反的制动转矩，该转矩将抵消部分拖动转矩，因此，这个制动转矩称为空载转矩 T_0。

而这四种损耗可以构成直流电机的总损耗$\sum P$,即

$$\sum P = P_m + P_{Fe} + P_{Cu} + P_S$$

当他励直流电机接上电源时,电枢绕组流过的电流为I_a,因此,电源向电机输入的电功率P_1为

$$P_1 = UI_a$$

将式(1-3)代入后整理可得

$$P_1 = E_a I_a + I_a^2 R_a = P_{em} + P_{Cua}$$

式中:$E_a I_a$——电磁功率P_{em};

$I_a^2 R_a$——被电枢绕组消耗的铜损P_{Cua}。

由以上分析可知,电机旋转后,还要克服各类摩擦引起的机械损耗P_m、铁芯损耗P_{Fe}、附加损耗P_S,而且大部分从电机轴上输出,故电机输出的机械功率P_2可表示为

$$P_2 = P_{em} - P_m - P_{Fe} - P_S$$

忽略附加损耗P_S,将式(1-4)代入可得

$$P_{em} = P_2 + P_0 \tag{1-5}$$

而根据能量守恒定律可知,电源的输入功率P_1应为电机的机械输出功率P_2加上总损耗$\sum P$,即

$$P_1 = P_2 + \sum P$$

所以直流电机的效率为

$$\eta = \frac{P_2}{P_1} \times 100\% = \frac{P_2}{\sum P + P_2} \times 100\% = \frac{P_1 - \sum P}{P_1} \times 100\%$$

直流电机的效率一般在70%~90%之间。具体效率取决于电机的设计和工作条件。他励直流电机功率流程图如图1-12所示。

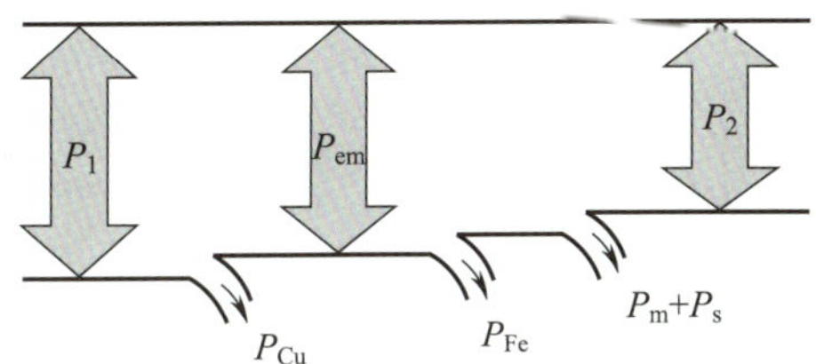

图1-12 他励直流电机功率流程图

(3) 转矩平衡方程式

将式(1-5)等号两边同时除以电机的机械角速度Ω,可得转矩平衡方程式

$$\frac{P_{em}}{\Omega} = \frac{P_2}{\Omega} + \frac{P_0}{\Omega}$$

即

$$T = T_L + T_0$$

式中:T_L——电机轴上输出的机械转矩,即负载转矩(单位为N·m)。

由于空载转矩T_0仅为电机额定转矩的2%~5%,所以在重载或额定负载下常忽略不计,因此,负载转矩T_L近似与电磁转矩T相等。

3. 直流电机的工作特性

直流电机的工作特性是指供给电机额定电压 U_N、额定励磁电流 I_{fN} 时，转速 n 与负载电流 I_a 之间的关系、转矩 T 与负载电流 I_a 之间的关系，以及效率 η 与负载电流 I_a 之间的关系，如图 1-13 所示。这三种关系分别称为电机的转速特性、转矩特性和效率特性。

(1) 转速特性

他励直流电机的转速特性可表示为 $n=f(I_a)$，将式(1-2)代入式(1-3)中整理可得

$$n=\frac{E_a}{C_e\Phi}=\frac{U}{C_e\Phi}-\frac{R_a}{C_e\Phi}I_a$$

上式即为转速特性的表达式。如果忽略电枢反应的去磁效应，则转速与负载电流按线性关系变化，当负载电流增加时，转速有所下降。

(2) 转矩特性

当 $U=U_N$，$I_f=I_{fN}$ 时，$T=f(I_a)$ 的关系称为转矩特性。根据式(1-1)可知，在忽略电枢反应的情况下，电磁转矩与电枢电流成正比。

(3) 效率特性

当 $U=U_N$，$I_f=I_{fN}$ 时，$\eta=f(I_a)$ 的关系称为效率特性，忽略附加损耗，整理后可得

$$\eta=\frac{P_1-\sum P}{P_1}\times 100\%=1-\frac{P_0+R_aI_a^2}{U_NI_a}$$

从前面叙述可知，空载损耗 P_0 是不随负载电流变化的，当负载电流较小时，效率较低，输入的功率大部分消耗在空载损耗上；当负载电流增大时，效率也增大，输入的功率大部分消耗在机械负载上；但当负载电流大到一定程度时，铜损快速增大，此时效率又开始变小。

4. 直流电机的机械特性

视频：
直流电机的机械特性

直流电机的机械特性是指在电机的电枢电压、励磁电流、电枢回路电阻为恒值的条件下，即电机处于稳态运行时，电机的转速 n 与电磁转矩 T 之间的关系：$n=f(T)$，如图 1-14 所示。由于转速和转矩都是机械量，所以把它称为机械特性。

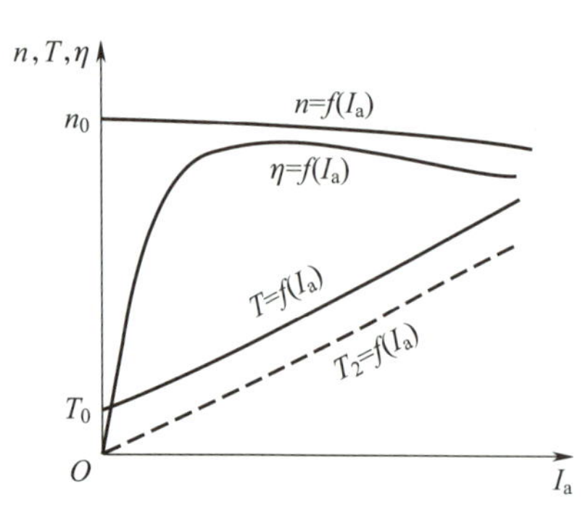

图 1-13　他励直流电机的工作特性曲线

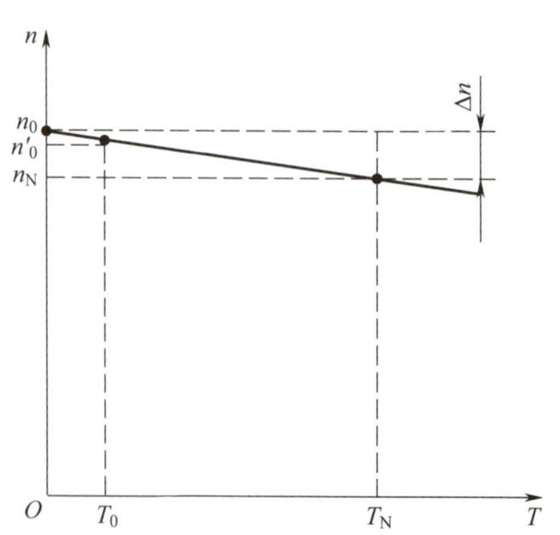

图 1-14　他励直流电机的机械特性曲线

将式(1-1)、式(1-2)、式(1-3)组成方程组，可以计算出电机的转速 n 与电磁转矩 T 之间的关系，即

$$n=\frac{U}{C_e\Phi}-\frac{R_a}{C_eC_T\Phi^2}T \tag{1-6}$$

式(1-6)称为机械特性方程，式中，$\frac{U}{C_e\Phi}$称为电机理想空载转速，它相当于无损耗时的空载转速，即 $T=0$ 时的转速。

若用 n_0 表示$\frac{U}{C_e\Phi}$，用 β 表示$\frac{R_a}{C_eC_T\Phi^2}$，则式(1-6)可写成

$$n=n_0-\beta T=n_0-\Delta n$$

式中：β——机械特性斜率，在同一 n_0 下，β 值较小时，转速 n 随电磁转矩 T 的变化较小，称此特性为硬特性；β 值越大，表明直线斜率越厉害，机械特性为软特性；

Δn——转速降(单位为 r/min)。

当然，电机实际空载运行时不可能无损耗，即 $T=T_0\neq0$，所以实际空载转速 n_0 略小于理想空载转速 n_0。

当电机负载变化时，若 T_L 增大，则电机转速下降，电机的电磁转矩 T 也随之增大直至新的稳定工作点，此时转速降 Δn 也增大，且斜率 β 越大，转速下降越快。

事实上，式(1-6)中的电枢回路电阻 R_a、电枢电压 U 和气隙磁通 Φ 都是可以根据实际需要进行调节的，每调节一个参数可以对应得到一条机械特性曲线，所以可以得到许多条机械特性曲线。其中，电机自身所固有的，反映电机本来“面目”的机械特性是在电枢电压、气隙磁通为额定值，且电枢回路不外串电阻时的机械特性，称为电机的固有(自然)机械特性；调节 U、R_a、Φ 等参数后得到的机械特性称为人为机械特性。

(1) 他励直流电机的固有机械特性

当他励直流电机的电枢电压、励磁磁通均为额定值，电枢回路未接附加电阻 R_S 时的机械特性为固有机械特性，其方程为

$$n=\frac{U_N}{C_e\Phi_N}-\frac{R_a}{C_eC_T\Phi_N^2}T$$

由于电枢回路电阻 R_a 阻值很小，因此转速降 Δn 很小，固有机械特性为硬特性。

(2) 他励直流电机的人为机械特性

① 电枢回路串接电阻时的人为机械特性：保持电机的电枢电压、励磁磁通均为额定值，只在电枢回路中串入附加电阻 R_{pa}时的人为机械特性方程为

$$n=\frac{U_N}{C_e\Phi_N}-\frac{R_a+R_{pa}}{C_eC_T\Phi_N^2}T$$

与固有机械特性曲线相比，电枢回路串接电阻时的人为机械特性曲线的理想空载转速 n_0 不变，但斜率随着串接电阻 R_{pa} 的增大而增大，所以特性变软，如图 1-15 所示。因此，可以用电枢回路串接电阻的方式进行调速。

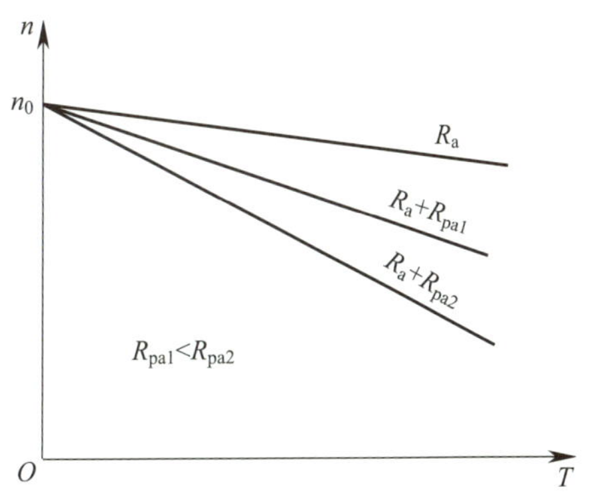

图 1-15 电枢回路串接电阻时的人为机械特性曲线

② 改变电枢电压时的人为机械特性：当 $\Phi=$

Φ_N,电枢回路不串接电阻时,改变电枢电压的人为机械特性方程为

$$n=\frac{U}{C_e\Phi_N}-\frac{R_a}{C_eC_T\Phi_N^2}T$$

由于电机的工作电压以额定电压为上限,因此,改变电压时,只能在低于额定电压的范围内变化。与固有机械特性曲线相比,降低电压时,人为机械特性曲线的斜率 β 不变,但理想空载转速 n_0 随电压的降低而正比减小。因此,降低电压的人为机械特性曲线是位于固有机械特性曲线下方且与固有机械特性曲线平行的一组直线,如图 1-16 所示。因此,降低电枢电压也可以用于调速,U 越低,转速 n 越低。

③ 改变励磁磁通时的人为机械特性:改变励磁回路,串接可变电阻 R_{pf},就可以改变励磁电流,进而改变励磁磁通。由于电机额定运行时,磁路已经开始饱和,即使再成倍增加励磁电流,磁通也不会有明显增加,而且由于励磁绕组发热条件的限制,励磁电流也不允许大幅度地增加,因此,只能在额定值以下调节励磁电流,即只能减弱励磁磁通。当串接可变电阻 R_{pf}增大时,励磁电流 I_f 减小,励磁磁通 Φ 减小。保持电机的电枢电压 $U=U_N$,电枢回路不串接电阻,改变磁通的人为机械特性方程为

$$n=\frac{U_N}{C_e\Phi}-\frac{R_a}{C_eC_T\Phi^2}T$$

其特点是理想空载转速 n_0 与励磁磁通 Φ 成反比,减弱励磁磁通 Φ,n_0 升高;斜率 β 与励磁磁通二次方 Φ^2 成反比,减弱励磁磁通 Φ,斜率 β 增大。

图 1-17 所示为改变励磁磁通时的人为机械特性曲线,随着 Φ 减弱,n_0 升高,曲线斜率变大。若用于调速,则 Φ 越小,转速 n 越高。

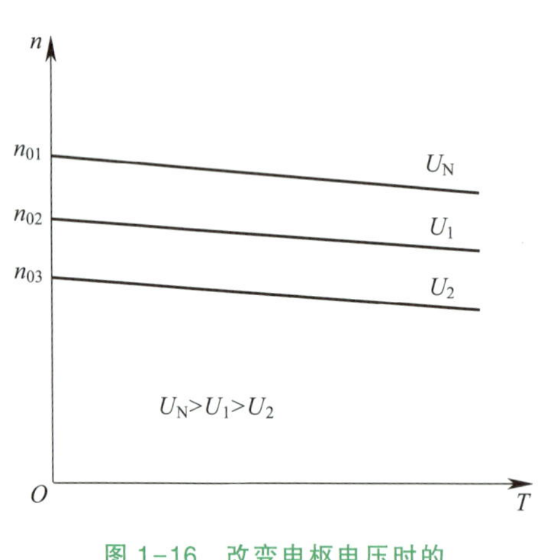

图 1-16 改变电枢电压时的人为机械特性曲线

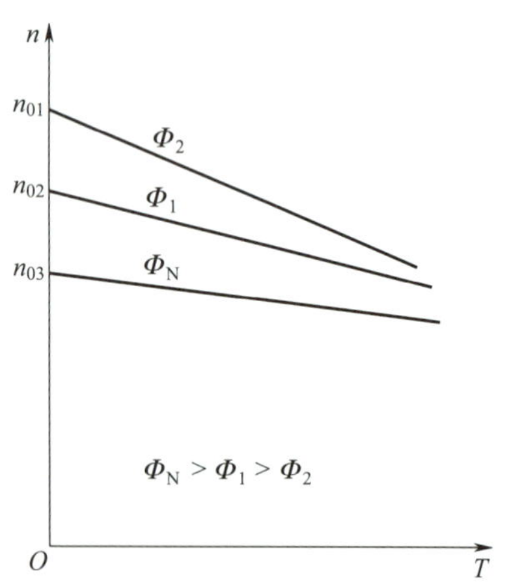

图 1-17 改变气隙磁通时的人为机械特性曲线

1.2.3 任务实施

1. 准备元器件和工具

元器件和工具清单见表 1-4。

表 1-4 元器件和工具清单

序号	元器件和工具	型号与规格	数量	单位	备注
1	常用电工工具	验电笔、螺钉旋具(一字和十字)、电工刀、尖嘴钳、钢丝钳、压线钳等	1	套	
2	万用表	MF-47、DT9502 或自定	1	台	
3	电机系统教学实验台	YZDQ-1,含直流电机、校正直流测功机、可调电阻器、直流电压表、直流电流表、欧姆表	1	台	

2. 任务要求

(1) 实验过程中的注意事项

① 实验前应该进行安全检查,并且要注意避免短路的情况。

② 在做机械特性实验,调节负载电阻 R_L 时,注意观察直流电机电枢电流 I_a 大小,短时间运行不可超过 $1.2I_N$,长时间运行不可超过 I_N。

(2) 数据处理要求

① 根据表 1-5 额定运行状态下的数据,求 $C_e\Phi$,并根据表 1-5 和表 1-6 实验数据,计算对应各个转速下的电磁转矩。列出计算 $C_e\Phi$ 的过程。

② 在同一张图上绘制该直流电机的固有机械特性曲线和人为机械特性曲线。说明当电机电磁转矩变化时,转速的变化规律。

(3) 实训完成后的要求

按照要求将设备复原,并整理好工具及工位,经指导老师检查无误后方可离开。

3. 测试原理

当 $U=U_N$,励磁回路电阻为常值时,电机的转速 n 与电磁转矩 T 的关系 $n=f(T)$ 称为电机的转矩-转速特性,也称为机械特性。机械特性可用实验的方法来测量,步骤如下:

① 直接测量直流电机电枢电阻 R_a。

② 电机正常接线,启动电机后,启动电阻调到最小,调节电枢电压等于 U_N,调节电机负载,并配合调节励磁电阻 R_f 和励磁电流,使电机达到额定运行状态($n=n_N$,$I_a=I_N$),记录电机电枢电压 U_N、转速 n_N、电枢电流 I_N 等数据。

根据他励直流电机电压方程

$$U=E_a+I_aR_a$$

计算电动势

$$E_a=U_N-I_NR_a$$

即可计算出电机对应该励磁电流下的 $C_e\Phi$,即

$$C_e\Phi=\frac{E_a}{n_N}$$

③ 保持励磁电源电压和励磁回路电阻 R_f 不变,忽略电枢反应的去磁作用,则 $C_e\Phi$ 不变,调节电机负载大小,并测量电枢电流 I_a 及电机转速 n, 然后计算出电磁转矩大小,即

$$T_e=C_T\Phi I_a=9.55C_e\Phi I_a$$

当 $U=U_N$,$R_s=0$,$I_f=I_{fN}$时,测得的机械特性一般称为电机固有机械特性,不满足上述三个条件情况下测得的机械特性一般称为电机的人为机械特性。

4. 任务步骤

(1) 直流电机的固有机械特性

① 按图 1-18 接线。直流电机额定数据为：$P_N = 80$ W，$U_N = 220$ V，$I_N = 0.5$ A，$n_N = 1\ 500$ r/min。直流电机测功机 MG 按他励直流发电机连接，在此作为直流电机 M 的负载。R_L 电阻值调到最大。

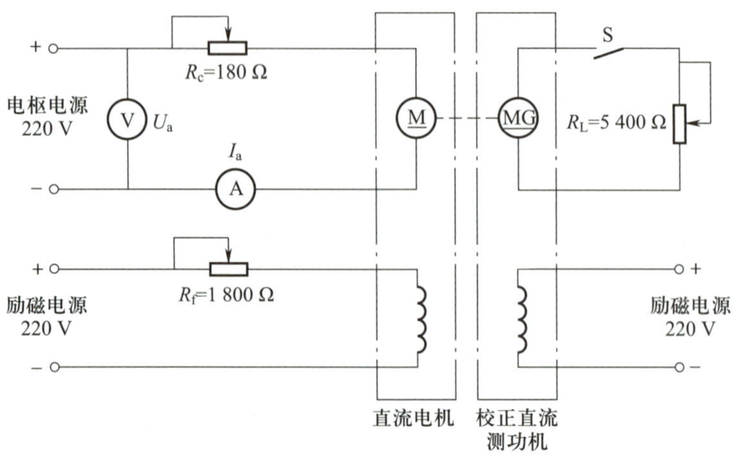

图 1-18　他励直流电机机械特性测取接线图

② 按启动步骤启动直流电机 M。调节电枢电源的电压(U_a)为 220 V，R_c 调至 0。

③ 合上开关 S，同时配合调节(减小)负载电阻 R_L 和直流电机 M 的励磁电阻 R_f，使电机达到额定运行状态：$U_a = U_N$，$I_a = I_N$，$n = n_N$。此时，M 的励磁电流 I_f 即为电机额定励磁电流 I_{fN}。在后续的实验过程中，保持 R_f 不变，即保持励磁电流 I_{fN} 不变(则 $C_e\Phi$ 近似不变)。

④ 保持 $U_a = U_N$，R_f 不变，逐次减小电机负载(增大电阻 R_L)。测量电机电枢输入电流 I_a、转速 n，取 7~10 组数据，记录于表 1-5 中。

注意：最后应测量一组 S 断开(即电机空载)时的数据。

表 1-5　固有机械特性测量记录表

测量条件	测量数据			计算数据
	序号	I_a/A	n/(r/min)	T_e/(N·m)
$U_a = U_N =$ ______ V $R_c = 0$ $I_N = I_{fN} =$ ______ mA	1			
	2			
	3			
	4			
	5			
	6			
	7			
	8			
	9			
	10			

（2）直流电机的人为机械特性

① 在接线不变的情况下，保持电枢电源的电压（220 V）、励磁回路串电阻 R_f 不变，把电枢回路电阻 R_c 调到最大，重新启动电机（先合励磁后合电枢），电机启动后，调节电枢回路所串电阻 R_c 到 1/2 位置（目测），并保持在此位置。

② 调节负载电阻 R_L，使电机电枢电流 $I_a=I_N$。

③ 逐次增大负载电阻 R_L，减小电机负载，测量电机电枢电流 I_a、转速 n，取 9～10 组数据，记录于表 1-6 中。

注意：最后应测量一组 S 断开（即电机空载）时的数据。

表 1-6　人为机械特性测量记录表

测量条件	测量数据			计算数据
	序号	I_a/A	n/(r/min)	T_e/(N·m)
$U_a=U_N=$______ V $R_c=$______ $I_N=I_{fN}=$______ mA	1			
	2			
	3			
	4			
	5			
	6			
	7			
	8			
	9			
	10			

1.2.4　任务考评

根据班级人数先分组，然后进行任务实施，实施过程中的考评细节参见表 1-7。

表 1-7　任务考评表

项目	评价指标	自评	互评	自评、互评平均分	总分
工作任务（40 分）	了解直流电机的固有机械特性测量方法并说明原理（5 分）				
	了解直流电机的人为机械特性测量方法并说明原理（5 分）				
	能按任务要求操作电机并正确测量数据（15 分）				
	能根据测量的数据正确完成数据处理（15 分）				

续表

项目	评价指标	自评	互评	自评、互评平均分	总分
职业素养（15 分）	工作服整洁、无饰品或硬质件（5 分）				
	正确查阅维修资料和学习材料（5 分）				
	8S 素养（5 分）				
个人思考和总结（5 分）	按照完成任务的安全、质量、时间和 8S 要求，提出个人改进性建议（5 分）				
教师评价（40 分）					

成绩：__________

1.2.5 课后习题

1. 试写出直流电机的基本方程式。它们的物理意义各是什么？

2. 什么是直流电机的机械特性？写出直流电机的机械特性方程。

3. 什么是直流电机的固有机械特性和人为机械特性？励磁电流不变时，电枢电流与电磁转矩间是什么关系？

任务 1.3 直流电机运行控制

知识目标

1. 掌握直流电机的启动方法。
2. 掌握直流电机的反转方法。
3. 了解直流电机的调速方法。

技能目标

1. 能正确操作直流电机的启动和反转。
2. 能基本操作直流电机的调速。

素养目标

1. 培养自觉遵循国家标准、操作规范化和认真负责的工作习惯。
2. 培养团队协作精神。

实施流程

序号	工作内容	教师活动	学生活动
1	布置任务	1. 通过在线平台下发预习任务; 2. 通过在线论坛收集、分析学生疑问; 3. 通过在线平台设置考勤	1. 接受任务,明确任务; 2. 在线学习相关资料,参考教材和课件完成课前预习; 3. 反馈疑问; 4. 完成在线平台签到
2	知识准备	1. 直流电机的启动控制; 2. 直流电机的调速控制	1. 学习直流电机的启动控制; 2. 学习直流电机的调速控制
3	任务实施	1. 教师下发任务单; 2. 督导学生完成	1. 按照任务要求与教师演示过程,学生分组完成任务单; 2. 师生互动,讨论任务实施过程中出现的问题; 3. 完成任务书
4	任务考评	1. 按具体评分细则对学生进行评价; 2. 采用过程性考核方式,根据学生学习全过程的表现,教师给定综合评定分数	按具体评分细则进行自评、互评

1.3.1 任务分析

直流电机在需要宽范围调速的场合或要求有特殊运行性能的自动控制系统中,一直占有十分重要的地位,如龙门刨床,由于工件的材料和精度的要求不同,工作速度也就不同,需要改变工作速度;又如轧钢机,因轧制不同品种和厚度的钢材,要采取不同的最佳速度。因此,本任务是掌握直流电机的启动控制和不同的调速方法。

1.3.2 知识准备

1. 他励直流电机的启动

(1) 直接启动

电机的启动是指电机接通电源后,电机由静止状态加速到稳定运行状态的过程。电机在启动瞬间($n=0$)的电磁转矩称为启动转矩,启动瞬间的电流称为启动电流,分别用 T_{st} 和 I_{st} 表示。启动转矩为

$$T_{st}=C_T\Phi_N I_{st}$$

如果他励直流电机在额定电压下直接启动，由于启动瞬间转速 $n=0$，电枢电动势 $E_a=0$，故启动电流为

$$I_{st}=\frac{U_N}{R_a}$$

因为电枢电阻很小，所以直接启动电流将达到很大的数值，可达到额定电流的 10~20 倍。过大的启动电流会引起电网电压的下降，使电机的换向严重恶化，甚至烧坏电机；同时过大的冲击转矩会损坏电枢绕组和传动机构。因此，除了个别容量很小的电机外，一般直流电机是不允许直接启动的。

(2) 电枢回路串电阻启动

电枢回路串电阻启动是电机电源电压为额定值且恒定不变时，在电枢回路中串接一个启动电阻 R_{st} 来达到限制启动电流的目的，此时，启动电流为

$$I_{st}=\frac{U_N}{R_a+R_{st}}$$

启动过程中，由于转速 n 上升，电枢电动势 E_a 上升，启动电流 I_{st} 下降，启动转矩 T_{st} 下降，电机的加速度作用逐渐减小，致使转速上升缓慢，启动过程延长。要想在启动过程中保持加速度不变，则要求电机的电枢电流和电磁转矩在启动过程中保持不变，即随着转速上升，启动电阻 R_{st} 应平滑地减小。为此，往往把启动电阻分成若干段，以便逐级切除。图 1-19 所示为他励直流电机电枢回路串电阻启动控制主电路图。图中，R_{st1}、R_{st2}、R_{st3}、R_{st4} 为各级串入的启动电阻，KM 为电枢线路接触器，KM1~KM4 为启动接触器，用它们的动合主触点来短接各段电阻。他励直流电机电枢回路串电阻启动控制机械特性曲线如图 1-20 所示。

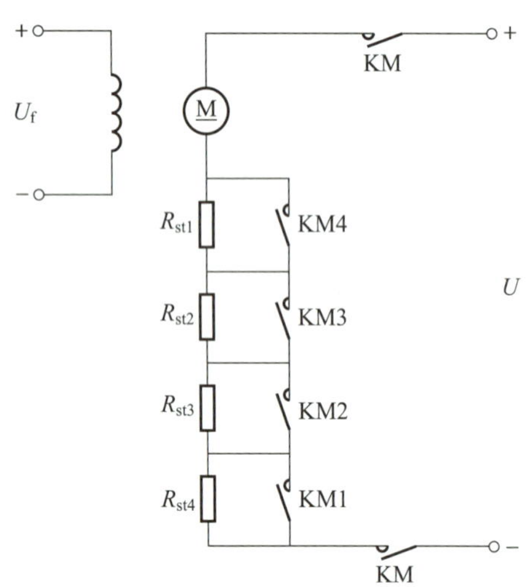

图 1-19 他励直流电机电枢回路串电阻启动控制主电路图

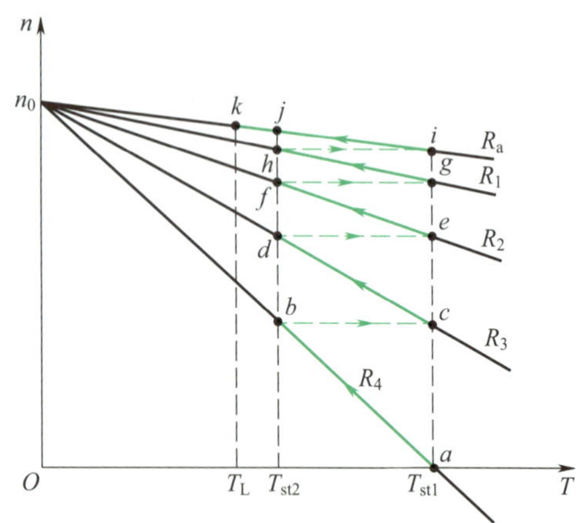

图 1-20 他励直流电机电枢回路串电阻启动控制机械特性曲线

在电机励磁绕组通电后，再接通电枢线路接触器 KM 线圈电路，其动合触点闭合，电机接上额定电压 U_N，此时，电枢回路串入全部启动电阻 R_4($R_4=R_a+R_{st1}+R_{st2}+R_{st3}+R_{st4}$)，启动电流 $I_{st1}=U_N/R_4$，产生的启动转矩 $T_{st1}>T_L$(设 $T_L=T_N$)。电机从 a 点开始启动，转速沿特性曲线上升至 b 点，随着转速上升，感应电动势 $E_a=C_e\Phi n$ 上升，电枢电流减小，启动转矩减小，当减小至 T_{st2} 时，接触器 KM1 线圈通电吸合，其触点闭合，切除第 1 级启动电阻 R_{st4}，电机由 R_4 的

机械特性切换到 $R_3(R_3=R_a+R_{st1}+R_{st2}+R_{st3})$ 的机械特性。切换瞬间，由于机械惯性，转速不能突变，电动势 E_a 保持不变，电枢电流将突然增大，转矩也成比例突然增大，恰当地选择电阻，使其增加至 T_{st1}，电机运行点从 b 点过渡至 c 点。电机运行点从 c 点沿 cd 曲线继续加速到 d 点，KM2 触点闭合，切除第 2 级启动电阻 R_{st3}，电机运行点从 d 点过渡到 e 点，沿 ef 曲线加速，如此周而复始，依次使接触器 KM3、KM4 触点闭合，电机运行点由 a 点经 b、c、d、e、f、g、h 点到达 i 点。此时，所有启动电阻均被切除，电机进入固有机械特性曲线运行，电机运行点继续加速至 k 点。在 k 点，$T=T_L$，电机稳定运行，启动过程结束。

由上分析可知，为使电机启动时获得均匀加速，减少机械冲击，应合理选择各级启动电阻，以使每一级切换转矩 T_{st1}、T_{st2}数值相同。一般 $T_{st1}=(1.5\sim2.0)T_N$，$T_{st2}=(1.1\sim1.3)T_N$。

(3) 降压启动

当直流电源电压连续可调或针对大功率的直流电机启动时，可以采用降压启动。

降压启动基本原理是：启动时，以较低的电源电压启动电机，启动电流便随电压的降低而正比减小。随着电机转速的上升，感应电动势逐渐增大，再逐渐提高电源电压，使启动电流和启动转矩保持一定的数值，从而保证电机按所需加速度升速。

降压启动多用于要求经常启动的电机和大、中型直流电机。虽然需要专门电源，设备投资大，但它启动平稳，启动过程中能量损耗小，因而得到广泛应用。

2. 直流电机的反转

使用直流电机的许多设备，常常要求电机既能正转，又能反转，如龙门刨床工作台的往复运动、电车的前进和后退等。直流电机的电磁转矩是由主磁通和电枢电流相互作用而产生的，改变二者之一的方向，就可以改变电磁转矩的方向。

使直流电机反转的方法有两种：

① 保持电枢两端电压极性不变，把励磁绕组反接，使通过的励磁电流方向改变。

② 保持励磁绕组电流方向不变，把电枢绕组反接，使通过它的电流反向改变。如果两电流方向同时改变，则电机旋转方向不变。

3. 他励直流电机的调速

电机在机械负载不变的情况下，改变电机的转速称为调速。由电机的机械特性方程

$$n=\frac{U}{C_e\Phi}-\frac{R_a}{C_eC_T\Phi^2}T$$

可知，当转矩 T 不变，只要改变电源电压 U、电枢电阻 R_a、主磁通 Φ 三个因素中的任意一个，电机的转速就可以得到调节。

(1) 电枢回路串电阻调速

对已经出厂的电机，它的电枢电阻是一定的，但是可以在电枢回路中串联一个可变电阻来调速，其接线原理图与图 1-19 相同。调速变阻器可以作为启动变阻器用，相反，启动变阻器却不能作为调速变阻器用。原因是启动变阻器是按短时间接通工作设计的，不能长时间通电使用。

这种调速方法的特点是：

① 电机只能得到比自然机械特性更陡的机械特性，转速只能调低，且为恒转矩调速。

② 低速时，调速电阻上通过较大的电流，使电机效率降低。

③ 如果负载稍有变动，电机的转速就会有较大的变化，对于要求恒转速的负载不利。

(2) 改变励磁磁通调速

变磁通调速一般是增大励磁回路电阻,使磁通减小,转速上升,其接线原理图如图 1-21 所示。在励磁回路中串联一个调速电阻 R_{P1},当电枢回路附加电阻 $R_{P2}=0$ 时,调节励磁回路电阻 R_{P1},从而改变电机转速。

这种调速方法的优点是:

① 可得到无级平滑调速。

② 励磁电流小,能量消耗少,调速范围大,高速是低速的 3~4 倍。

③ 调速后的机械特性较硬,转速较稳定,属恒功率调速。

缺点是:只能使转速升高,不能获得低于自然机械特性以下的转速。

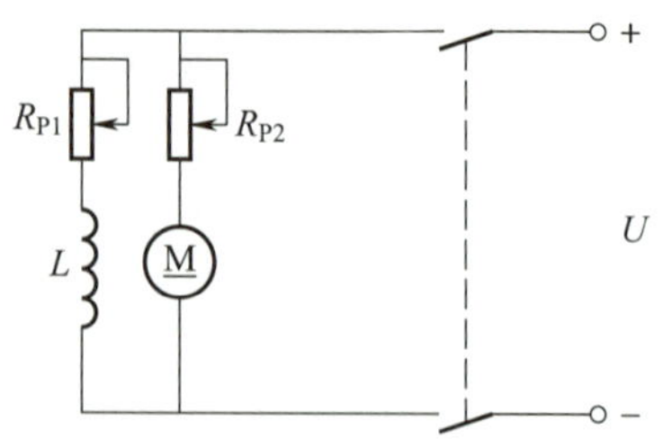

图 1-21 变磁通调速接线原理图

如果将改变电枢电压和改变励磁回路电阻调速法配合使用,可以得到很广的调速范围。在调速性能要求较高的机械设备上多采用这种方法。

(3) 降低电枢电压调速

从电机的机械特性可知,降低电枢电压,也可相应地提高或降低直流电机的转速。采用这种方式调速时,应注意保持励磁电流不变,只改变电枢电压。因此需要可变电压的直流电源。近几年来,晶闸管整流设备作为可调电压的电流电源已经被普遍使用,采用这种方法调速比较方便。

这种调速方法的特点是:

① 可以平滑调速,调速范围宽,但构成系统的设备较复杂。

② 机械特性较硬,转速稳定。

③ 转速只能调低,不能调高,也是恒转矩调速。

1.3.3 任务实施

1. 准备元器件和工具

元器件和工具清单见表 1-8。

表 1-8 元器件和工具清单

序号	元器件和工具	型号与规格	数量	单位	备注
1	常用电工工具	验电笔、螺钉旋具(一字和十字)、电工刀、尖嘴钳、钢丝钳、压线钳等	1	套	
2	万用表	MF-47、DT9502 或自定	1	台	
3	电机系统教学实验台	YZDQ-1,含直流电机、校正直流测功机、可调电阻器、直流电压表、直流电流表、欧姆表	1	台	

2. 任务要求

(1) 实验过程中的注意事项

① 他励直流电机启动时,须将励磁回路串联电阻 R_f 调至最小(特殊要求除外),先接通励磁电源,使励磁电流最大,同时必须将电枢串联启动电阻 R_c 调至最大,然后方可接通电枢

电源,使电机正常启动。启动后,将启动电阻 R_c 调至 0,使电机正常工作。

② 他励直流电机停机时,必须先切断电枢电源,然后断开励磁电源。同时必须将电枢串联启动电阻 R_c 调回最大值,励磁回路串联电阻 R_f 调回最小值(特殊要求除外),为下次启动做好准备。

③ 测量前注意仪表的量程、极性及接法是否符合要求。

④ 做机械特性实验,调节负载电阻 R_L 时,注意观察直流电机电枢电流 I_a 大小,短时间运行不可超过 $1.2I_N$,长时间运行不可超过 I_N。

(2) 数据处理要求

① 结合本次实验说明:负载一定时,当他励直流电机电枢电压 U、电枢回路串联启动电阻 R_c 和励磁回路串联电阻 R_f 发生变化时,电机的转速分别如何变化。

② 根据实验目的及内容得出结论。

(3) 实训完成后的要求

按照要求将设备复原,并整理好工具及工位,经指导教师检查无误后方可离开。

3. 测试原理

① 直流电机启动的基本要求为:启动转矩要大,启动电流要小,启动设备要简单、经济、可靠。启动的基本方法有:直接启动(这里不用)、电枢回路串电阻启动和降压启动。

② 当改变他励直流电机励磁回路电源极性或改变电枢回路电源极性时,可以改变直流电机转向。

③ 直流电机调速方法有:电枢回路串电阻调速、改变励磁磁通调速、降低电枢电压调速。

4. 任务步骤

① 用欧姆表直接测直流电机电枢电阻 R_a,并记录。

② 按图 1-22 接线。图中,M 为直流电机,MG 为校正直流测功机,M 与 MG 之间的虚线表示同轴相连。启动电阻 R_c 调到最大,励磁电阻 R_f 调到最小,第一次启动时,将电枢电源旋钮调至较小位置。

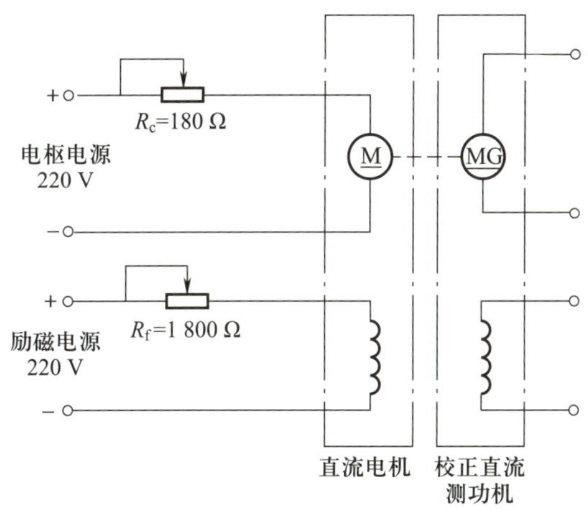

图 1-22 他励直流电机接线图

③ 开启总电源,然后顺序合上励磁电源和电枢电源。

④ 调节控制屏上电枢电源电压为 220 V。电机转动后,减小启动电阻 R_c 阻值,直至最小,电机稳定运行。

⑤ 分别改变电枢电源电压 $U(<U_N)$、电阻 R_c 和 R_f，观察并记录转速变化规律。

⑥ 关闭电源，分别将电枢或励磁绕组两端的接线对调，再按他励直流电机的启动步骤启动电机，观察并记录电机的转向及转速表指针偏转的方向。

1.3.4 任务考评

根据班级人数先分组，然后进行任务实施，实施过程中的考评细节参见表 1-9。

表 1-9 任务考评表

项目	评价指标	自评	互评	自评、互评平均分	总分
工作任务（40 分）	了解直流电机的启动方法并正确说明原理（4 分）				
	了解直流电机的反转方法并正确说明原理（4 分）				
	了解直流电机的调试方法并正确说明原理（4 分）				
	能按任务要求启动电机并正确测量数据（18 分）				
	能根据测量的数据正确完成数据处理（10 分）				
职业素养（15 分）	工作服整洁、无饰品或硬质件（5 分）				
	正确查阅维修资料和学习材料（5 分）				
	8S 素养（5 分）				
个人思考和总结（5 分）	按照完成任务的安全、质量、时间和 8S 要求，提出个人改进性建议（5 分）				
教师评价（40 分）					

成绩：__________

1.3.5 课后习题

1. 为什么直流电机一般不允许采用全压启动？
2. 试分析他励直流电机电枢串电阻启动物理过程。
3. 使直流电机反转的方法有几种？
4. 他励直流电机调速方法有哪几种？各种调速方法的特点是什么？

项目 2　交流电机的应用与维护

项目引导

求真务实，实践创新

交流电机作为现代工业的心脏，广泛应用于各个领域，从日常生活到工业生产无不涉及。其高效、可靠的特性使得交流电机成为不可或缺的动力源。为了确保这些设备长期稳定运行，定期检查电机的绝缘状态、轴承润滑情况，以及紧固件是否松动，都是保障电机正常运行的关键措施。

本项目包含 2 个任务，分别是认识三相异步电动机的作用及结构、分析三相异步电动机的工作特性及机械特性。完成本任务的过程中，注重培养求真务实、实践创新的工匠精神，树立心系社会并有时代担当的精神追求。

作为一名自动化类专业的学生，需要在学习期间学会交流电机的应用与维护相关知识，才能在使用电机时保证电机运行安全可靠；作为一名未来的卓越工程师，要能够根据现有知识和技能，尽快适应电工的职业要求。

任务 2.1 认识三相异步电动机的作用及结构

知识目标

1. 能够说出三相异步电动机的作用、结构及工作原理。
2. 能够正确解读三相异步电动机的铭牌数据。
3. 能够准确理解并应用三相交流电动机转速的计算公式。

技能目标

1. 能够规范使用设备,进行设备安全检查。
2. 能根据控制要求,合理选用三相异步电动机。
3. 能够正确拆装三相异步电动机,并能排除故障。

素养目标

1. 在任务实施中树立正确的团结协作理念,培养协作精神。
2. 在任务操作中培养精益求精的工匠精神。
3. 在实际操作中培养用理论指导实践的工作习惯。

实施流程

序号	工作内容	教师活动	学生活动
1	布置任务	1. 通过在线平台下发预习任务; 2. 通过在线论坛收集、分析学生疑问; 3. 通过在线平台设置考勤	1. 接受任务,明确任务; 2. 在线学习相关资料,参考教材和课件完成课前预习; 3. 反馈疑问; 4. 完成在线平台签到
2	知识准备	1. 三相异步电动机的结构及工作原理; 2. 三相异步电动机的铭牌数据、三相异步电动机的功率和转矩的计算方法	1. 学习三相异步电动机的结构及工作原理; 2. 学习三相异步电动机的铭牌数据、三相异步电动机的功率和转矩的计算方法

续表

序号	工作内容	教师活动	学生活动
3	任务实施	1. 教师下发任务单； 2. 督导学生完成。	1. 按照任务要求与教师演示过程，学生分组完成任务单； 2. 师生互动，讨论任务实施过程中出现的问题； 3. 完成任务
4	任务考评	1. 按具体评分细则对学生进行评价； 2. 采用过程性考核方式，根据学生学习全过程的表现，教师给定综合评定分数	按具体评分细则进行自评、互评

2.1.1 任务分析

交流电动机分为异步电动机和同步电动机。其中，异步电动机具有结构简单、价格低廉、工作可靠、效率较高、维护方便等优点，其缺点是功率因数较低，调速性能不如直流电动机。在我国国民经济中，三相异步电动机应用极为广泛，如一般的机床、起重机、传送带、鼓风机、水泵，以及各种农副产品的加工设备等都普遍使用三相异步电动机，如图 2-1 所示。

金属切削机床

玉米脱粒机

过山车

电梯

图 2-1 三相异步电动机的应用

要制造和维修三相异步电动机，就需要对三相异步电动机的结构、基本工作原理等知识有所了解。本任务就是对三相异步电动机进行拆卸和装配，并完成三相异步电动机的调试工作。

2.1.2 知识准备

1. 三相异步电动机的结构

三相异步电动机是由定子（固定不动部分）和转子（旋转部分）组成。定子与转子之间存在气隙。此外，还有端盖、风扇、轴承等附属部分，其实物图和结构图如图 2-2 所示，拆解图如图 2-3 所示。

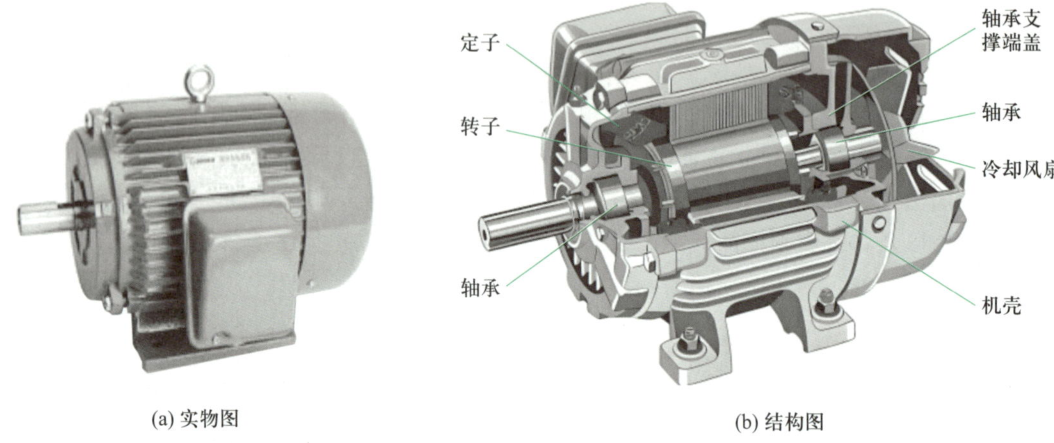

(a) 实物图 (b) 结构图

图 2-2 三相异步电动机实物图和结构图

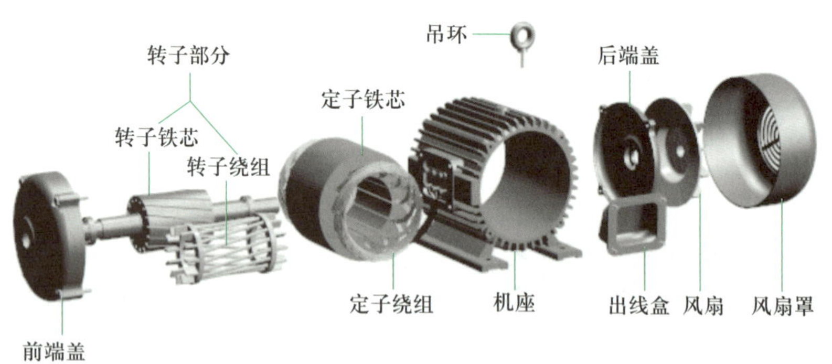

图 2-3 三相异步电动机拆解图

（1）定子

三相异步电动机的定子由定子铁芯、定子绕组和机座三个部分组成。

① 定子铁芯

定子铁芯是电动机磁路的一部分，装在机座里。为了降低定子铁芯里的铁损耗，定子铁芯用 0.5 mm 厚的硅钢片冲制叠压而成，在硅钢片的两面还应涂上绝缘漆。定子铁芯的作用主要是两个方面：一是放置定子绕组；二是导磁。定子冲片如图 2-4(a)所示，定子铁芯如图 2-4(b)所示。

(a) 定子冲片

(b) 定子铁芯

图 2-4 三相异步电动机定子冲片和定子铁芯

② 定子绕组

定子绕组是三相异步电动机的核心部件，由许多嵌放在定子铁芯槽内的线圈按照一定规律分布、排列并连接而成。这些线圈通常由绝缘导线绕制而成，形成对称的三相绕组。定子绕组的主要作用是接三相电源，产生旋转磁场。当三相交流电流通入定子绕组时，会在定子铁芯上产生一个旋转磁场。

定子绕组的结构形式多种多样，主要根据线圈的形状、嵌装布线的方式，以及磁极对数的不同来区分。常见的绕组类型包括：

a. 分布式绕组：每个磁极由一个或几个线圈按照一定的规律嵌装布线组成线圈组，适用于大多数三相异步电动机。

b. 集中式绕组：线圈的匝数集中在定子上的一个或几个槽内，电流集中分布，结构简单，适用于小功率电动机。

定子绕组如图 2-5 所示。定子绕组的接线方式主要有星形(Y 联结)和三角形(△联结)两种。接线方式的选择取决于电源的线电压和绕组的额定电压。例如，当电源的线电压为 380 V，而电动机定子绕组的额定电压为 220 V 时，绕组应接成星形；若绕组的额定电压为 380 V，则绕组应接成三角形。对于高压大中型容量的异步电动机定子绕组常采用 Y 联结，只有三根引出线，如图 2-6(a)所示。对中小型容量低压异步电动机，通常把定子三相绕组的六根出线头都引出来，根据需要可接成 Y 联结或△联结[图 2-6(b)]。

图 2-5 定子绕组

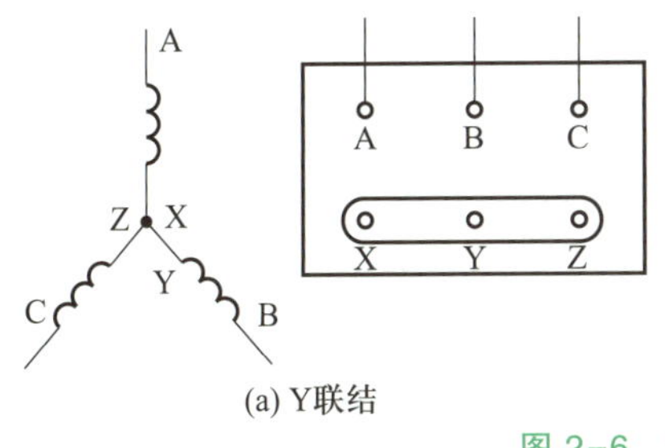

(a) Y联结

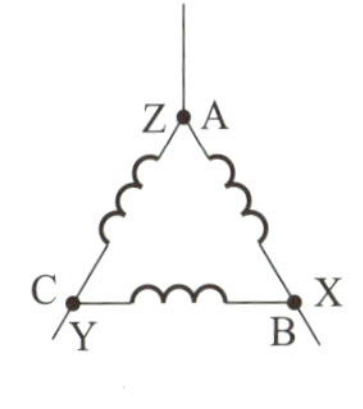

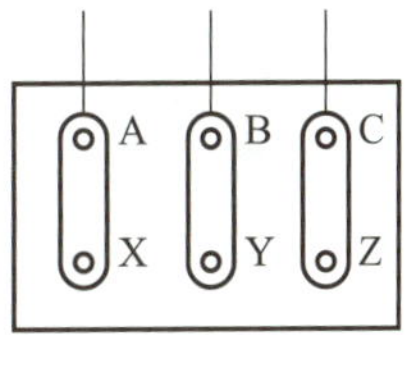

(b) △联结

图 2-6 定子绕组接线方式

③ 机座

机座通常由铸铁或铸钢制成，如图 2-7 所示。中、小型电动机一般用铸铁机座，而大型电动机的机座则可能采用钢板焊接而成，以确保其机械强度和刚度。机座的主要作用是固定和支撑定子铁芯及端盖，并通过两侧的端盖和轴承来支撑电动机转子。同时，机座还起到保护整台电动机的电磁部分和发散电动机运行中产生的热量的作用。

图 2-7 机座

(2) 转子

三相异步电动机的转子是由转子铁芯、转子绕组和转轴组成的，主要负责产生感应电流并形成电磁转矩，从而实现电能到机械能的转换。

① 转子铁芯

转子铁芯作为电机磁路的一部分，其主要功能是提供磁场路径，使电机能够正常工作。在三相异步电动机中，转子铁芯与定子铁芯共同构成电机的磁路系统，其中，转子铁芯内嵌有转子绕组，用于切割定子旋转磁场产生感应电动势及电流，并形成电磁转矩，驱动电动机旋转。转子铁芯用 0.5mm 厚的硅钢片冲制叠压而成，固定在转轴或转子支架上，整个转子的外表呈圆柱形。转子冲片如图 2-8 所示。

② 转子绕组

转子绕组是三相异步电动机的电路部分，它嵌放在转子铁芯的槽内，与定子绕组一起通过电磁感应作用实现电能到机械能的转换。转子绕组的主要功能是切割定子旋转磁场产生感应电动势及电流，并形成电磁转矩，使电动机得以旋转。根据绕组结构的不同，三相异步电动机的转子绕组可分为笼型转子绕组和绕线转子绕组两种。

笼型转子绕组由插入转子槽中的多根导条(铜条或铝条)和两个环形的端环组成，如图 2-9 所示。根据导条和端环材料的不同，笼型转子绕组可分为铸铝转子绕组、铜条和铜端环焊接转子绕组等。小型笼型电动机一般采用铸铝转子绕组，而大型笼型电动机则可能采用铜条和铜端环焊接而成。笼型电动机的特点为启动转矩较大、结构简单、制造方便、运行可靠、应用广泛。

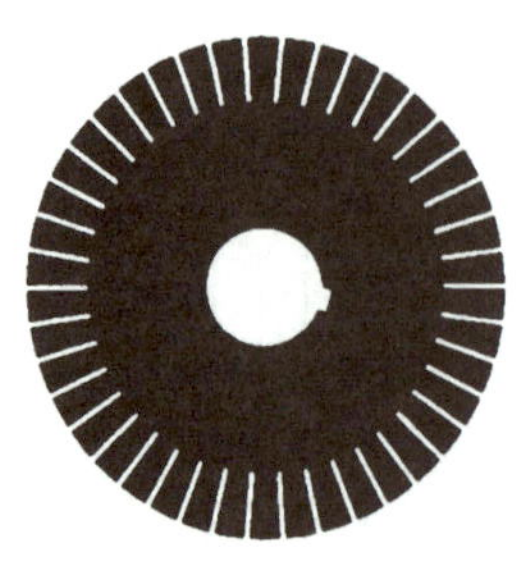

图 2-8 转子冲片

图 2-9 笼型转子绕组

绕线转子绕组与定子绕组相似，也是一个对称的三相绕组。它用铜线绕制后嵌入转子铁芯槽中，形成三相绕组，并接成星形或其他形式。绕线转子的三个出线头接到转轴的三个集流环上，再通过电刷与外电路连接。其特点为启动转矩和调速性能较好，但结构复杂、成本较高。绕线转子适用于需要较大启动转矩和较宽调速范围的场合。绕线转子如图 2-10 所示。

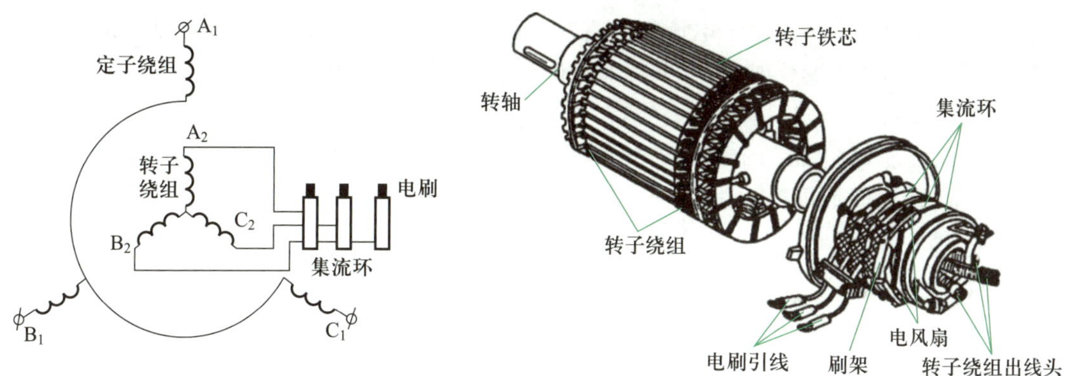

图 2-10 绕线转子

（3）气隙

气隙是指电动机转子和定子之间的间隙，也可以理解为转子和定子的磁性接触面之间的距离。在正常运行时，转子和定子之间需要保持一定的气隙，以免发生磁性接触或摩擦，从而导致电机损坏。气隙的作用主要是保证电动机的正常运行和高效转换电能为机械能。一般三相异步电动机的气隙比同容量直流电动机的气隙小得多，在中、小型异步电动机中，气隙一般为 0.2～1.5 mm。

2. 三相异步电动机的运行原理

（1）运行原理

三相异步电动机的运行原理是基于电磁感应定律和电磁力定律，大致分为三步：

① 旋转磁场的产生：当三相对称交流电通入定子绕组时，由于三相电流在时间上相差 120°相位角，它们各自产生的磁场在空间上也互差 120°电角度。这三个旋转磁场在空间上相互叠加，形成一个旋转的磁场。这个旋转磁场的转速称为同步转速，它与电源频率和电机磁极对数有关。

② 感应电流与电磁转矩的产生：转子绕组（或导条）在旋转磁场中切割磁力线，根据电磁感应定律，会在转子中产生感应电动势和感应电流。这个感应电流在转子中也产生一个磁场，该磁场与定子产生的旋转磁场相互作用。

③ 电磁转矩的产生：根据电磁力定律，这两个磁场之间的相互作用力会产生一个电磁转矩，该转矩的方向与旋转磁场的方向相同，从而驱动转子旋转。

电动机运行过程中，转子转速始终低于同步转速，以保持定子与转子之间的相对运动，进而产生持续的电磁转矩。这个转速差也是异步电动机名称的由来。三相异步电动机的工作过程如图 2-11 所示。

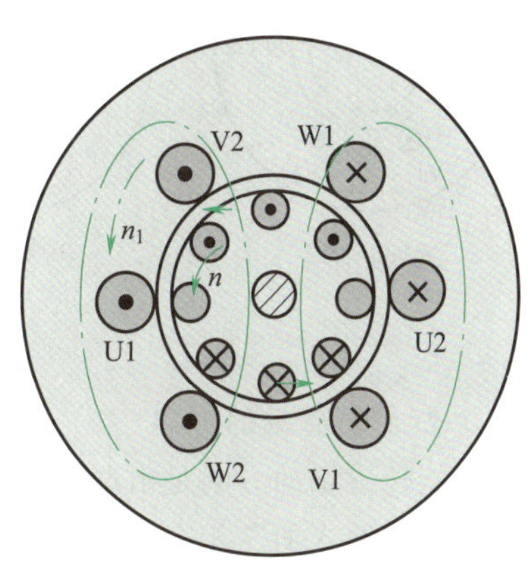

图 2-11 三相异步电动机的工作过程

(2) 旋转磁场

① 旋转磁场的产生

旋转磁场是指磁感应矢量在空间以固定频率旋转的一种磁场，是电能和转动机械能之间相互转换的基本条件。在三相异步电动机中，定子通常具有对称的三相绕组。当这三相绕组分别通以相位差为 120°的三相交流电时，每相电流产生的磁场会相互叠加，形成一个在空间旋转的合成磁场。由于电流相位差的存在，合成磁场的方向会随时间而变化。当三相电流以恒定的频率变化时，合成磁场的方向也会以恒定的速度在空间旋转。这个旋转的磁场就是旋转磁场。

假设取流过 U 相绕组的电流 i_U 作为参考正弦量，那么 i_U 的初相位为 0，则各相电流（相序 U-V-W）的瞬时值可表示为

$$\begin{cases} i_U = I_m \sin \omega t \\ i_V = I_m \sin(\omega t - 120^\circ) \\ i_W = I_m \sin(\omega t - 240^\circ) \end{cases}$$

电流的参考方向如图 2-12 所示，电流波形如图 2-13 所示。三相定子绕组在空间互差 120°的规律对称排列。电流在定子绕组中通过，定子绕组中就会产生旋转磁场。

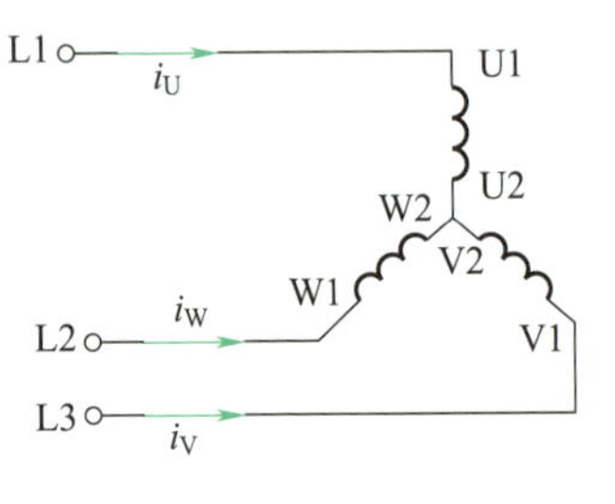

图 2-12 电流的参考方向

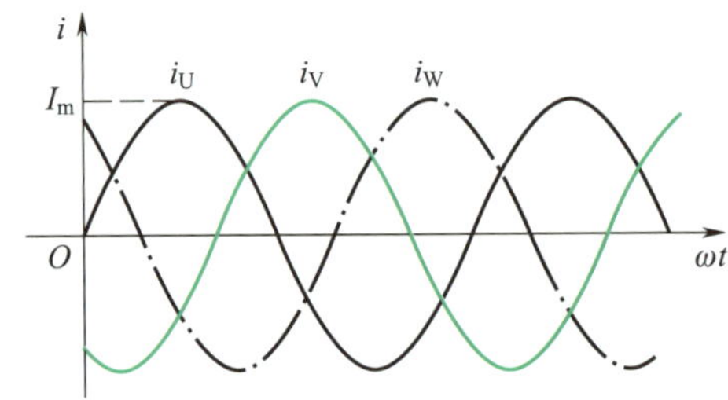

图 2-13 电流波形

当定子绕组中的电流变化一个周期，合成磁场也按电流的相序方向在空间旋转一周，随着电流不断地周期性变化，产生的合成磁场也不断地旋转，因此称为旋转磁场，如图 2-14 所示。

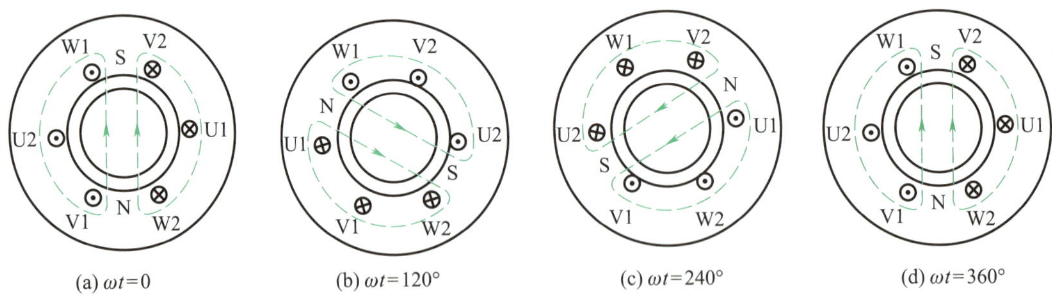

图 2-14 旋转磁场的形成

② 旋转磁场的方向

旋转磁场的方向是由通入三相交流电的相序决定的，如果想要改变旋转磁场的方向，只需要改变通入的三相交流电的相序即可，即将三相电源线任意对调两根电源进线，磁场即反转，如图 2-15 所示。

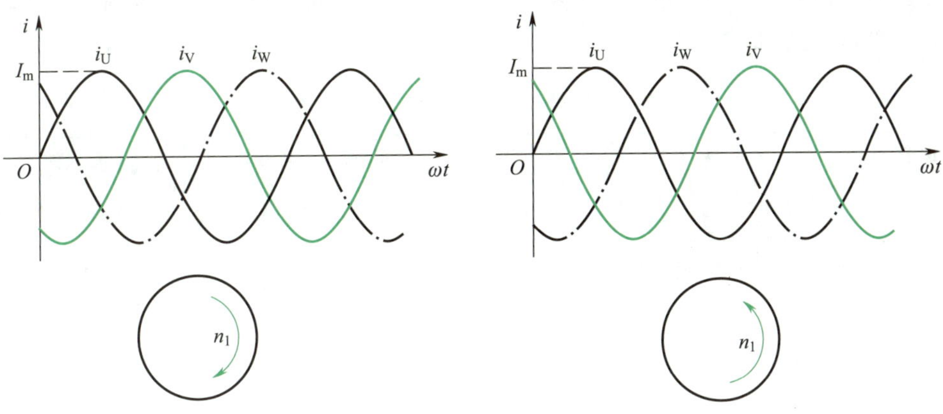

图 2-15 改变旋转磁场的方向

③ 三相异步电动机的极数与转速

三相异步电动机的“极数”通常指的是电机的“磁极对数”,它决定了电机旋转磁场的转速,进而影响电机的同步转速。在三相异步电动机中,每对磁极产生一个完整的旋转磁场周期。电机的磁极对数(p)与电机的极数(通常所说的“几极电机”中的“极”)是相关的,但通常不是直接相等。磁极对数实际上是极数除以 2(因为磁极是成对出现的)。例如,一个 6 极电机实际上有 3 对磁极,即磁极对数为 3。

三相异步电动机的同步转速可以通过如下公式计算

$$n_0=\frac{60f}{p}$$

式中,f——电网频率(通常为 50 Hz 或 60 Hz,取决于所在地区);

p——电机的极对数。

由此可见,电机的磁极对数越多,旋转磁场变化的频率就越低,导致电机的同步转速也越低。不同磁极对数对应的同步转速见表 2-1。

表 2-1 不同磁极对数对应的同步转速

p	n_0/(r/min)	p	n_0/(r/min)
1	3 000	4	750
2	1 500	5	600
3	1 000	6	500

由工作原理可知:转子的转速 n(电机的转速)恒比旋转磁场的旋转速度 n_0(同步转速)要小。因为如果两种转速相等,转子和旋转磁场就没有相对运动,转子导体不切割磁力线,此时,不能产生电磁转矩,转子将不能继续旋转。因此,转子与旋转磁场之间的转速差是保证转子旋转的主要因素,也是异步电动机的由来。旋转磁场的转速用 n_0 表示,称为同步转速;转子的实际转速用 n 表示,转速差 $\Delta n=n_0-n$。转速差(n_0-n)与同步转速 n_0 的比值称为异步电动机的转差率,用 S 表示,即

$$S=\frac{n_0-n}{n_0}\times100\%$$

转差率 S 是分析异步电动机运行特性的主要参数。根据转差率的大小和正负，电机有三种运行状态，见表 2-2。

表 2-2　不同转差率对应电机的运行状态

运行状态	实现	转速	转差率	电磁转矩	能量关系
电动	定子绕组接对称	$0<n<n_0$	$0<S<1$	驱动	电能转换为机械能
电磁制动	外力使电机沿磁场反方向旋转	$n<0$	$S>1$	制动	电能和机械能变成内能
发电	外力使电机快速旋转	$n>n_0$	$S<0$	制动	机械能转换为电能

例 2-1　已知一台 6 极三相异步电动机，当电源频率为 50 Hz 时，额定转速 $n_N=950$ r/min，计算额定转差率 S_N。

解：

$$n_0=\frac{60f}{p}=\frac{60\times 50}{3}\ \text{r/min}=1\ 000\ \text{r/min}$$

$$S_N=\frac{n_0-n_N}{n_0}=\frac{1\ 000-950}{1\ 000}=0.05$$

3. 三相异步电动机的铭牌数据

三相异步电动机铭牌上标明有电机的型号、额定数据等。三相异步电动机铭牌上通常包含了一系列关键数据，这些数据对于了解电机的性能、选择和使用电机至关重要，如图 2-16 所示。

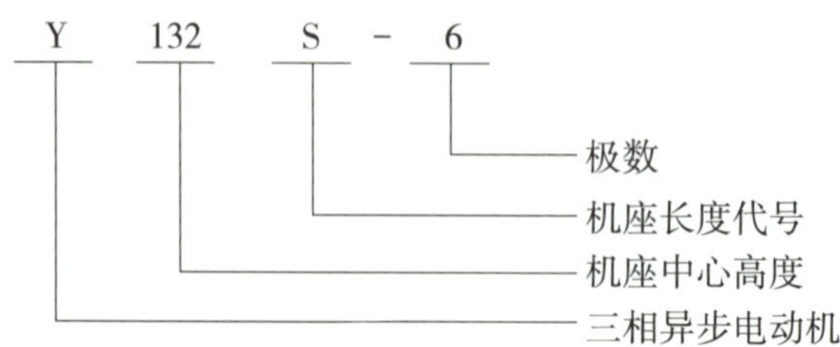

图 2-16　三相异步电动机的铭牌数据

① 型号

型号 Y132S-6 的含义如下：

Y　132　S　-　6

- 6 —— 极数
- S —— 机座长度代号
- 132 —— 机座中心高度
- Y —— 三相异步电动机

② 联结方式

通常三相异步电动机 3 kW 以下者,连成星形联结;4 kW 以上者,连成三角形联结。

③ 额定转速 n_N

额定转速 n_N 指电动机在额定电压、额定负载下运行时的转子转速。

④ 额定电流 I_N

额定电流 I_N 指电动机在定子绕组上加额定电压、轴上输出额定功率时,定子绕组中的线电流,单位为 A。

⑤ 额定电压 U_N

额定电压 U_N 指额定运行状态下加在定子绕组上的线电压,单位为 V。

⑥ 额定功率 P_N

额定功率 P_N 指电动机在额定运行时轴上输出的机械功率,单位为 kW,即

$$P_N = \sqrt{3} U_N I_N \eta \cos \varphi_N$$

式中,U_N、I_N、η、$\cos \varphi_N$ 分别为额定电压、额定电流、效率和额定功率因数。

⑦ 额定功率因数 $\cos \varphi_N$

额定功率因数 $\cos \varphi_N$ 指电动机带额定负载时,定子电路的功率因数。带额定负载时,功率因数一般为 0.7~0.9,空载时,功率因数很低,约为 0.2~0.3。带额定负载时,功率因数最大。使用中,应选择合适容量的电动机,防止“大马”拉“小车”的现象。

⑧ 绝缘等级

绝缘等级指电机绝缘材料能够承受的极限温度等级,分为 A,E,B,F,H,C 级,A 级最低(105 ℃),C 级最高(≥180 ℃)。

2.1.3 任务实施

1. 准备元器件和工具

元器件和工具清单见表 2-3。

表 2-3 元器件和工具清单

序号	元器件和工具	型号与规格	数量	单位	备注
1	常用电工工具	验电笔、螺钉旋具(一字和十字)、电工刀、尖嘴钳、钢丝钳、压线钳等	1	套	
2	三相异步电动机	Y315S-6 型三相异步电动机	1	台	
3	兆欧表	TB406-ZC-7,5 000 V/5 000 MΩ	1	台	

2. 操作步骤

① 根据三相异步电动机内部结构进行拆卸。

② 检查拆卸下来的元器件是否完好,查看绝缘层情况是否良好。

③ 对拆卸下来的元器件进行观察、识别并记录结果。

④ 将电机进行重新组装复原。

⑤ 检查电机绝缘性能。

3. 拆卸三相异步电动机

① 切断电源，卸下皮带，如图 2-17(a)所示。

② 拆去接线盒内的电源接线和接地线，如图 2-17(b)所示。

③ 卸下底脚螺母、弹簧垫圈和平垫片，如图 2-17(c)所示。

④ 卸下皮带轮，如图 2-17(d)所示。

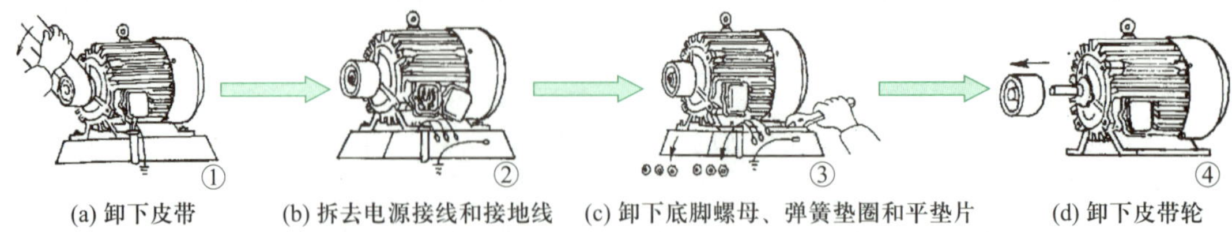

(a) 卸下皮带　(b) 拆去电源接线和接地线　(c) 卸下底脚螺母、弹簧垫圈和平垫片　(d) 卸下皮带轮

图 2-17　三相异步电动机拆卸步骤示意图

⑤ 拆卸风扇罩，如图 2-18 所示。

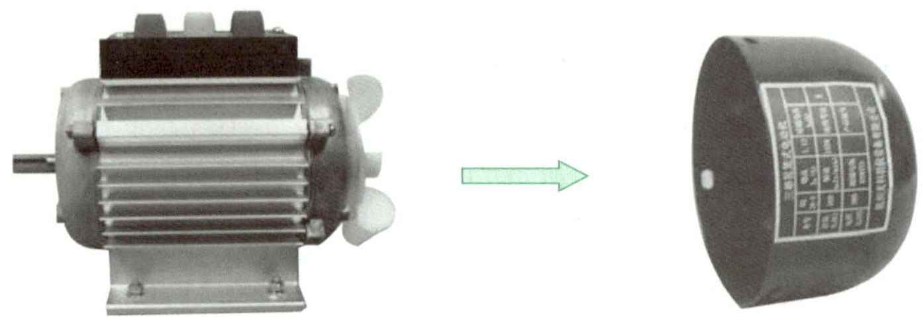

图 2-18　拆卸风扇罩

⑥ 拆卸风扇，如图 2-19 所示。

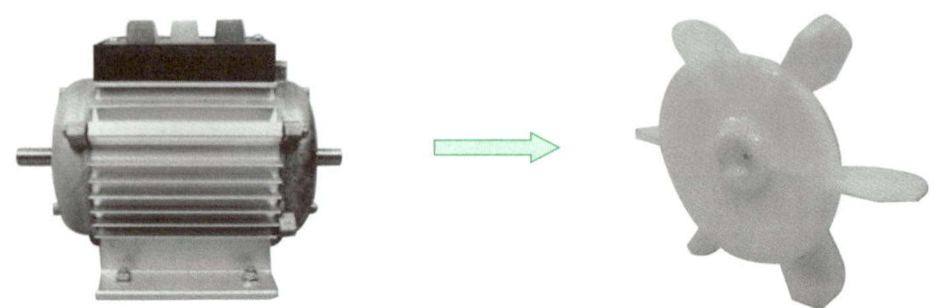

图 2-19　拆卸风扇

⑦ 拆卸右端盖，如图 2-20 所示。

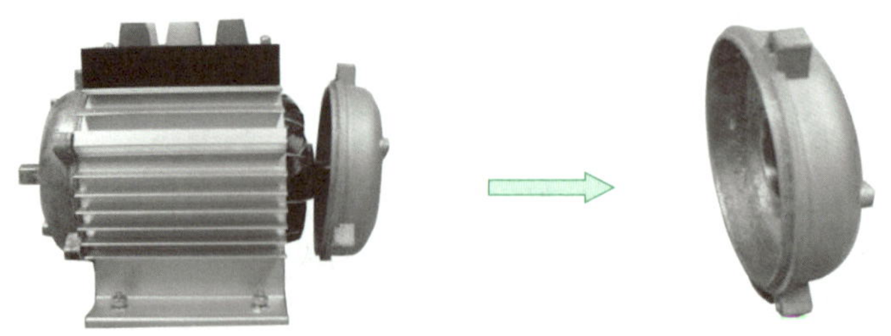

图 2-20　拆卸右端盖

⑧ 拆卸左端盖,如图 2-21 所示。

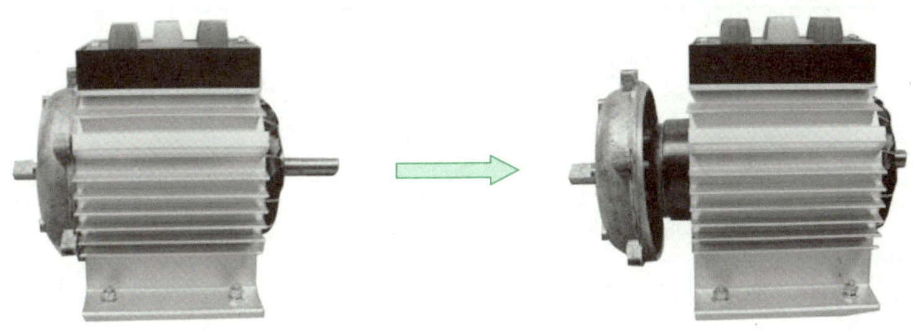

图 2-21 拆卸左端盖

⑨ 拆卸转子,如图 2-22 所示。

图 2-22 拆卸转子

⑩ 小型电动机实物拆卸分解示意图如图 2-23 所示。

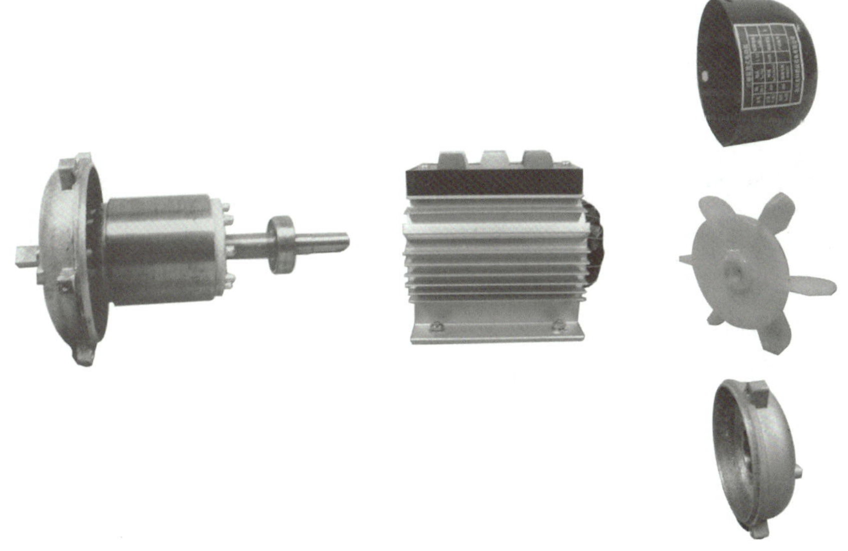

图 2-23 小型电动机实物拆卸分解示意图

2.1.4 任务考评

根据班级人数先分组,然后进行任务实施,实施过程中的考评细节参见表 2-4。

表 2-4　任务考评表

项目	评价指标	自评	互评	自评、互评平均分	总分
工作任务（40 分）	拆卸电动机（10 分）				
	识别归类各元器件（10 分）				
	元器件完整度检查（5 分）				
	电动机安装复原（10 分）				
	电动机端子接线（5 分）				
职业素养（15 分）	工作服整洁、无饰品或硬质件（5 分）				
	正确查阅维修资料和学习材料（5 分）				
	8S 素养（5 分）				
个人思考和总结（5 分）	按照完成任务的安全、质量、时间和 8S 要求，提出个人改进性建议（5 分）				
教师评价（40 分）					

成绩：＿＿＿＿＿

思考：

① 三相异步电动机正常运行时，如果转子突然被卡住不动，这时电动机的电流有何变化？对电动机有什么影响？

② 三相异步电动机的旋转磁场是如何产生的？

2.1.5　课后习题

1. 简述三相异步电动机的工作原理。

2. 试述三相异步电动机的转动原理，并解释“异步”的意义。

3. 旋转磁场的转向由什么决定？如何改变旋转磁场的方向？

4. 何谓三相异步电动机的转差率？额定转差率一般是多少？启动瞬间的转差率是多少？

5. 三相异步电动机的电磁转矩与电源电压大小有何关系？若电源电压下降 20%，电动机的最大转矩和启动转矩将变为多少？

任务 2.2
分析三相异步电动机的工作特性及机械特性

知识目标

1. 能够根据运行原理分析三相异步电动机的工作特性。
2. 能够复述三相异步电动机的电磁转矩表达式。
3. 能够画出三相异步电动机的机械特性曲线，并标出几个关键的运行状态点。

技能目标

1. 能够规范使用设备、进行设备安全检查。
2. 能正确地测定三相异步电动机的工作特性。

素养目标

1. 培养安全第一、用理论指导实践的工作习惯。
2. 培养学生养成自觉遵守安全及技能操作规程的工作习惯。
3. 增强学生自信自强、守正创新、勇毅前行的社会责任感。

实施流程

序号	工作内容	教师活动	学生活动
1	布置任务	1. 通过在线平台下发预习任务； 2. 通过在线论坛收集、分析学生疑问； 3. 通过在线平台设置考勤	1. 接受任务，明确任务； 2. 在线学习相关资料，参考教材和课件完成课前预习； 3. 反馈疑问； 4. 完成在线平台签到
2	知识准备	1. 三相异步电动机的工作特性； 2. 三相异步电动机的机械特性曲线	1. 学习三相异步电动机的工作特性； 2. 学习三相异步电动机的机械特性曲线
3	任务实施	1. 教师下发任务单； 2. 督导学生完成	1. 按照任务要求与教师演示过程，学生分组完成任务单； 2. 师生互动，讨论任务实施过程中出现的问题； 3. 完成任务书

项目2

续表

序号	工作内容	教师活动	学生活动
4	任务考评	1. 按具体评分细则对学生进行评价； 2. 采用过程性考核方式，根据学生学习全过程的表现，教师给定综合评定分数	按具体评分细则进行自评、互评

2.2.1 任务分析

三相异步电动机的机械特性主要描述的是电机在运行过程中，其转矩与转速之间的关系，以及这些关系如何影响电机的整体性能。要分析三相异步电动机的运行性能，就必须知道三相异步电动机的参数，这些参数可以通过试验得出。

本任务通过查阅相关资料，如三相异步电动机空载运行、负载运行、工作特性、机械特性等，通过分小组完成讨论及分工，完成对三相异步电动机特性测试、曲线绘制，并完成工作过程评价。

2.2.2 知识准备

1. 三相异步电动机的工作特性

三相异步电动机的工作特性是指 $U_1=U_N$，$f_1=f_N$ 时，电动机的转速 n、定子电流 I_1、功率因数 $\cos\varphi_1$、电磁转矩 T、效率 η 等与输出功率 P_2 的关系。可以通过直接给三相异步电动机带负载测得，如图 2-24 所示。

（1）转速特性 $n=f(P_2)$

三相异步电动机空载时，转子的转速 n 接近于同步转速 n_0。随着负载的增加，转速 n 要略微降低。所以图 2-24 所示转速特性是一条稍微下斜的曲线。

（2）定子电流特性 $I_1=f(P_2)$

三相异步电动机空载时，转子电流基本上为 0，此时的定子电流就是励磁电流 I_0，随着负载的增加，转速降低，转子电流增大，定子电流也增大。

（3）功率因数特性 $\cos\varphi_1=f(P_2)$

三相异步电动机空载时，定子侧的功率因数很低，不超过 0.2，接近额定负载时，定子电流中的有功电流增加，使功率因数提高，功率因数接近于 1；但是如果进一步增大负载，由于转差率的增大，使功率因数角增大，则功率因数减小。

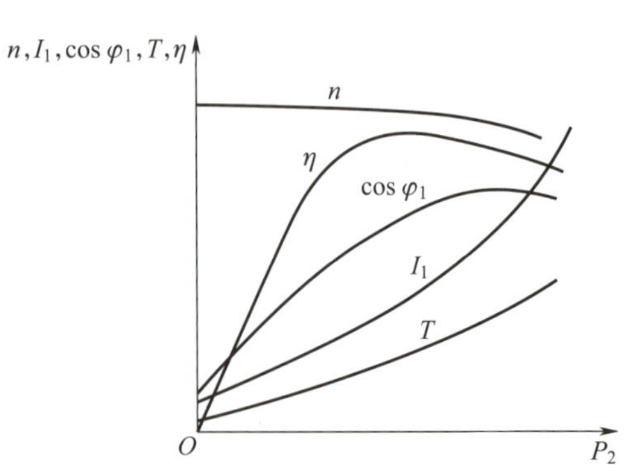

图 2-24　三相异步电动机工作特性

（4）电磁转矩特性 $T=f(P_2)$

稳定运行时，三相异步电动机转矩方程为 $T=T_0+T_2$，输出功率 $P_2=T_2\Omega$，所以 $T=T_0+\dfrac{P_2}{\Omega}$。电动机空载时，$T=T_0$，随着负载增加，$P_2$ 增大，

由于机械角速度 Ω 变化不大,电磁转矩 T 随 P_2 的变化近似为一条直线。

(5) 效率特性 $\eta=f(P_2)$

三相异步电动机的效率为

$$\eta=\frac{P_2}{P_1}=1-\frac{\sum P}{P_2+\sum P}$$

空载时,$P_2=0$,$\eta=0$,随着输出功率的增加,效率也增加。当不变损耗等于可变损耗时,电动机的效率达到最大。对中、小型异步电动机,$P_2\approx0.75P_N$ 时,效率最高。如果负载继续增大,效率反而要降低。一般来说,电动机的容量越大,效率越高。

2. 三相异步电动机的机械特性

三相异步电动机的机械特性是指电动机的转速与电磁转矩之间的关系,由于电机的转速与转差率之间存在一定的关系,所以三相异步电动机的机械特性通常用 $T=f(S)$ 表示。

(1) 固有机械特性

三相异步电动机的固有机械特性是指电动机在额定电压和额定频率下,按规定的接线,定子、转子电路不外接阻抗时的机械特性,如图 2-25 所示。

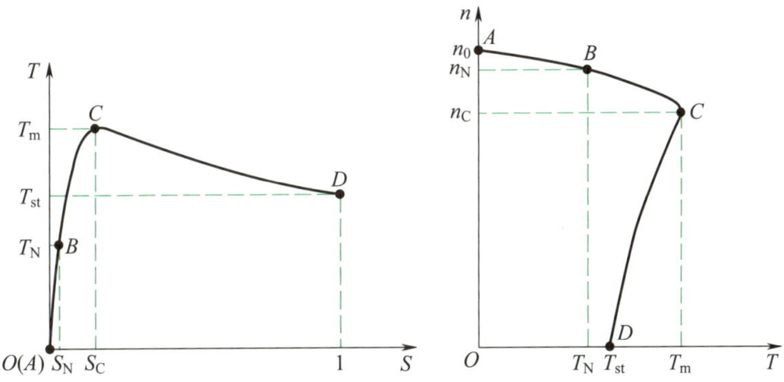

图 2-25 三相异步电动机的固有机械特性

从图 2-25 可以看出有 4 个特殊点(A,B,C,D),这 4 个特殊点为:同步点、额定转矩点、最大转矩点和启动转矩点。

① 同步点

同步点对应图 2-25 中的 A 点,此时,电机转速为同步转速($n=n_0$),电磁转矩为 0($T=0$),电机工作于理想状态。

② 额定转矩点

额定转矩点对应图 2-25 中的 B 点,此时,电机是在额定电压下,带上额定负载,以额定转速运转,输出额定功率时的电磁转矩为额定转矩。忽略空载转矩的情况下,额定转矩就等于额定输出转矩,用 T_N 表示,即

$$T_N=9550\frac{P_N}{n_N}$$

式中,P_N——额定功率;

n_N——额定转速;

T_N——额定转矩。

③ 最大转矩点

最大转矩点对应图 2-25 中的 C 点，此时，电机的转矩为最大转矩，在电机正常运行时，最大负载不可超过最大转矩，否则电机带不动负载，转速会越来越低，使电机过热，甚至烧坏。

④ 启动转矩点

启动转矩点对应图 2-25 中的 D 点，在电机启动的最初瞬间，$n=0$，$S=1$，此时的转矩称为启动转矩（T_{st}），其中，启动转矩一定要大于负载转矩，电机才能正常工作。如果启动转矩小于负载转矩，则电机无法启动，会出现堵转现象，造成电机过热。

（2）人为机械特性

人为机械特性是指人为改变电源参数或电机参数而得到的机械特性。人为机械特性有很多，如降压时的人为机械特性、转子回路串对称电阻时的人为机械特性、改变极数时的人为机械特性、改变输入频率时的人为机械特性等。

① 降压时的人为机械特性

降压时的人为机械特性如图 2-26 所示。当 U_1 下降后，T_{st} 和 T_m 均下降，但 S_C 不变，如果电机在定额负载下运行，U_1 下降后，n 下降，S 增大，转子电流增大，将导致电机过载。长期欠电压过载运行将使电机过热，减少使用寿命。

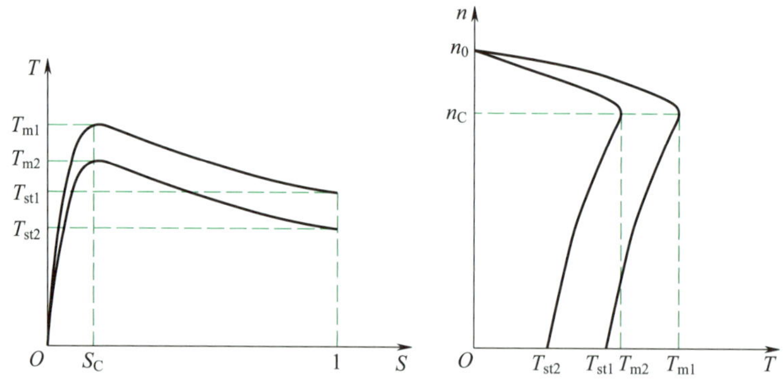

图 2-26 降压时的人为机械特性

② 转子回路串对称电阻时的人为机械特性

转子回路串对称电阻时的人为机械特性如图 2-27 所示。串电阻后，机械特性线性段斜率变大，特性变软。n、T_m 不变，S_C 增大。在一定范围内增加电阻，可以增加 T_{st}，当 $S_C=1$ 时，$T_m=T_{st}$，如果再增加电阻，T_{st} 会减小。

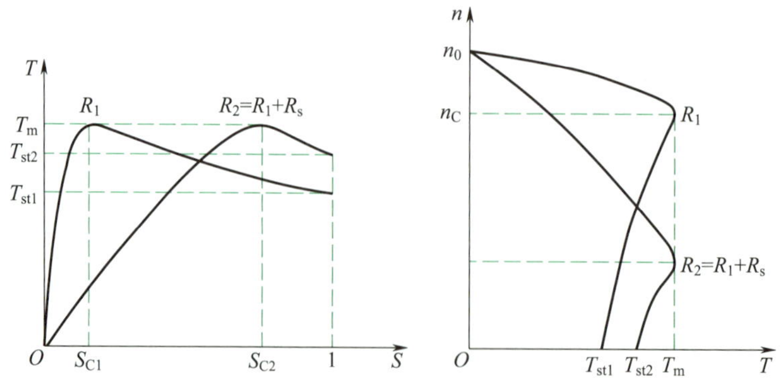

图 2-27 转子回路串对称电阻时的人为机械特性

2.2.3 任务实施

两人一组完成三相异步电动机的性能测试，记录试验数据，计算相关参数，绘制工作特性曲线。

1. 准备元器件和工具

元器件和工具清单见表 2-5。

表 2-5 元器件和工具清单

序号	元器件和工具	型号与规格	数量	单位	备注
1	常用电工工具	验电笔、螺钉旋具（一字和十字）、电工刀、尖嘴钳、钢丝钳、压线钳等	1	套	
2	三相异步电动机	Y315S-6 型三相异步电动机	1	台	
3	兆欧表	TB406-ZC-7,5 000 V/5 000 MΩ	1	台	
4	万用表	Fluke 15B MAX	1	台	
5	交流电表	DDS566	1	台	
6	调压器	TSGC2（三相）	1	个	

2. 操作步骤

① 按试验线路图接线，如图 2-28 所示。

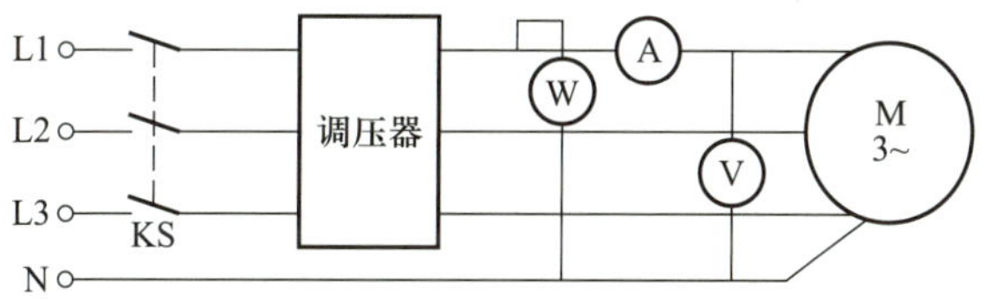

图 2-28 三相异步电动机空载试验线路图

② 将调压器的输出电压调至零位，合上开关 KS。

③ 逐渐升高调压器的输出电压，观察三相异步电动机的启动情况。

④ 将电动机的外加电压由 $1.2U_N$ 逐渐降低，直到定子电流开始回升为止，记录每次的空载电压 U_0、空载电流 I_0、空载损耗 P_0，记录在表 2-6 中。

表 2-6 空载实验数据记录表

序号	U_0/V	I_0/A	P_0/W	序号	U_0/V	I_0/A	P_0/W
1				5			
2				6			
3				7			
4				8			

⑤ 检查测定的数据并进行数据处理。

⑥ 检查无误后，根据计算后的值绘制工作特性曲线。

2.2.4 任务考评

根据班级人数先分组，然后进行任务实施，实施过程中的考评细节参见表 2-7。

表 2-7 任务考评表

项目	评价指标	自评	互评	自评、互评平均分	总分
工作任务（40 分）	安装接线（5 分）				
	空载试验数据测定（10 分）				
	测试元器件使用（5 分）				
	试验数据处理（10 分）				
	工作特性曲线绘制（10 分）				
职业素养（15 分）	工作服整洁、无饰品或硬质件（5 分）				
	正确查阅维修资料和学习材料（5 分）				
	8S 素养（5 分）				
个人思考和总结（5 分）	按照完成任务的安全、质量、时间和 8S 要求，提出个人改进性建议（5 分）				
教师评价（40 分）					

成绩：________

思考：

何谓三相异步电动机的固有机械特性和人为机械特性？

2.2.5 课后习题

1. 简述三相异步电动机的工作原理。
2. 说明三相异步电动机中“异步”的含义。
3. 三相异步电动机转子转速 n 能不能达到旋转磁场的同步速度 n_0？为什么？
4. 三相异步电动机的转向取决于什么？怎样实现异步电动机反转？
5. 一台 6 极异步电动机用频率为 50 Hz 的电源供电，其额定转差率 $S_N = 0.05$，求该电动机的额定转速。
6. 一台三相异步电动机，其型号为 Y-112M-6，电动机所接交流电源频率为 50 Hz，$n_N = 935$ r/min，$P_N = 4$ kW，$U_N = 380$ V，$\cos\varphi_N = 0.88$，$\eta_N = 0.87$，求该电动机的同步转速 n_0 和额定电流 I_N。
7. 一台三相异步电动机，$P_N = 30$ kW，$U_N = 380$ V，$\cos\varphi_N = 0.86$，$\eta_N = 0.91$，求该电动机的输入功率 P_1 和额定电流 I_N。
8. 绘制三相异步电动机的工作特性测试接线图，并说明需要测定哪些数据。

项目3　变压器的应用与维护

项目引导

爱岗敬业，甘于奉献

变压器的运行、检修、试验等各个阶段均有操作规范和实施细则，每道工序无不渗透着技术人员的爱岗敬业、甘于奉献的劳模精神。

对变压器的巡视、维护、检修，应严格执行国家标准《电力变压器能效限定值及能效等级》(GB 20052—2024)、《油浸式电力变压器技术参数和要求》(GB/T 6451—2023)和《干式电力变压器技术参数和要求》(GB/T 10228—2023)等，确保其运行安全。

本项目包含2个任务，分别是认识与分析单相变压器、认识与分析三相变相器。完成本任务的过程中，注重培养爱岗敬业、甘于奉献的劳模精神。电气技术人员在工作中应勤学习、肯钻研、战困难、冲在前，爱岗敬业、甘于奉献是电气人员的基本素养。

作为一名自动化类专业的学生，需要在学习期间学会单相变压器和三相变压器的空载测试、短路测试和负载测试；作为一名未来的电气技术工作者，要能够根据现有知识和技能，尽快适应电工的职业要求。

任务 3.1 认识与分析单相变压器

知识目标

1. 了解单相变压器的结构及分类。
2. 理解单相变压器的基本工作原理。
3. 掌握单相变压器的特性。

技能目标

1. 通过空载和短路试验测定变压器的变压比和参数。
2. 通过负载试验测量并获取变压器的运行特性。

素养目标

1. 培养自觉遵守安全操作规程的工作习惯。
2. 培养细心操作的工作习惯及团队合作意识。

实施流程

序号	工作内容	教师活动	学生活动
1	布置任务	1. 通过在线平台下发预习任务; 2. 通过在线论坛收集、分析学生疑问; 3. 通过在线平台设置考勤	1. 接受任务,明确任务; 2. 在线学习相关资料,参考教材和课件完成课前预习; 3. 反馈疑问; 4. 完成在线平台签到
2	知识准备	1. 单相变压器的结构及分类; 2. 单相变压器的基本工作原理; 3. 单相变压器的外特性及极性	1. 学习单相变压器的结构及分类; 2. 学习单相变压器的基本工作原理; 3. 学习单相变压器的外特性及极性
3	任务实施	1. 教师下发任务单; 2. 督导学生完成	1. 按照任务要求与教师演示过程,学生分组完成任务单; 2. 师生互动,讨论任务实施过程中出现的问题; 3. 完成任务书

续表

序号	工作内容	教师活动	学生活动
4	任务考评	1. 按具体评分细则对学生进行评价； 2. 采用过程性考核方式，根据学生学习全过程的表现，教师给定综合评定分数	按具体评分细则进行自评、互评

3.1.1 任务分析

单相变压器即一次绕组和二次绕组均为单相绕组的变压器，如图 3-1 所示。单相变压器结构简单、体积小、损耗低，主要是铁损小，适宜在负荷密度较小的低压配电网中应用和推广。

图 3-1 单相变压器

3.1.2 知识准备

1. 单相变压器的分类及结构

变压器的种类繁多，用途各异，电压等级和容量各不相同，但变压器的基本结构大致相同。最简单的变压器由一个闭合软磁铁芯和两个套有铁芯上又相互绝缘的绕组构成，即单相变压器。根据绕组和铁芯的相对位置，单相变压器有芯式结构和壳式结构两种，如图 3-2(a)、(b)所示。单相变压器的图形符号如图 3-2(c)所示。

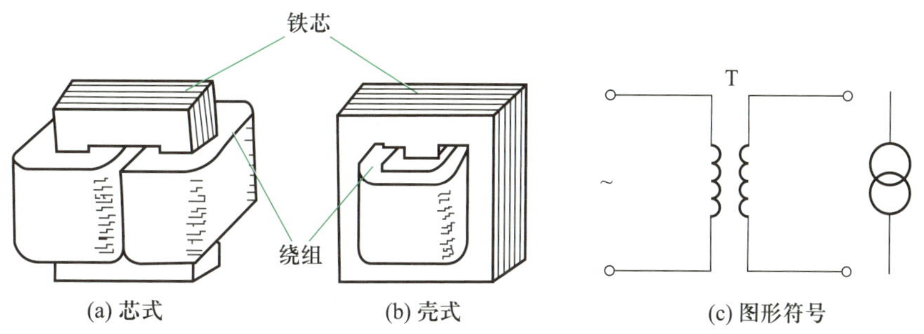

图 3-2 单相变压器的结构与符号

变压器主要由绕组和铁芯两大部分组成。

（1）绕组

绕组又称线圈，是变压器的电路部分，分为一次绕组和二次绕组。在变压器工作时，与电源连接的绕组称为一次绕组，简称一次；与负载连接的绕组称为二次绕组，简称二次，如图 3-3 所示。

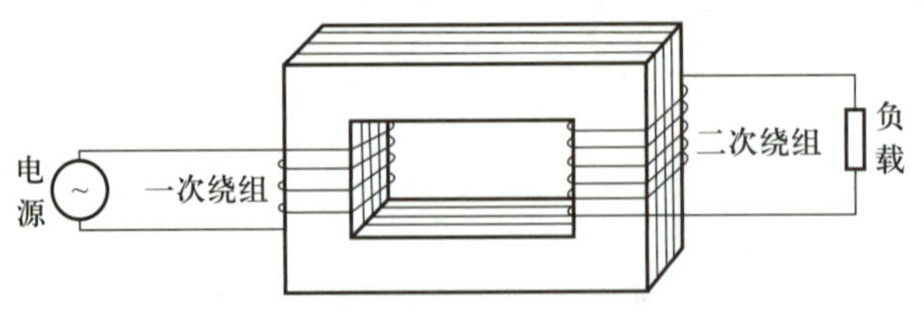

图 3-3 变压器的一次绕组和二次绕组

（2）铁芯

铁芯是变压器的磁路部分，由铁芯柱和铁轭两部分组成。铁芯一般采用厚度为 0.35～0.5 mm、表面涂有绝缘漆的高磁导率电工材料冷轧（或热轧）硅钢片冲制叠压而成。变压器的铁芯中，每片硅钢片为拼接片。变压器铁芯的结构有芯式、壳式和渐开线式等形式。

2. 单相变压器的基本工作原理

图 3-4 所示为单相双绕组变压器的工作原理示意图。在实际电路中，铁芯主要构成变压器的主磁路，两个绕组之间只有磁耦合而没有电气连接关系。变压器工作原理是在一次绕组 N_1 上加交变电流，然后在磁路中会产生交变的磁通，则在二次绕组 N_2 中也会产生交变的磁通，二次绕组 N_2 受感应而产生电动势。

3. 单相变压器的外特性

变压器在负载运行中，随着负载的增加，负载电流随之增加，一次、二次绕组上的压降及漏磁电动势都随之增加，二次绕组的端电压 U_2 将会降低。

当电源电压及负载功率因数一定时，反映二次端电压随二次电流变化而变化的曲线，称为变压器的外特性，如图 3-5 所示。外特性直观反映了变压器输出电压随负载电流变化的趋势。

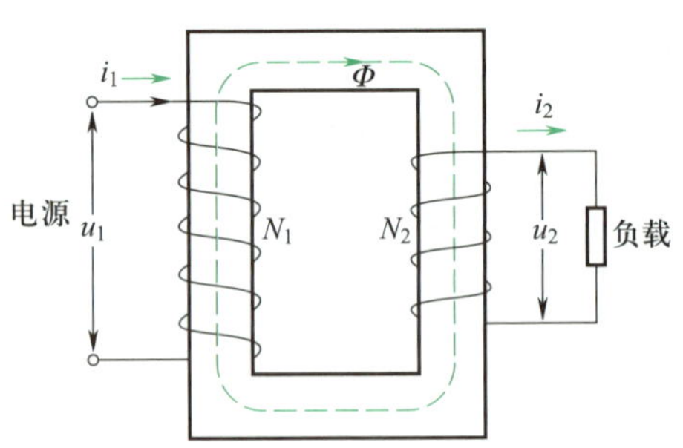

图 3-4 单相双绕组变压器的工作原理示意图

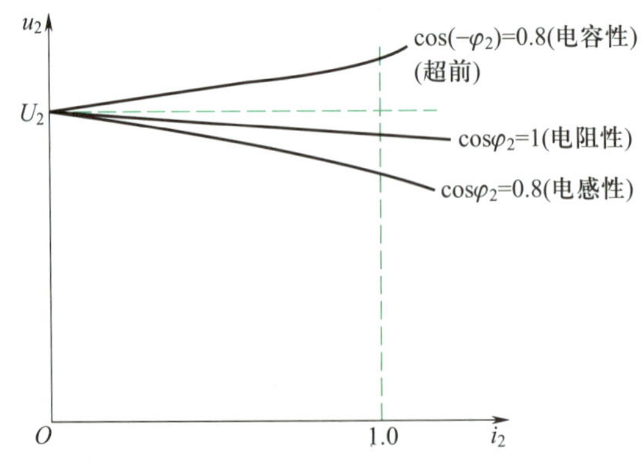

图 3-5 单相变压器的外特性

由图 3-5 可知，对于电容性负载，由于容性负载减小了无功电流分量，所以 u_2 随 i_2 的增大而增大；而对于电阻性和电感性负载，u_2 随 i_2 的增大而减小。

4. 单相变压器的极性

单相变压器的一次、二次绕组在同一个铁芯上，当绕组交链磁通 Φ 交变时，两个绕组感应出电动势，当一次绕组的某一端点瞬时电位为正时，二次绕组也必有一电位为正的对应端点。这两个对应的端点，称为同极性端或同名端，通常用符号“.”表示。若两个绕组的绕向已定，同名端是确定的。

单相变压器的首端和末端有两种不同的标法。一种是将一次、二次绕组的同极性端都标为首端（或末端），如图 3-6（a）所示，这时一次、二次绕组电动势 $\dot{E}_A$ 与 $\dot{E}_a$ 同相位（感应电动势的参考方向均规定从末端指向首端）；另一种标法是把一次、二次绕组的异极性端都标为首端（或末端），如图 3-6（b）所示，这时 $\dot{E}_A$ 与 $\dot{E}_a$ 反相位。

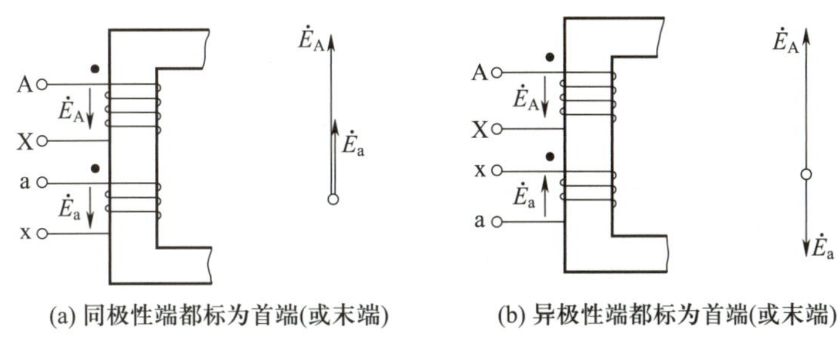

(a) 同极性端都标为首端(或末端)　　(b) 异极性端都标为首端(或末端)

图 3-6　不同标法时一次、二次绕组感应电动势之间的相位关系

综上分析，在单相变压器中，一次、二次绕组感应电动势的相位关系要么同相位，要么反相位，它取决于绕组的绕向和首末端标法。

3.1.3　任务实施

1. 准备元器件和工具

元器件和工具清单见表 3-1。

表 3-1　元器件和工具清单

序号	元器件和工具	型号与规格	数量	单位	备注
1	交流电流表	D32	1	台	
2	交流电压表	D33	1	台	
3	万用表	MF-47 或 DT9502	1	台	
4	单相功率表	D34-3	1	台	
5	单相变压器	220 V/55 V	1	台	
6	单相自耦调压器	0～220 V	1	台	
7	三相可调电阻器	D42	1	个	
8	三相可调电抗器	D43	1	个	
9	示波器	123B	1	台	
10	连接导线		若干	根	

2. 空载试验

(1) 测量单相变压器的变压比

① 按图 3-7 连接电路。

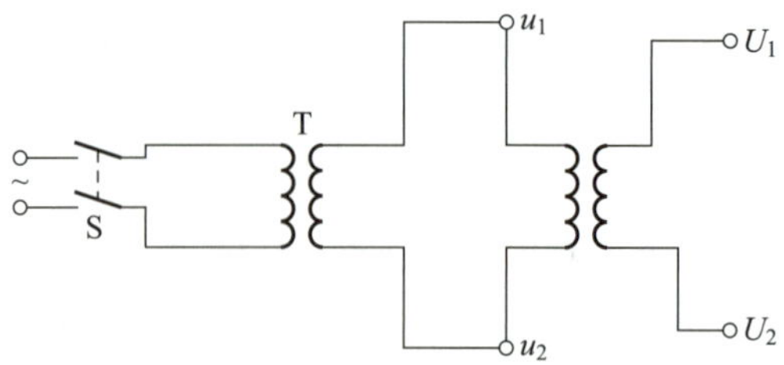

图 3-7 变压比测量电路

② 将单相自耦调压器 T 的手柄置于零位,闭合电源开关 S。

③ 调节单相自耦调压器的手柄,使加在单相变压器低压侧的电压 U_2 分别为额定电压 U_{N2} 的 100%、75%、50%,依次测量高压侧对应的电压 U_1。

④ 根据三次测量结果,分别计算单相变压器的变压比 $K=\frac{U_1}{U_2}$,取三次计算结果的平均值作为该变压器的实际变压比。将测量与计算结果记录于表 3-2 中。

表 3-2 单相变压器的变压比测量与计算结果记录表

序号	U_2/V	U_1/V	K	变压器的实际变压比
1				
2				
3				

(2) 测量单相变压器的空载参数

① 按图 3-8 连接电路。

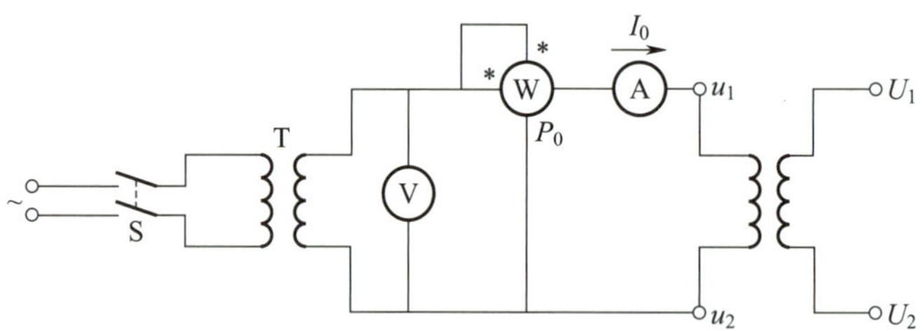

图 3-8 空载试验电路

② 将单相自耦调压器 T 的手柄置于零位,闭合电源开关 S。

③ 调节单相自耦调压器的手柄,使其输出电压等于变压器低压侧的额定电压 U_{N2}(55 V),观察交流电流表、单相功率表的读数 I_0、P_0,并将测量结果记录于表 3-3 中。

④ 根据测量结果,计算励磁阻抗 Z_m、励磁电阻 R_m 和励磁电抗 X_m,将测量与计算结果记录于表 3-3 中。

表 3-3　单相变压器的空载参数测量与计算结果记录表

测量值			计算值		
U_{N2}/N	I_0/A	P_0/W	Z_m/Ω	R_m/Ω	X_m/Ω

3. 短路试验

① 按图 3-9 电路连接。

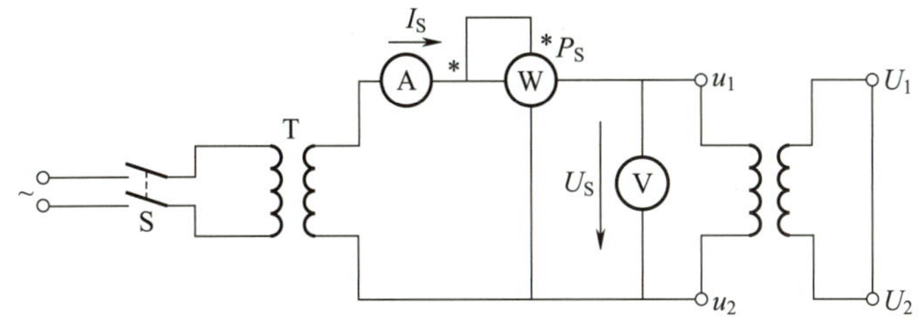

图 3-9　短路试验电路

② 将单相自耦调压器 T 的手柄置于零位，闭合电源开关 S。

③ 调节单相自耦调压器的手柄，使其输出电压逐渐增大，观察交流电流表的读数 I_S，直至 I_S 达到单相变压器一次绕组的额定电流为止，此时读取交流电流表、交流电压表、单相功率表的读数 I_S、U_S、P_S，将测量结果记录于表 3-4 中。

表 3-4　单相变压器的短路试验测量与计算结果记录表

测量值			计算值		
I_S/A	U_S/V	P_S/W	$\frac{U_S}{U_N}\times100\%$	P_{Cu}/W	Z_S/Ω

④ 根据测量结果，计算短路电压百分数$\frac{U_S}{U_N}\times100\%$、铜损 P_{Cu} 和短路阻抗 Z_S，将计算结果记录于表 3-4 中。

4. 负载试验

按图 3-10 连接电路。变压器低压线圈接电源，高压线圈经过开关接到负载电阻和电抗上。

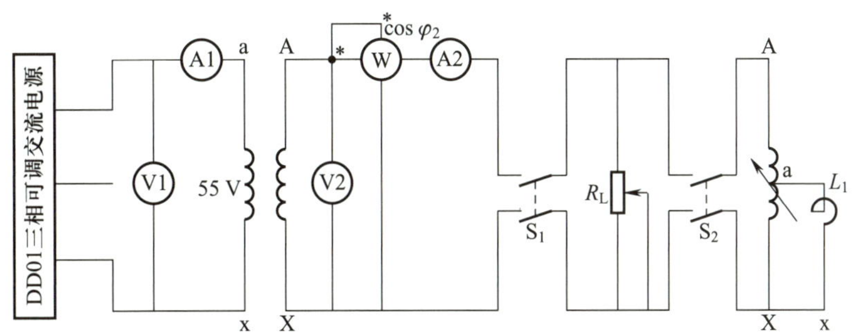

图 3-10　负载试验电路

(1) 纯电阻负载

① 将单相调压器旋钮调到输出电压为 0 的位置,打开 S_1、S_2,将负载电阻 R_L 值调到最大。

② 接通交流电源,逐渐升高电源电压,使变压器输入电压 $U_1=U_N$。

③ 保持 $U_1=U_N$,合上 S_1,逐渐增加负载电流,即减小负载电阻 R_L 的值,从空载到额定负载的范围内,测量并获取变压器的输出电压 U_2 和电流 I_2。

④ 测量并获取数据时,对 $I_2=0$ 和 $I_2=I_{2N}$ 两点必测,共取 6~7 组数据,并记录于表 3-5 中。

表 3-5 $\cos\varphi_2=1$, $U_1=U_N=$____ V 的数据记录表

序号	U_2/V	I_2/A	序号	U_2/V	I_2/A
1			5		
2			6		
3			7		
4					

(2) 阻感性负载($\cos\varphi_2=0.8$)

① 用电抗器 X_L 和 R_L 并联作为变压器的负载,打开 S_1、S_2,将电阻及电抗值调至最大。

② 接通交流电源,逐渐升高电源电压,使变压器输入电压 $U_1=U_N$。

③ 合上 S_1、S_2,在保持 $U_1=U_N$ 及 $\cos\varphi_2=0.8$ 的条件下,逐渐增加负载电流,从空载到额定负载的范围内,测量并获取变压器的输出电压 U_2 和电流 I_2。

④ 测量并获取数据时,对 $I_2=0$ 和 $I_2=I_{2N}$ 两点必测,共取 6~7 组数据,并记录于表 3-6 中。

表 3-6 $\cos\varphi_2=0.8$, $U_1=U_N=$____ V 的数据记录表

序号	U_2/V	I_2/A	序号	U_2/V	I_2/A
1			5		
2			6		
3			7		
4					

3.1.4 任务考评

根据班级人数先分组,然后进行任务实施,实施过程中的考评细节参见表 3-7。

表 3-7 任务考评表

项目	评价指标	自评	互评	自评、互评平均分	总分
工作任务(40 分)	空载试验接线正确(5 分)				
	空载试验数据测试正确(5 分)				
	短路试验接线正确(5 分)				
	短路试验数据测试正确(5 分)				

续表

项目	评价指标	自评	互评	自评、互评平均分	总分
工作任务（40分）	负载试验接线正确（5分）				
	负载试验数据测试正确（5分）				
	通电是否一次成功（10分）				
职业素养（15分）	工作服整洁、无饰品或硬质件（5分）				
	正确查阅维修资料和学习材料（5分）				
	8S素养（5分）				
个人思考和总结（5分）	按照完成任务的安全、质量、时间和8S要求，提出个人改进性建议（5分）				
教师评价（40分）					

成绩：__________

3.1.5 课后习题

1. 变压器主要由哪两大部分组成？
2. 单相变压器的基本工作原理是什么？
3. 在单相变压器中，一次、二次绕组感应电动势的相位关系是怎样的？主要取决于什么？

任务 3.2

认识与分析三相变压器

知识目标

1. 理解三相变压器的基本工作原理。
2. 掌握三相变压器的结构及分类。
3. 掌握三相变压器绕组的连接方式及并联运行。

技能目标

1. 通过测变比、空载和短路试验测定三相变压器的参数。
2. 通过负载试验测量并获取三相变压器的运行特性。

素养目标

1. 培养自觉遵守安全及技能操作规程的工作习惯。
2. 培养认真负责、精心操作的工作习惯及团队合作意识。

实施流程

序号	工作内容	教师活动	学生活动
1	布置任务	1. 通过在线平台下发预习任务; 2. 通过在线论坛收集、分析学生疑问; 3. 通过在线平台设置考勤	1. 接受任务,明确任务; 2. 在线学习相关资料,参考教材和课件完成课前预习; 3. 反馈疑问; 4. 完成在线平台签到
2	知识准备	1. 三相变压器的结构及分类; 2. 三相变压器的基本工作原理; 3. 三相变压器绕组的连接方式及并联运行	1. 学习三相变压器的结构及分类; 2. 学习三相变压器的基本工作原理。 3. 学习三相变压器绕组的连接方式及并联运行
3	任务实施	1. 教师下发任务单; 2. 督导学生完成。	1. 按照任务要求与教师演示过程,学生分组完成任务单; 2. 师生互动,讨论任务实施过程中出现的问题; 3. 完成任务书
4	任务考评	1. 按具体评分细则对学生进行评价; 2. 采用过程性考核方式,根据学生学习全过程的表现,教师给定综合评定分数	按具体评分细则进行自评、互评

3.2.1 任务分析

三相变压器是3台相同的单相变压器的组合,如图3-11所示。三相变压器具有高隔离特性、高共模干扰抑制能力,常用于供电系统中。

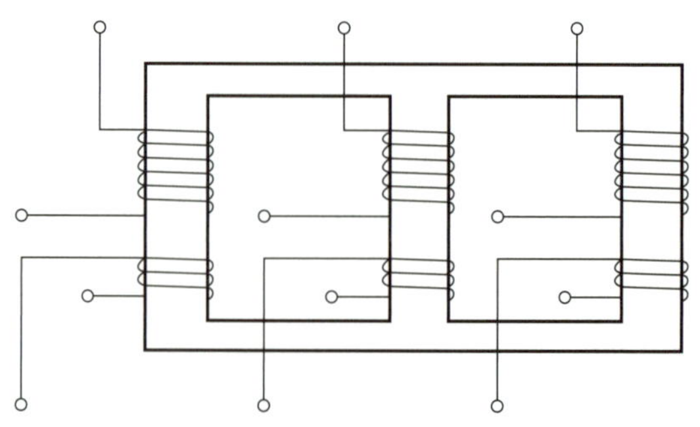

图 3-11 三相变压器

3.2.2 知识准备

1. 三相变压器的结构及分类

三相变压器可以由 3 台同容量的单相变压器一次、二次绕组按照一定的顺序连接组成,此类变压器称为三相组式变压器;也可用铁轭把 3 个铁芯柱连在一起构成,此类变压器称为三相芯式变压器。

视频:
三相变压器

(1) 三相组式变压器

三相组式变压器是由 3 台单相变压器组成的,相应的磁路称为组式磁路。其各相磁路相互独立,互不关联,即各相主磁通都有自己独立的磁路。当外加三相对称电压时,三相主磁通对称,三相空载电流也对称。三相组式变压器的磁路结构如图 3-12 所示。

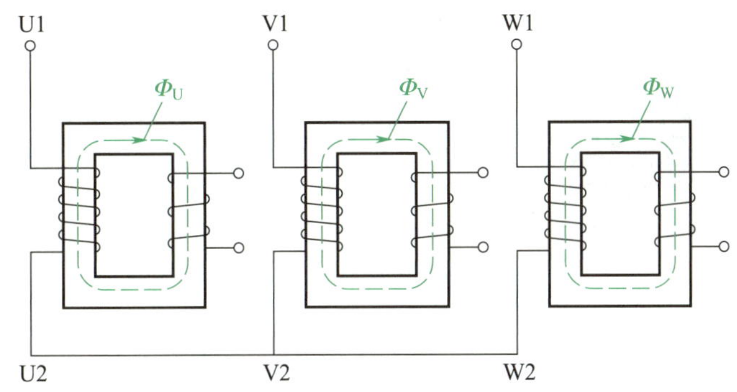

图 3-12 三相组式变压器的磁路结构

(2) 三相芯式变压器

三相芯式变压器是将 3 台单相变压器的铁芯柱合在一起经演变而成,其演变过程如下:

① 将 3 台单相变压器各自的一个铁芯柱贴合在一起,形成一个整体,如图 3-13(a)所示。

② 将中间铁芯柱省去,如图 3-13(b)所示。当绕组经过三相交流电时,通过中间的磁通为三相磁通之和。因为三相电压对称,所以合成磁通为 0,因此,可以将中间的铁芯柱省去,这样可以节省大量铁芯材料。

③ 将三相铁芯柱的中心线排列在同一平面,即演变成常见的三相芯式变压器,如图 3-13(c)所示。如此可使变压器结构简单、制造方便,并且可以减小变压器的体积,节省材料。

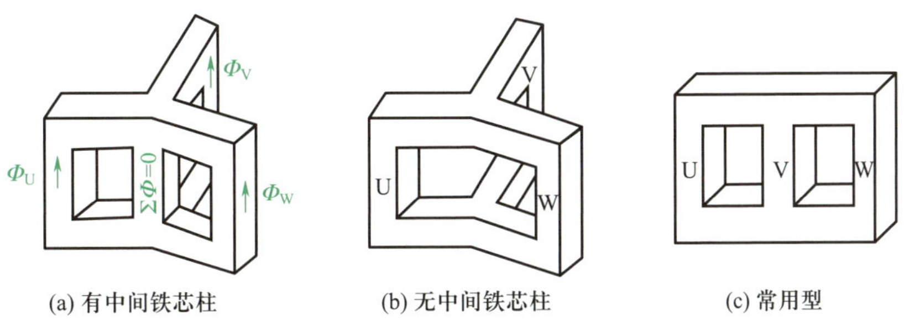

图 3-13 三相芯式变压器的演变

2. 三相变压器的基本工作原理

三相变压器的工作原理可以分为两个基本过程:电气能量的传递和磁通量的传递。

(1) 电气能量的传递

在三相变压器中,当三相的交流电被输入时,会形成一个磁通量。由于铁芯的存在,这个磁通量会被传递到另一端,并在另一端产生电压,从而将电能传递到负载中。电压的大小取决于铁芯材料、绕组匝数、绕组之间的串联或并联等因素。

(2) 磁通量的传递

三相变压器的磁通量传递过程,可以看作是一个电感器的变化过程。在输入电流的作用下,会使铁芯中的磁通量不停地发生扭动。这个扭动会对绕组产生压力,从而使其产生电动势,向负载中输出电能。

3. 三相变压器绕组的连接方式及并联运行

(1) 三相变压器绕组的连接方式

三相变压器的高、低压绕组可采用星形联结和三角形联结。

① 星形联结

星形联结是将三相绕组的末端 U2、V2、W2 接在一起,构成中性点,再将它们的首端 U1、V1、W1 引出箱外,如图 3-14 所示。当变压器的一次(或二次)绕组采用星形联结时,绕组中通入三相交流电后,各相电流在铁芯中产生的磁通方向一致,产生的感应电动势的方向也一致。若有一相绕组首尾接反了,会导致变压器发热,甚至产生事故,这是绝不允许的。

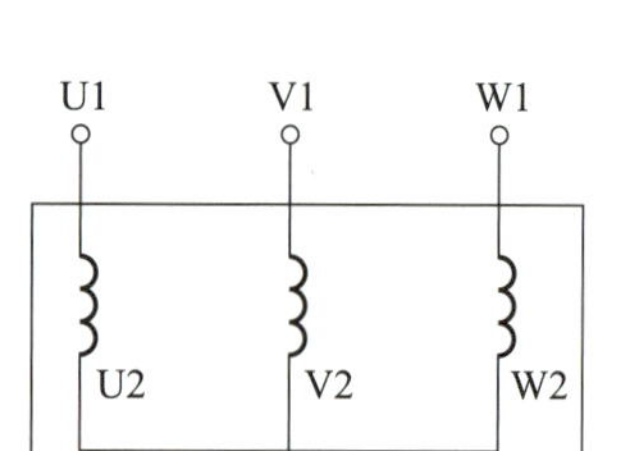

图 3-14 三相绕组的星形联结

变压器高压绕组的星形联结用 Y 表示,有中性点引出时用 YN 表示,低压绕组的星形联结用 y 表示,有中性点引出时用 yn 表示。

② 三角形联结

三角形联结是指将三相绕组的各相首尾相接,构成一个闭合回路,再将三相的首端 U1、V1、W1 引出箱外。根据首尾连接顺序的不同,三角形联结有顺序和逆序两种接法。顺序三角形联结是指三相绕组按照 U1→U2V1→V2W1→W2U1 的顺序连接,如图 3-15(a)所示;逆序三角形联结是指三相绕组按照 U1→U2W1→W2V1→V2U1,如图 3-15(b)所示。无论采用哪种接法,若有一相绕组接反,都会产生不良后果。

变压器高压绕组的三角形联结用 D 表示,低压绕组的三角形联结用 d 表示。

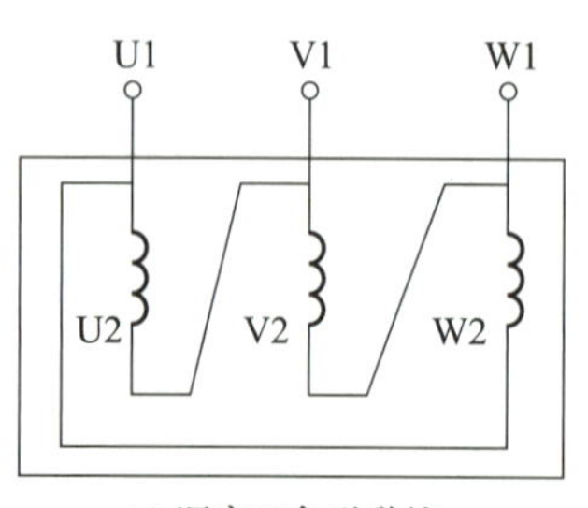

(a) 顺序三角形联结

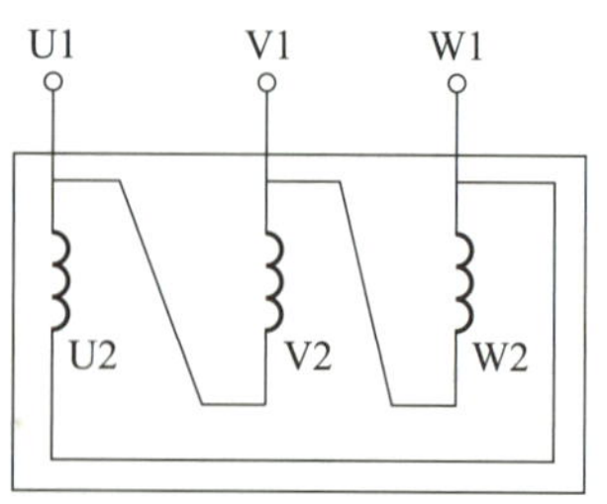

(b) 逆序三角形联结

图 3-15 三相变压器的三角形联结

(2) 三相变压器的并联运行

三相变压器并联运行，就是将两台或多台变压器的一次绕组并联在同一电压的母线上，二次绕组并联在另一电压的母线上，共同对负载供电的运行方式，其接线图如图 3-16 所示。

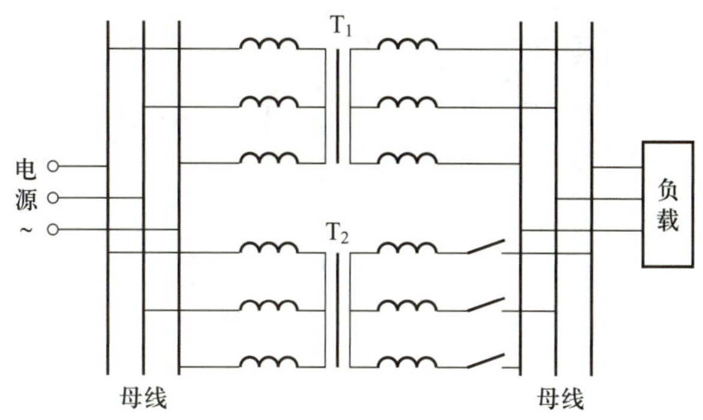

图 3-16　变压器并联运行接线图

① 三相变压器并联运行的原因

a. 变电站所供的负载总是在若干年内不断发展、不断增加的，随着负载的不断增加，可以相应地增加变压器的台数，这样做可以减少建站、安装时的一次投资。

b. 当变电站所供的负载有较大的昼夜或季节波动时，可以根据负载的变动情况，随时调整投入并联运行的变压器台数，以提高变压器的运行效率。

c. 当某台变压器需要检修(或故障)时，可以将其切换下来，而将备用变压器投入并使之并联运行，以提高供电的可靠性。

② 变压器并联运行的条件

三相变压器并联运行时，各并联的变压器必须满足以下条件，否则不仅会增加变压器的能耗，还可能发生事故。

a. 各台变压器一次、二次额定电压相同，变比相等。

b. 各台变压器的联结组别相同。

c. 各台变压器短路阻抗标称值相等，并且短路阻抗角尽量相同。

3.2.3　任务实施

1. 准备元器件和工具

元器件和工具清单见表 3-8。

表 3-8　元器件和工具清单

序号	元器材名称	型号与规格	数量	单位	备注
1	交流电流表	D32	1	台	
2	交流电压表	D33	1	台	
3	智能三相功率表	D34-3	1	台	
4	三相芯式变压器	DJ12	1	台	
5	三相可调电抗器	D42	1	个	
6	小型测试及开关板	D51	1	块	

2. 测定变比试验

① 按图 3-17 连接电路。

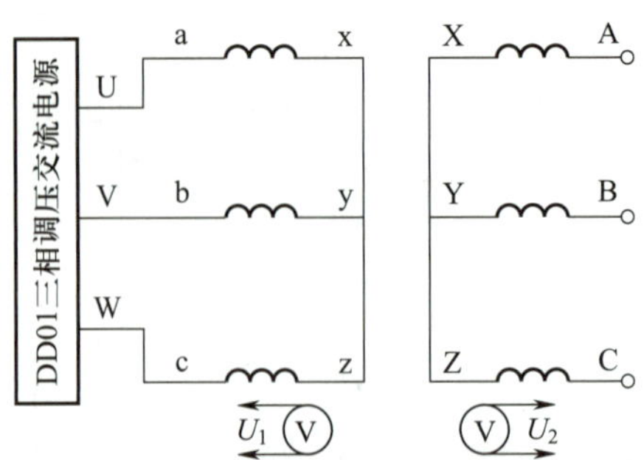

图 3-17 三相变压器测定变比试验接线图

② 将三相交流电源调到输出电压为 0 的位置。

③ 开启控制屏上电源总开关,按下“开”按钮,接通电源。

④ 调节外施电压 $U=0.5U_N=27.5$ V,测取高、低压绕组线圈的线电压 U_{AB}、U_{BC}、U_{CA}、U_{ab}、U_{bc}、U_{ca},将测量数据和计算结果记录于表 3-9 中。

表 3-9 测定变比试验数据记录表

测量值/V				计算值	
高压绕组线电压		低压绕组线电压		变比	
U_{AB}		U_{ab}		K_{AB}	
U_{BC}		U_{bc}		K_{BC}	
U_{CA}		U_{ca}		K_{CA}	

注:变比计算公式为:$K_{AB}=\frac{U_{AB}}{U_{ab}}$,$K_{BC}=\frac{U_{BC}}{U_{bc}}$,$K_{CA}=\frac{U_{CA}}{U_{ca}}$。

3. 空载试验

① 将控制屏左侧三相交流电源的调压旋钮调到输出电压为 0 的位置,按下“关”按钮,在断电的条件下按图 3-18 连接电路。变压器低压线圈接电源,高压线圈开路。

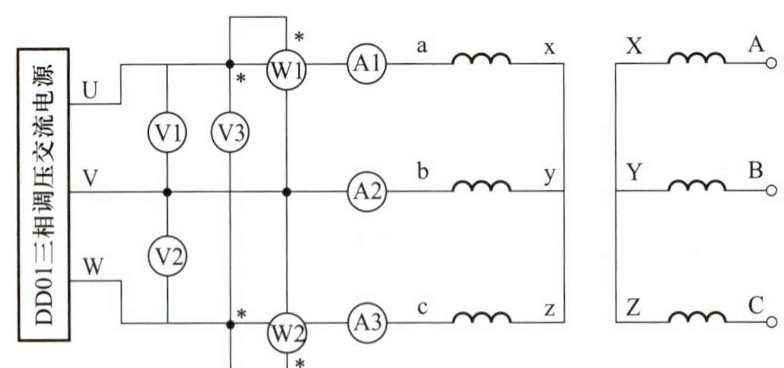

图 3-18 三相变压器空载试验接线图

② 按下“开”按钮接通三相交流电源,调节电压,使变压器的空载电压 $U_{OL}=1.2U_N$。

③ 逐次降低电源电压,在$(1.2\sim0.2)U_N$ 范围内测取变压器三相线电压、电流和功率。

④ 测取数据时，其中，$U_{OL}=U_N$ 的点必测，且在其附近测 8～9 组，将测量数据和计算结果记录于表 3-10 中。

表 3-10　空载试验数据记录表

序号	测量值								计算值			
	U_{OL}/V			I_{OL}/A			P_O/W		U'_{OL}/V	I'_{OL}/A	P'_O/W	$\cos\varphi_O$
	U_{ab}	U_{bc}	U_{ca}	I_{aO}	I_{bO}	I_{cO}	P_{O1}	P_{O2}				

4. 短路试验

① 将控制屏左侧三相交流电源的调压旋钮调到输出电压为 0 的位置，按下“关”按钮，在断电的条件下按图 3-19 连接电路。

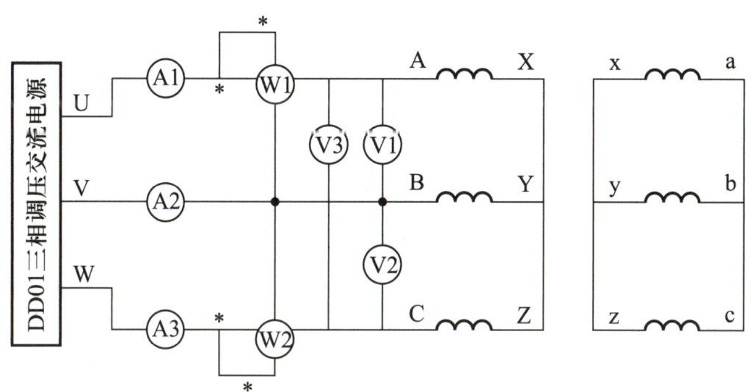

图 3-19　三相变压器短路试验接线图

② 按下“开”按钮，接通三相交流电源，缓慢增大电源电压，使变压器的短路电流 $I_{KL}=1.1I_N$。

③ 逐次降低电源电压，在（1.2～0.2）I_N 范围内，测取变压器三相输入电压、电流和功率。

④ 测取数据时，其中，$I_{KL}=I_N$ 的点必测，且在其附近测 5～6 组，将测量数据和计算结果记录于表 3-11 中。

5. 纯电阻负载试验

① 将电源电压调至 0，按下“关”按钮，在断电的条件下按图 3-20 连接电路。

表 3-11 短路试验数据记录表

序号	测量值								计算值			
	U_{KL}/V			I_{KL}/A			P_K/W		U'_{KL}/V	L'_{KL}/A	P'_K/W	$\cos\varphi_K$
	U_{AB}	U_{BC}	U_{CA}	I_{AK}	I_{BK}	I_{CK}	P_{K1}	P_{K2}				

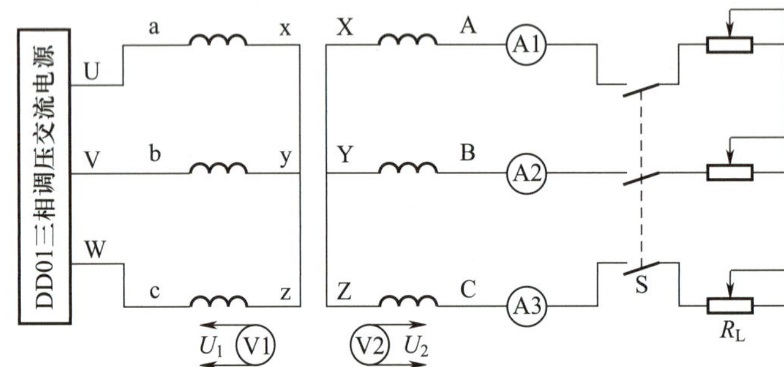

图 3-20 三相变压器纯电阻负载试验接线图

② 将负载电阻 R_L 的阻值调至最大,打开开关 S。

③ 按下“开”按钮接通电源,调节交流电压,使变压器的输入电压 $U_1=U_N$。

④ 保持 $U_1=U_N$,合上开关 S,逐次增加负载电流,在空载到额定负载范围内,测取三相变压器输出线电压和相电流。

⑤ 测取数据时,其中,$I_2=0$ 和 $I_2=I_N$ 两点必测,测取 7~8 组,将测量数据记录于表 3-12 中。

表 3-12 纯电阻负载试验数据记录表

序号	测量值/V				计算值/A			
	U_{AB}	U_{BC}	U_{CA}	U_2	I_A	I_B	I_C	I_2

3.2.4 任务考评

根据班级人数先分组，然后进行任务实施，实施过程中的考评细节参见表 3-13。

表 3-13 任务考评表

项目	评价指标	自评	互评	自评、互评平均分	总分
工作任务（40 分）	变比试验接线正确（5 分）				
	变比试验数据测试正确（5 分）				
	空载试验接线正确（5 分）				
	空载试验数据测试正确（5 分）				
	短路试验接线正确（5 分）				
	短路试验数据测试正确（5 分）				
	纯电阻负载试验接线正确（5 分）				
	纯电阻负载试验数据测试正确（5 分）				
职业素养（15 分）	工作服整洁、无饰品或硬质件（5 分）				
	正确查阅维修资料和学习材料（5 分）				
	8S 素养（5 分）				
个人思考和总结（5 分）	按照完成任务的安全、质量、时间和 8S 要求，提出个人改进性建议（5 分）				
教师评价（40 分）					

成绩：__________

3.2.5 课后习题

1. 三相变压器绕组的连接方式有哪些？
2. 三相变压器的基本工作原理是什么？
3. 三相变压器并联运行的条件是什么？

4

项目 4　低压电器的选用与检修

项目引导

规范作业，严谨细致

一个完整、合理、具有一定功能的电路主要考虑低压电器的选择、布局、安装、接线、调试，其整个过程、每个阶段均有操作规范和实施细则，每道工序无不渗透着技术人员细致用心、精益求精的工匠精神。

本项目包含 5 个任务，分别是开关电器的选用与检修、熔断器的选用与检修、接触器的选用与检修、继电器的选用与检修、主令电器的选用与检修。在实际操作中，本项目对标企业和技能大赛的标准。完成本任务的过程中，注重培养注重细节、执行标准、规范操作、严谨细致的职业精神。

作为一名自动化类专业的学生，需要在学习期间学会低压电器的选用、安装与检修，才能在实际应用中保证电路正常运行；作为一名未来的电气技术工作者，要能够根据现有知识和技能，尽快适应电工职业的要求。

任务 4.1 开关电器的选用与检修

知识目标

了解开关电器的基本结构、分类及选用方法。

技能目标

掌握开关电器的安装与检修方法。

素养目标

1. 培养自觉遵守安全及技能操作规程的工作习惯。
2. 培养认真负责、精心操作的工作习惯及团队合作意识。

实施流程

序号	工作内容	教师活动	学生活动
1	布置任务	1. 通过在线平台下发预习任务； 2. 通过在线论坛收集、分析学生疑问； 3. 通过在线平台设置考勤	1. 接受任务，明确任务； 2. 在线学习相关资料，参考教材和课件完成课前预习； 3. 反馈疑问； 4. 完成在线平台签到
2	知识准备	1. 开关电器的基本结构、分类； 2. 开关电器的外形、结构与符号	学习开关电器的选用、安装与检修
3	任务实施	1. 教师下发任务单； 2. 督导学生完成	1. 按照任务要求与教师演示过程，学生分组完成任务单； 2. 师生互动，讨论任务实施过程中出现的问题； 3. 完成任务书
4	任务考评	1. 按具体评分细则对学生进行评价； 2. 采用过程性考核方式，根据学生学习全过程的表现，教师给定综合评定分数	按具体评分细则进行自评、互评

4.1.1 任务分析

开关电器常用于隔离、转换、接通及分断电路，可用作机床电路的电源开关、局部照明电路的开关，有时也可以用来直接对小容量电动机的启动、停止和正反转实施控制。通常使用的开关电器有刀开关、组合开关和低压断路器，如图 4-1 所示。

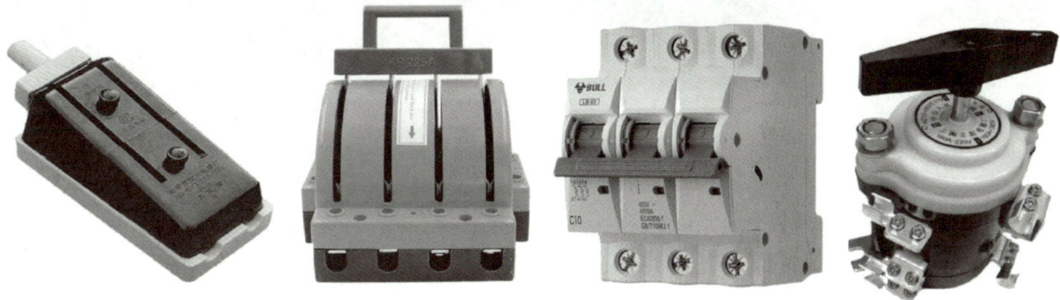

图 4-1 开关电器

4.1.2 知识准备

1. 刀开关

刀开关是手动电器中结构较简单的一种，被广泛应用于各种配电设备和供电电路，一般用来作为电源的引入开关或隔离开关，也可用于小容量三相异步电动机不频繁启动或停止的电路中。在电力拖动控制电路中，较常用的是由刀开关和熔断器组合而成的负荷开关。

(1) 开启式负荷开关

开启式负荷开关又称为瓷底胶盖刀开关，简称闸刀开关，主要用于隔离电源，也可用于非频繁接通和分断容量较小的低压配电电路，适用于照明、电热设备及小容量电动机控制电路，供手动不频繁接通和分断电路，并起短路保护作用。

开启式负荷开关的外形与图形符号如图 4-2 所示。

开启式负荷开关的型号及其含义如下：

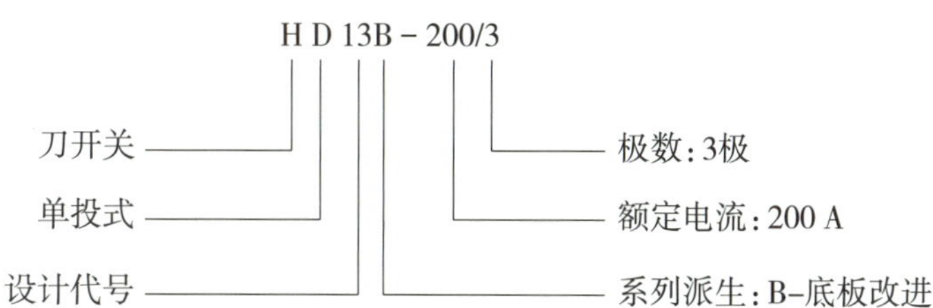

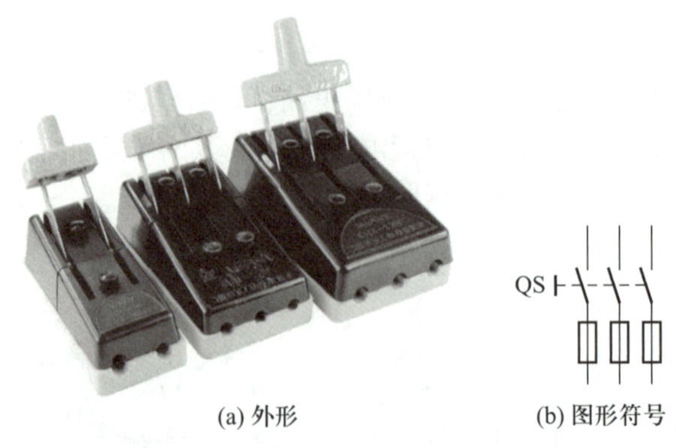

图 4-2 开启式负荷开关

(2) 封闭式负荷开关

封闭式负荷开关(俗称铁壳开关)的外形、结构如图 4-3 所示。

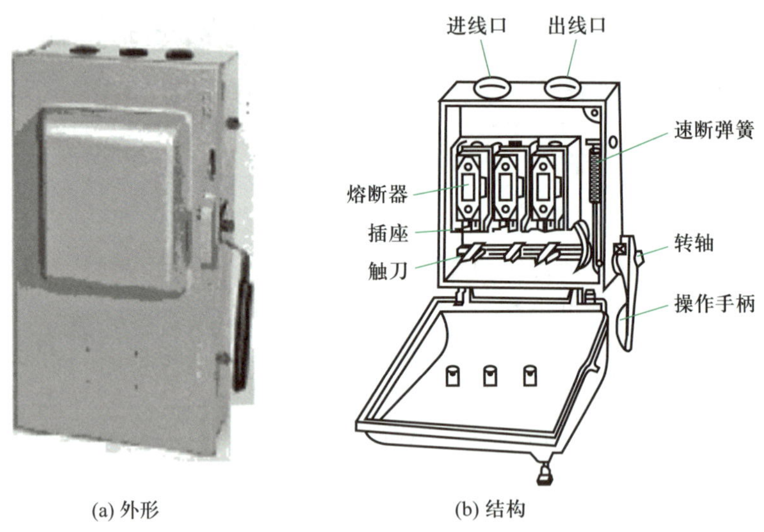

图 4-3 封闭式负荷开关

封闭式负荷开关的型号含义如下:

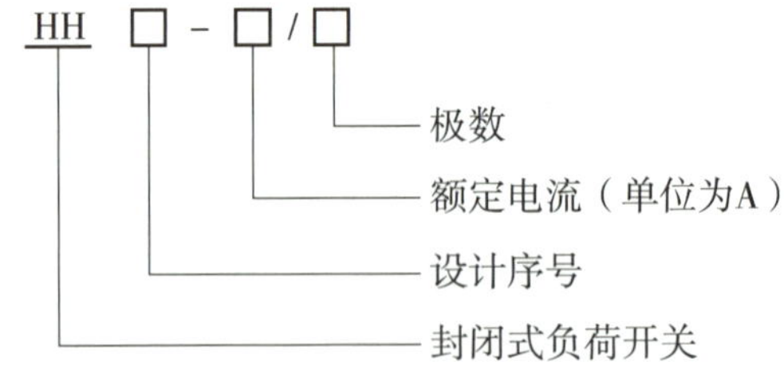

2. 组合开关

组合开关可用作电源的引入开关,适用于通断小电流电路,也可用于控制 5 kW 以下电动机。

按极数分，组合开关可分为单极、双极和三极；按层数分，组合开关可分为三层、六层等。

组合开关的外形、结构与图形符号如图 4-4 所示。

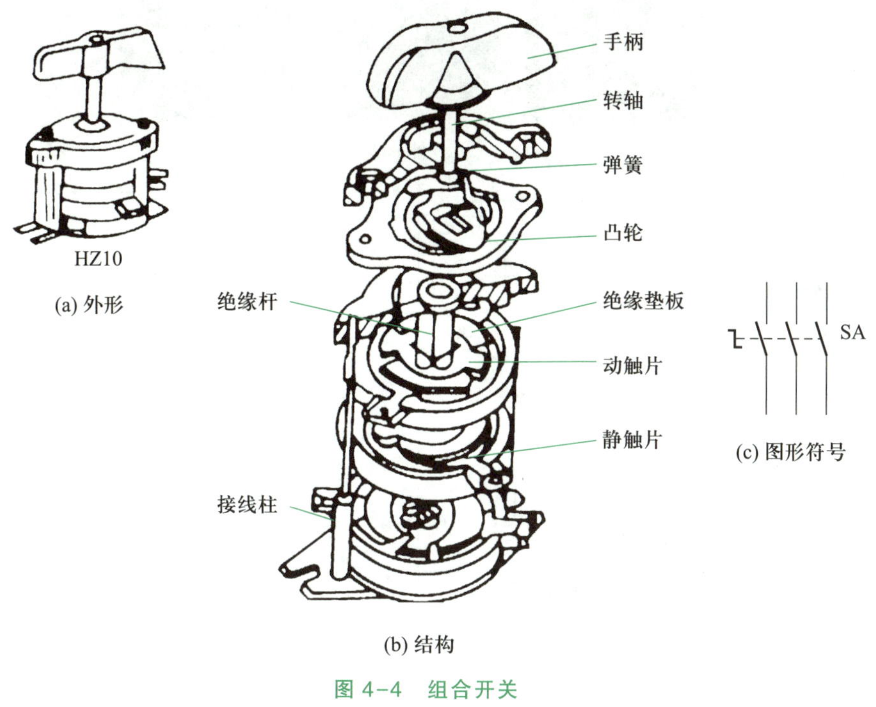

(a) 外形 (b) 结构 (c) 图形符号

图 4-4 组合开关

组合开关的型号含义如下：

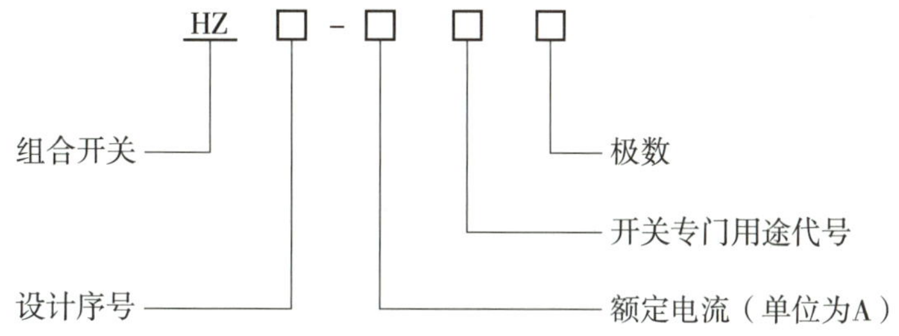

3. 低压断路器

低压断路器俗称自动开关或空气开关，用于低压配电电路中不频繁通断控制。在电路发生短路、过载或欠电压等故障时能自动分断故障电路，是一种控制兼保护电器。

低压断路器可分为油断路器、压缩空气断路器、真空断路器、SF6 断路器等。

低压断路器的外形、结构与图形符号如图 4-5 所示。

低压断路器是靠操作机构手动或电动合闸的，触点闭合后，自由脱扣机构将触点锁在合闸位置上。当电路发生故障时，通过各自的脱扣器使自由脱扣机构动作，自动跳闸以实现保护作用。分励脱扣器用于远距离控制分断电路。过电流脱扣器用于电路的短路和过电流保护，当电路的电流大于整定的电流值时，过电流脱扣器所产生的电磁力使挂钩脱扣，动触点在弹簧的拉力下迅速断开，实现短路器的跳闸功能。

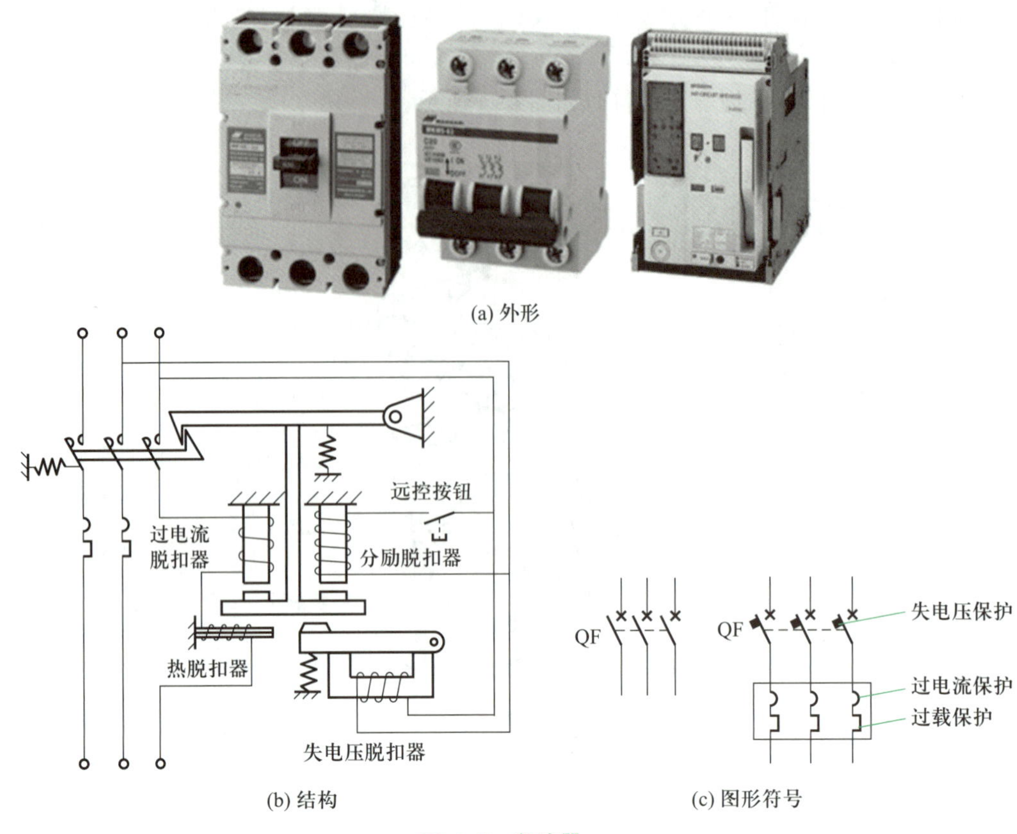

图 4-5　断路器

4.1.3　任务实施

1. 准备元器件和工具

元器件和工具清单见表 4-1。

表 4-1　元器件和工具清单

序号	元器件和工具	型号与规格	数量	单位	备注
1	常用电工工具	验电笔、螺钉旋具(一字和十字)、电工刀、尖嘴钳、钢丝钳、压线钳等	1	套	
2	万用表	MF-47、DT9502 或自定	1	台	
3	刀开关	HK2	1	个	QS
4	组合开关	HZ5D	1	组	SA
5	低压断路器	DZ47	3	个	QF

2. 刀开关的选用、安装与检修

(1) 选用

① 用于照明和电热负载时,选用额定电压为 220 V 或 250 V,额定电流不小于电路所有负载额定电流之和的两极开关。

② 用于控制电动机的直接启动和停止时，选用额定电压为 380 V 或 500 V，额定电流不小于电动机额定电流 3 倍的三极开关。

(2) 安装与使用

① 开启式负荷开关必须垂直安装在控制屏或开关板上，且合闸状态时，手柄应朝上，不允许倒装或平装，以防发生误合闸事故。

② 开启式负荷开关控制照明和电热负载使用时，要装接熔断器作短路和过载保护。

③ 更换熔体时，必须在闸刀断开的情况下按原规格更换。

④ 在分闸和合闸操作时，应动作迅速，使电弧尽快熄灭。

(3) 常见故障及其处理方法

开启式负荷开关的常见故障及其处理方法见表 4-2。

表 4-2 开启式负荷开关的常见故障及其处理方法

故障现象	可能原因	处理方法
合闸后，开关一相或两相开路	静触点弹性消失，开口过大，造成动、静触点接触不良	修整或更换静触点
	熔体熔断或虚连	更换熔体或紧固
	动、静触点氧化或有尘污	清洁触点
	开关进线或出线端接触不良	重新连接
合闸后，熔体熔断	外接负载短路	排除负载短路故障
	熔体规格偏小	按要求更换熔体
触点烧坏	开关容量太小	更换开关
	拉、合闸动作过程慢，造成电弧过大，烧坏触点	修整或更换触点，并改善操作方法

3 组合开关的选用、安装与检修

(1) 选用

组合开关应根据电源种类、电压等级、所需触点数、接线方式和负载容量进行选用。

① 用于照明或电热电路时，组合开关的额定电流应等于或大于电路中各负载电流的总和。

② 用于直接控制异步电动机的启动和正反转时，组合开关的额定电流一般取电动机额定电流的 1.5~2.5 倍。

(2) 安装与使用

① HZ10 系列组合开关应安装在控制箱(或壳体)内，其操作手柄最好在控制箱的前面或侧面。组合开关为断开状态时，应使手柄在水平旋转位置。HZ3 系列组合开关外壳上的接地螺钉应可靠接地。

② 若须在箱内操作，开关最好装在箱内右上方，并且在它的上方不安装其他电器，否则应采取隔离或绝缘措施。

③ 组合开关的通断能力较低，不能用来分断故障电流。用于控制异步电动机的正反转时，必须在电动机完全停止转动后才能反向启动，且每小时的接通次数不能超过 15~20 次。

④ 当操作频率过高或负载功率因数较低时，应降低开关的容量使用，以延长其工作寿命。

⑤ 倒顺开关接线时，应将开关两侧进出线中的一相互换，并看清开关接线端标记，切忌接错，以免产生电源两相短路故障。

(3) 常见故障及其处理方法

组合开关的常见故障及其处理方法见表 4-3。

表 4-3 组合开关的常见故障及其处理方法

故障现象	可能的原因	处理方法
手柄转动后，内部触点未动	手柄上的轴孔磨损变形	调换手柄
	绝缘杆变形(由方形磨为圆形)	更换绝缘杆
	手柄与方轴或轴与绝缘杆配合松动	紧固松动部件
	操作机构损坏	修理更换
手柄转动后，动、静触点不能按要求动作	组合开关型号选用不正确	更换开关
	触点角度装配不正确	重新装配
	触点失去弹性或接触不良	更换触点或清除氧化层及尘污
接线柱间短路	因铁屑或油污附着接线柱，形成导电层，将胶木烧焦，绝缘损坏而形成短路	更换开关

4. 低压断路器的选用、安装与检修

(1) 选用

① 低压断路器的额定电压和额定电流应不小于电路的正常工作电压和计算负载电流。

② 热脱扣器的整定电流应等于所控制负载的额定电流。

③ 电磁脱扣器的瞬时脱扣整定电流应大于负载正常工作时可能出现的峰值电流。用于控制电动机的低压断路器，其瞬时脱扣整定电流可按下式选取：

$$I_z \geqslant KI_{st}$$

式中，K——安全系数，可取 1.5～1.7；

I_{st}——电动机的启动电流。

④ 欠电压脱扣器的额定电压应等于电路的额定电压。

⑤ 低压断路器的极限通断能力应不小于电路最大短路电流。

(2) 安装与使用

① 低压断路器应垂直于配电板安装，电源引线应接到上端，负载引线接到下端。

② 低压断路器用作电源总开关或电动机的控制开关时，在电源进线侧必须加装刀开关或熔断器等，以形成明显的断开点。

③ 低压断路器在使用前应将脱扣器工作面的防锈油脂擦干净；各脱扣器动作值一经调整好，不允许随意变动，以免影响其动作值。

④ 使用过程中，若遇分断短路电流，应及时检查触点系统，若发现电灼烧痕，应及时修理或更换。

⑤ 低压断路器上的积尘应定期清除，并定期检查各脱扣器动作值，给操作机构添加润滑剂。

(3) 常见故障及处理方法

低压断路器的常见故障及处理方法见表 4-4。

表 4-4 低压断路器的常见故障及处理方法

故障现象	故障原因	处理方法
不能合闸	欠电压脱扣器无电压或线圈损坏	检查施加电压或更换线圈
	储能弹簧变形	更换储能弹簧
	反作用弹簧力过大	重新调整
	机构不能复位再扣	调整再扣接触面至规定值
电流达到整定值,低压断路器不动作	热脱扣器双金属片损坏	更换双金属片
	电磁脱扣器的衔铁与铁芯距离太大或电磁线圈损坏	调整衔铁与铁芯距离或更换断路器
	主触点熔焊	检查原因并更换主触点
启动电动机时,低压断路器立即分断	电磁脱扣器瞬动整定值过小	调高整定值至规定值
	电磁脱扣器某些零件损坏	更换脱扣器
低压断路器闭合后,经一定时间自行分断	热脱扣器整定值过小	调高整定值至规定值
低压断路器温升过高	触点压力过小	调整触点压力或更换弹簧
	触点表面过分磨损或连接不良	更换触点或修整接触面
	两个导电零件连接螺钉松动	重新拧紧

4.1.4 任务考评

根据班级人数先分组,然后进行任务实施,实施过程中的考评细节参见表 4-5。

表 4-5 任务考评表

项目	评价指标	自评	互评	自评、互评平均分	总分
工作任务(40 分)	开关电器原理分析(10 分)				
	开关电器选用是否正确(10 分)				
	开关电器安装正确性(10 分)				
	开关电器检测与维护是否正确(10 分)				
职业素养(15 分)	工作服整洁、无饰品或硬质件(5 分)				
	正确查阅维修资料和学习材料(5 分)				
	8S 素养(5 分)				

续表

项目	评价指标	自评	互评	自评、互评平均分	总分
个人思考和总结(5 分)	按照完成任务的安全、质量、时间和 8S 要求,提出个人改进性建议(5 分)				
教师评价(40 分)					

成绩:__________

4.1.5 课后习题

1. 刀开关的结构和工作原理是什么?
2. 刀开关应如何安装? 为什么?
3. 低压断路器的作用是什么? 分为哪两类? 由什么组成?

任务 4.2 熔断器的选用与检修

知识目标

1. 识记熔断器的图形符号和文字符号。
2. 了解熔断器的原理及用途。
3. 会分析熔断器故障导致的电路故障,以及熔断器熔断的原因。
4. 懂得熔断器的选用与检修知识。

技能目标

1. 会计算常用电器的电流。
2. 掌握熔断器的选用与检修。
3. 会排除熔断器熔断故障。

素养目标

1. 培养自觉遵守安全及技能操作规程的工作习惯。
2. 培养认真负责、精心操作的工作习惯及团队合作意识。

实施流程

序号	工作内容	教师活动	学生活动
1	布置任务	1. 通过在线平台下发预习任务； 2. 通过在线论坛收集、分析学生疑问； 3. 通过在线平台设置考勤	1. 接受任务，明确任务； 2. 在线学习相关资料，参考教材和课件完成课前预习； 3. 反馈疑问； 4. 完成在线平台签到
2	知识准备	1. 熔断器及其电路符号； 2. 熔断器的分类； 3. 熔断器的选用与检修	1. 学习熔断器的电路符号及认识熔断器； 2. 学习熔断器的选用与检修
3	任务实施	1. 教师下发任务单； 2. 督导学生完成	1. 按照任务要求与教师演示过程，学生分组完成任务单； 2. 师生互动，讨论任务实施过程中出现的问题； 3. 完成任务书
4	任务考评	1. 按具体评分细则对学生进行评价； 2. 采用过程性考核方式，根据学生学习全过程的表现，教师给定综合评定分数	按具体评分细则进行自评、互评

4.2.1 任务分析

熔断器是一种结构简单、价格低廉、动作可靠、使用维护方便的保护电器，主要用于短路保护，有时也可用于严重的过载保护，使用时，串联在被保护的电路中，如图 4-6 所示。

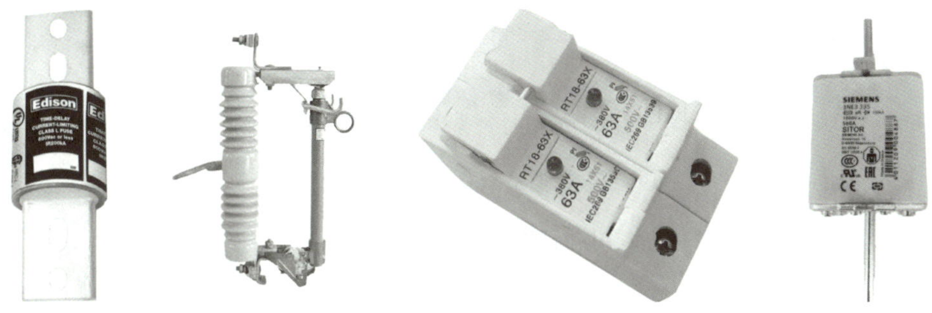

图 4-6 熔断器

4.2.2 知识准备

熔断器由熔体和安装熔体的绝缘底座（或称熔管）组成。熔体由易熔金属材料铅、锌、锡、铜、银及其合金制成，形状常为丝状或网状。由铅锡合金和锌等低熔点金属制成的熔体，因不易灭弧，多用于小电流电路；由铜、银等高熔点金属制成的熔体,易于灭弧,多用于大电流电路。

熔断器的结构与图形符号如图 4-7 所示。

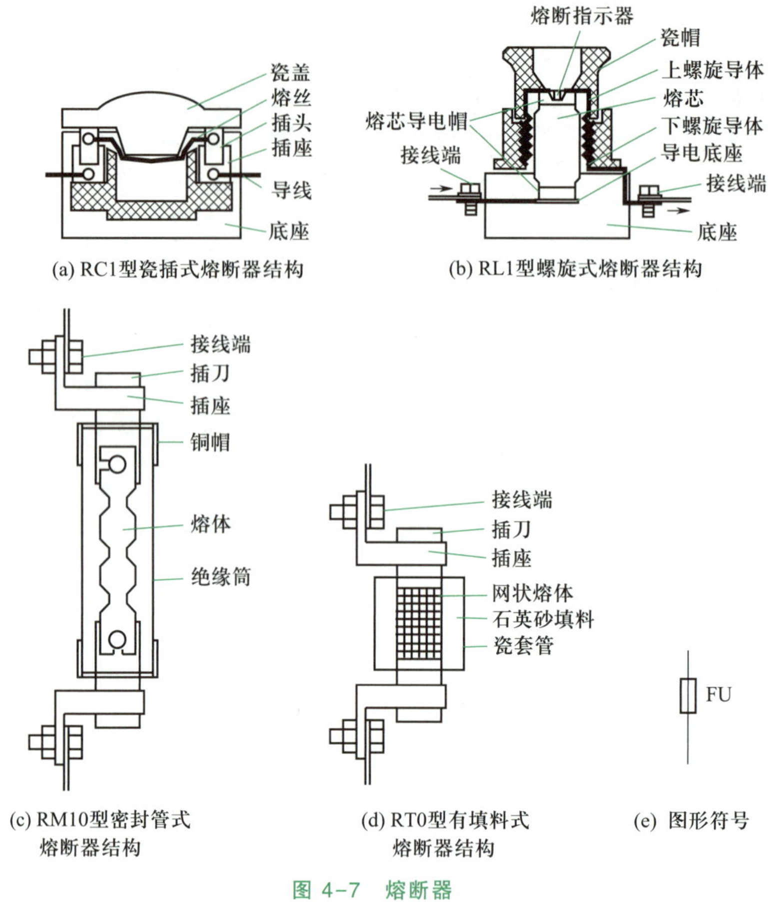

(a) RC1型瓷插式熔断器结构　(b) RL1型螺旋式熔断器结构

(c) RM10型密封管式熔断器结构　(d) RT0型有填料式熔断器结构　(e) 图形符号

图 4-7　熔断器

熔断器的型号含义如下:

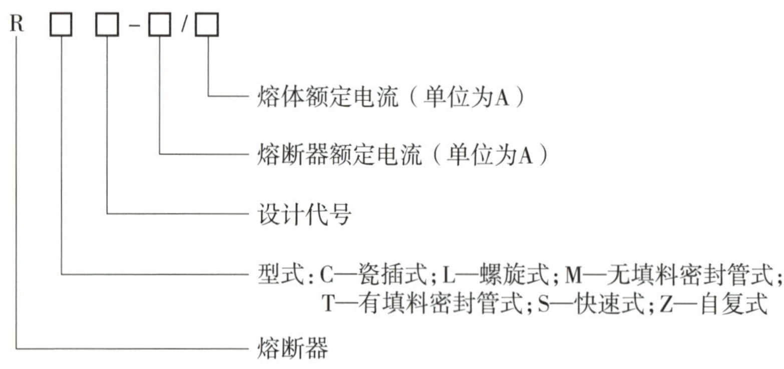

4.2.3 任务实施

1. 准备元器件和工具

元器件和工具清单见表 4-6。

表 4-6 元器件和工具清单

序号	元器件和工具	型号与规格	数量	单位	备注
1	常用电工工具	验电笔、螺钉旋具(一字和十字)、电工刀、尖嘴钳、钢丝钳、压线钳等	1	套	
2	万用表	MF-47、DT9502 或自定	1	台	
3	熔断器	RL1-15/15(15 A)熔断器,配 15 A 熔体	3	个	FU
4	配线板	木质配线板,600 mm×500 mm×20 mm	1	块	

2. 熔断器类型的选择

根据使用环境和负载性质选择适当类型的熔断器。对于容量较小的照明电路,可选用 RC1A 系列瓷插式熔断器;在开关柜或配电屏中可选用 RM10 系列无填料密封管式熔断器;对于短路电流相当大或有易燃气体的地方,应选用 RT0 系列有填料密封管式熔断器;在机床控制电路中,多选用 RL1 系列螺旋式熔断器;用于半导体功率元器件及晶闸管保护时,则应选用 RLS 或 RS 系列快速熔断器等。

3. 熔体额定电流的选择

① 对照明、电热等电流较平稳、无冲击电流的负载短路保护,熔体的额定电流 I_{RN} 应等于或稍大于负载的额定电流。

② 对一台不经常启动且启动时间不长的电动机的短路保护,则

$$I_{RN} \geqslant (1.5\sim2.5)I_N$$

③ 对多台电动机的短路保护,熔体的额定电流 I_{RN} 应大于或等于其中最大容量电动机的额定电流 I_{Nmax} 的 1.5~2.5 倍加上其他电动机额定电流的总和 $\sum I_N$,即

$$I_{RN} \geqslant (1.5\sim2.5)I_{Nmax}+\sum I_N$$

4. 熔断器额定电压和额定电流的选择

熔断器的额定电压必须等于或大于电路的额定电压;熔断器的额定电流必须等于或大于所装熔体的额定电流。

5. 熔断器分断能力的选择

熔断器的分断能力应大于电路中可能出现的最大短路电流。

4.2.4 任务考评

根据班级人数先分组,然后进行任务实施,实施过程中的考评细节参见表 4-7。

表 4-7 任务考评表

项目	评价指标	自评	互评	自评、互评平均分	总分
工作任务(40 分)	说出熔断器的工作原理(10 分)				
	选择合适熔断器(5 分)				
	连接供照明保护熔断器供电电路(10 分)				

续表

项目	评价指标	自评	互评	自评、互评平均分	总分
	断电情况下用万用表测量判断熔断器的好坏(5 分)				
	通电情况下用万用表测量判断熔断器的好坏(10 分)				
职业素养(15 分)	工作服整洁、无饰品或硬质件(5 分)				
	正确查阅维修资料和学习材料(5 分)				
	8S 素养(5 分)				
个人思考和总结(5 分)	按照完成任务的安全、质量、时间和 8S 要求,提出个人改进性建议(5 分)				
教师评价(40 分)					

成绩:__________

4.2.5 课后习题

1. 熔断器在电路中的主要作用是什么?
2. 熔断器的选用原则有哪些?
3. 熔断器由哪几部分组成? 分为哪几类?

任务 4.3

接触器的选用与检修

知识目标

了解接触器的基本结构、分类及选用方法。

技能目标

掌握接触器的安装与检修方法。

素养目标

1. 培养自觉遵守安全及技能操作规程的工作习惯。
2. 培养认真负责、精心操作的工作习惯及团队合作意识。

实施流程

序号	工作内容	教师活动	学生活动
1	布置任务	1. 通过在线平台下发预习任务； 2. 通过在线论坛收集、分析学生疑问； 3. 通过在线平台设置考勤	1. 接受任务，明确任务； 2. 在线学习相关资料，参考教材和课件完成课前预习； 3. 反馈疑问； 4. 完成在线平台签到
2	知识准备	1. 接触器的基本结构、分类； 2. 接触器型号与其含义； 3. 接触器的工作原理	1. 学习接触器的基本结构、分类； 2. 接触器的选用、安装及检修
3	任务实施	1. 教师下发任务单； 2. 督导学生完成	1. 按照任务要求与教师演示过程，学生分组完成任务单； 2. 师生互动，讨论任务实施过程中出现的问题； 3. 完成任务书
4	任务考评	1. 按具体评分细则对学生进行评价； 2. 采用过程性考核方式，根据学生学习全过程的表现，教师给定综合评定分数	按具体评分细则进行自评、互评

4.3.1 任务分析

接触器是一种自动的电磁式开关，适用于远距离频繁接通或断开交、直流电路及大容量控制电路，主要控制对象是电动机，也可用于控制其他负载，如电热设备、电焊机及电容器组等，如图 4-8 所示。

(a) 专用接触器

(b) 机械联锁可逆接触器

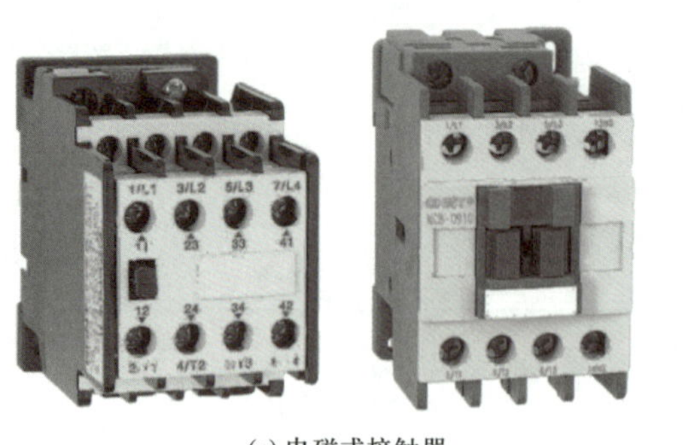

(c) 电磁式接触器

(d) 直流接触器

图 4-8 接触器

4.3.2 知识准备

接触器主要用于控制电动机、电热设备、电焊机、电容器组等，能频繁接通或断开交直流主电路，实现远距离自动控制。它具有低电压释放保护功能，在电力拖动自动控制电路中被广泛应用。

接触器的外形、结构与图形符号如图 4-9 所示。

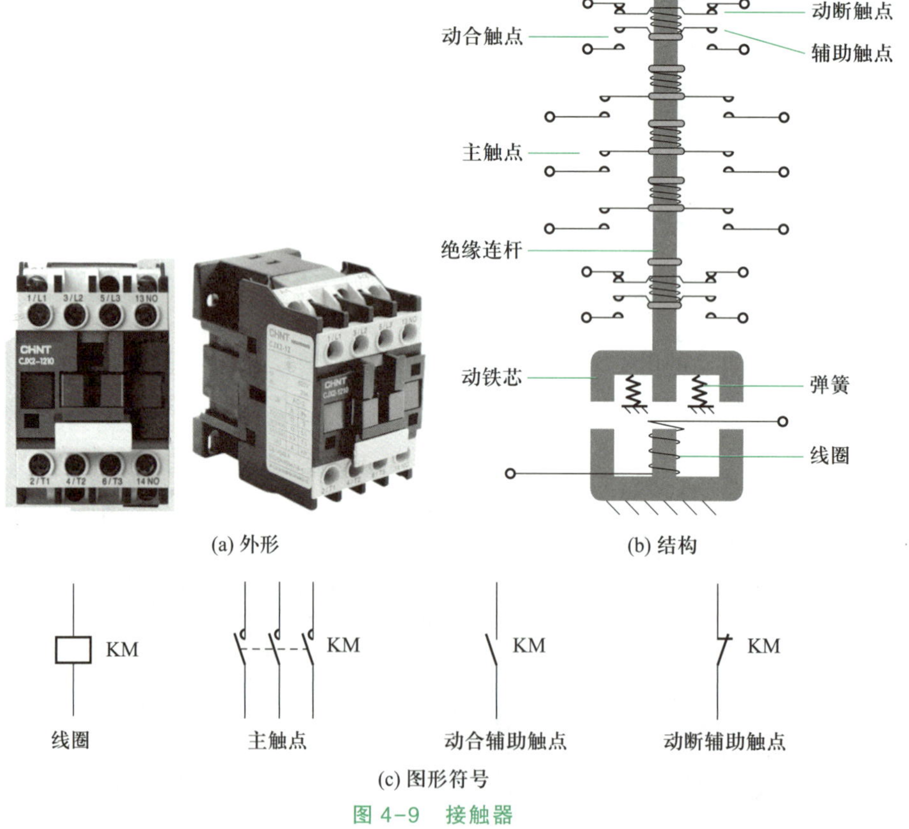

(a) 外形　(b) 结构

(c) 图形符号

图 4-9 接触器

当线圈接通额定电压时，产生电磁力，克服弹簧反作用力，吸引动铁芯向下运动，动铁芯带动绝缘连杆和动触点向下运动使动合触点闭合，动断触点断开。当线圈失电或电压低于释放电压时，电磁力小于弹簧反作用力，动合触点断开，动断触点闭合。

接触器的型号含义如下：

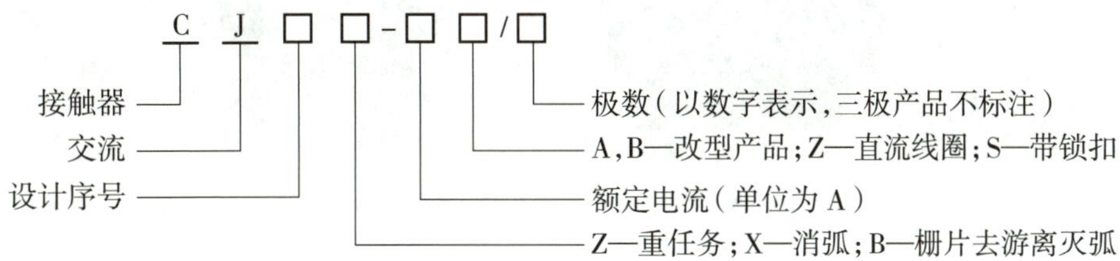

按主触点通过的电流种类分，接触器有交流接触器、直流接触器。常用的交流接触器有 CJ10、CJ12、CJ10X、CJ20、CJX1、CJX2、3TB 和 3TD 等系列。

选用接触器的注意事项如下：

① 根据负载性质选择接触器的类型。

② 额定电压应大于或等于主电路工作电压。

③ 额定电流应大于或等于被控电路的额定电流。对于电动机负载，还应根据其运行方式适当增大或减小。

④ 吸引线圈的额定电压与频率要与所在控制电路的选用电压和频率相一致。

4.3.3 任务实施

1. 准备元器件和工具

元器件和工具清单见表 4-8。

表 4-8 元器件和工具清单

序号	元器件和工具	型号与规格	数量	单位	备注
1	常用电工工具	验电笔、螺钉旋具（一字和十字）、电工刀、尖嘴钳、钢丝钳、压线钳等	1	套	
2	万用表	MF-47、DT9502 或自定	1	台	
3	交流接触器	CJT1-10	1	个	KM
4	配线板	木质配电板，600 mm×500 mm×20 mm	1	块	

2. 拆卸接触器

CJT1-10 型接触器如图 4-10 所示。

① 松开线圈外部固定螺钉（两颗），如图 4-11 所示。

② 松开底盖螺钉（两颗），如图 4-12 所示。

由于内部有反作用力弹簧，所以在松开螺钉时要用手指适当用力按住底盖，防止松开螺钉后内部元器件弹出来。

③ 取出铁芯、弹簧夹片和反作用力弹簧，如图 4-13 所示。

④ 取出线圈，如图 4-14 所示。

图 4-10 CJT1-10 型接触器

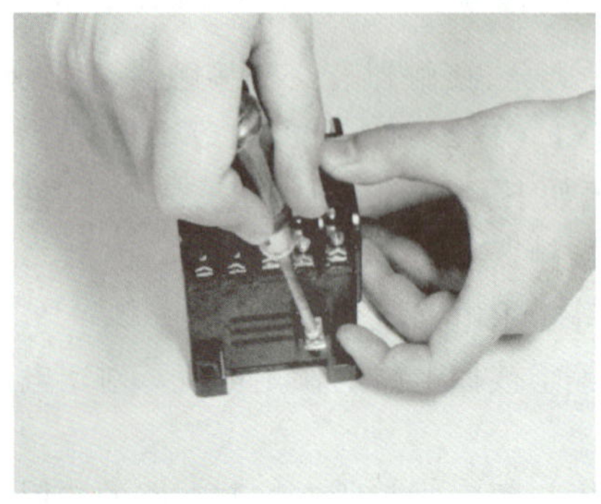

图 4-11 松开线圈外部固定螺钉

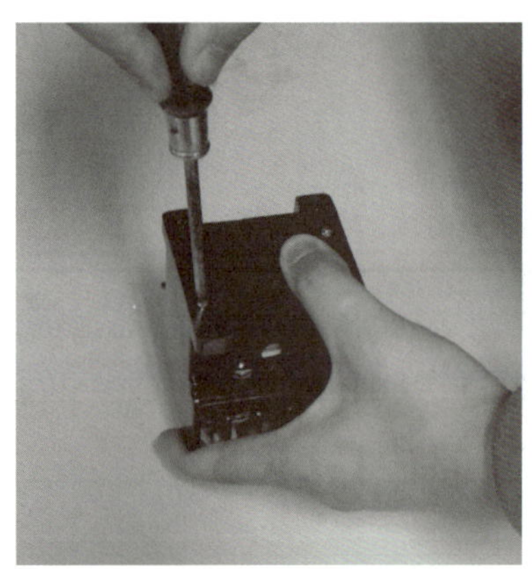

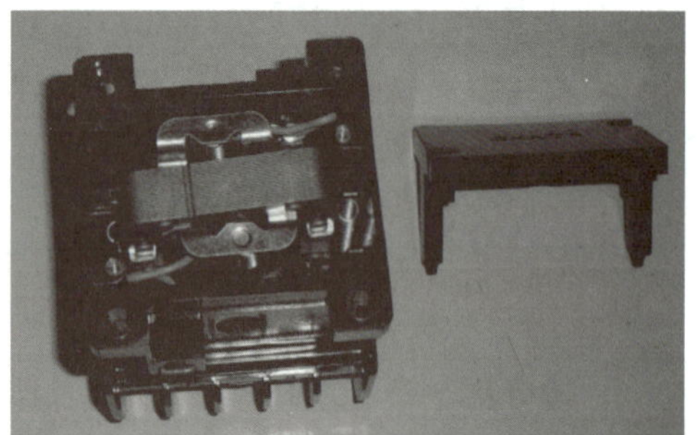

图 4-12 松开底盖螺钉

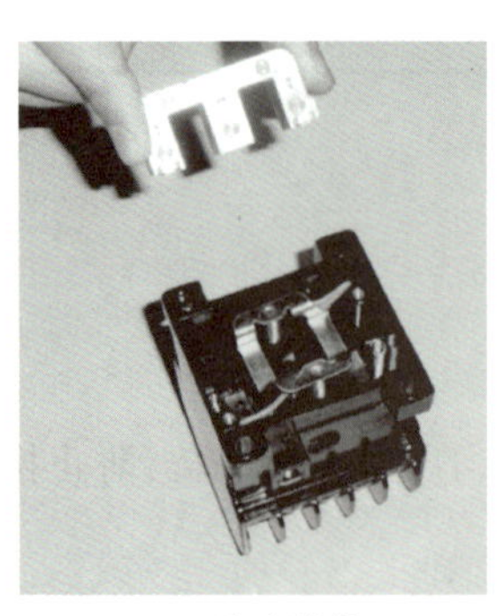

(a) 取出铁芯

(b) 取出弹簧夹片

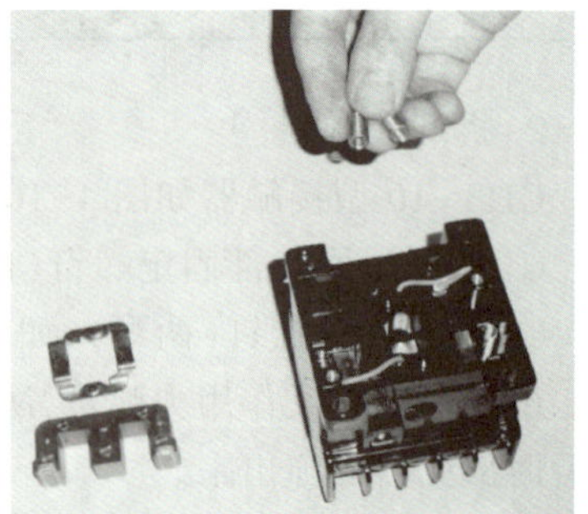

(c) 取出反作用力弹簧

图 4-13 取出铁芯、弹簧夹片和反作用力弹簧

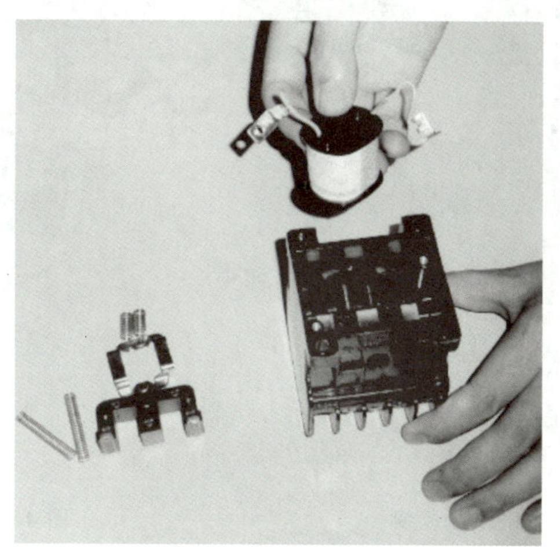

图 4-14 取出线圈

3. 安装接触器

安装过程与拆卸的过程相反。

4. 检测接触器

接触器的检测是要对线圈、主触点及辅助触点进行检测。图 4-15 所示为线圈的检测，用 MF-47 型万用表 $R\times10$ 挡测量线圈两端的阻值，该型号接触器的线圈阻值约为500 Ω。如果所测阻值为 0，则说明线圈内部短路；如果所测阻值为∞，则说明线圈内部开路。

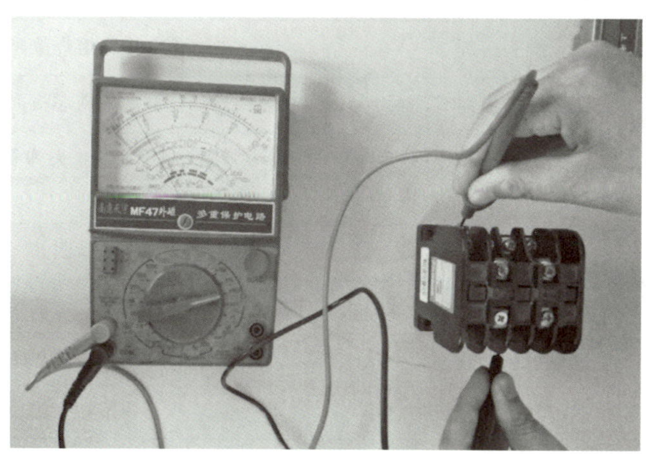

图 4-15 线圈的检测

主触点的检测如图 4-16 所示，用 MF-47 型万用表 $R\times1$ k 或 $R\times10$ k 挡测量，正常情况下所测的阻值应为∞。

辅助动断触点的检测如图 4-17 所示，用 MF-47 型万用表 $R\times1$ 挡测量，正常情况下所测阻值应接近于 0。

辅助动合触点的检测与主触点的检测方法相同。

5. 常见故障及其处理方法

接触器常见故障及其处理方法见表 4-9。

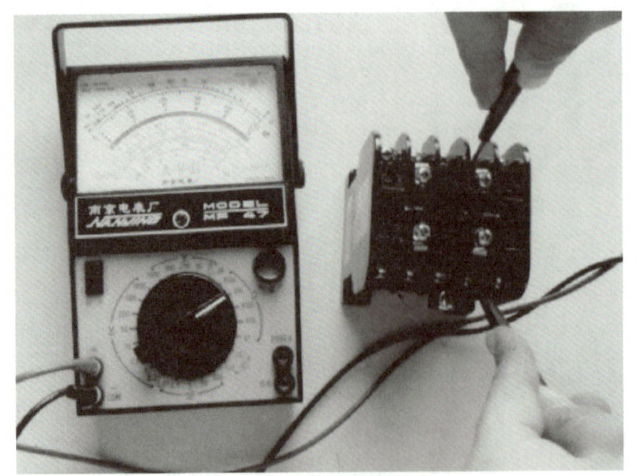

图 4-16　主触点的检测

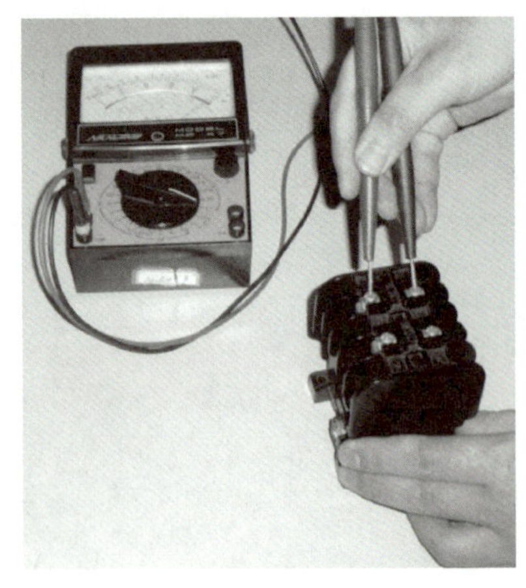

图 4-17　辅助动断触点的检测

表 4-9　接触器常见故障及其处理方法

故障现象	可能原因	处理方法
接触器不吸合或吸不牢	电源电压过低	调高电源电压
	线圈短路	调换线圈
	线圈技术参数与使用条件不符	调换线圈
	铁芯机械卡阻	排除卡阻物
线圈断电，接触器不释放或释放缓慢	触头熔焊	排除熔焊故障
	铁芯极面有油垢	清理铁芯极面油垢
	触头弹簧压力过小或反作用力弹簧损坏	调整触头弹簧压力或更换反作用力弹簧
	机械卡阻	排除卡阻物
触头熔焊	操作频率过高或过负载作用	调换合适的接触器或减小负载
	负载侧短路	排除短路故障，更换触头
	触头弹簧压力过小	调整触头弹簧压力
	触头表面有电弧灼伤	清理触头表面
	机械卡阻	排除卡阻物
铁芯噪声过大	电源电压过低	检查线路并提高电源电压
	短路环断裂	调换铁芯或短路环
	铁芯机械卡阻	排除卡阻物
	铁芯极面有油垢或磨损不平	用汽油清洗极面或调换铁芯
	触头弹簧压力过大	调整触头弹簧压力

续表

故障现象	可能原因	处理方法
线圈过热或烧毁	线圈匝间短路	更换线圈并找出故障原因
	操作频率过高	调换合适的接触器
	线圈参数与实际使用不符	调换线圈或接触器
	铁芯机械卡阻	排除卡阻物

4.3.4 任务考评

根据班级人数先分组，然后进行任务实施，实施过程中的考评细节参见表 4-10。

表 4-10 任务考评表

项目	评价指标	自评	互评	自评、互评平均分	总分
工作任务（40 分）	接触器原理分析（10 分）				
	接触器选用是否正确（10 分）				
	接触器安装正确性（10 分）				
	接触器检测与维护是否正确（10 分）				
职业素养（15 分）	工作服整洁、无饰品或硬质件（5 分）				
	正确查阅维修资料和学习材料（5 分）				
	8S 素养（5 分）				
个人思考和总结（5 分）	按照完成任务的安全、质量、时间和 8S 要求，提出个人改进性建议（5 分）				
教师评价（40 分）					

成绩：______

4.3.5 课后习题

1. 简述交流接触器的主要工作原理。
2. 交流接触器由哪几部分组成？
3. 交流接触器铁芯噪声过大的原因有哪些？

任务 4.4

继电器的选用与检修

知识目标

1. 了解继电器的概念及分类方法。
2. 熟悉各种类型继电器的原理和使用场景。
3. 识记各种类型继电器的图形符号和文字符号。
4. 会分析继电器控制电路原理，懂得继电器控制电路的安装知识。

技能目标

1. 会根据使用场景不同，选用不同类型的继电器。
2. 掌握继电器控制电路的安装、调试及故障的排除。

素养目标

1. 培养综合运用所学理论知识、分析和解决问题的方法和技术手段分析并解决实际问题的能力。

2. 能够参与生产及运作系统的设计，并具有运行和维护的能力。

实施流程

序号	工作内容	教师活动	学生活动
1	布置任务	1. 通过在线平台下发预习任务； 2. 通过在线论坛收集、分析学生疑问； 3. 通过在线平台设置考勤	1. 接受任务，明确任务； 2. 在线学习相关资料，参考教材和课件完成课前预习； 3. 反馈疑问； 4. 完成在线平台签到
2	知识准备	1. 各种继电器的种类和原理； 2. 万用表、兆欧表的原理及使用	1. 学习根据不同情况选择不同的继电器； 2. 了解热继电器的主要结构，并会拆卸、组装、检测及进行简单检修和参数选择； 3. 了解时间继电器的主要结构，并会拆卸、组装、检测及进行简单检修

续表

序号	工作内容	教师活动	学生活动
3	任务实施	1. 教师下发任务单； 2. 督导学生完成	1. 按照任务要求与教师演示过程，学生分组完成任务单； 2. 师生互动，讨论任务实施过程中出现的问题； 3. 完成任务书
4	任务考评	1. 按具体评分细则对学生进行评价； 2. 采用过程性考核方式，根据学生学习全过程的表现，教师给定综合评定分数	按具体评分细则进行自评、互评

4.4.1 任务分析

继电器主要作用是控制、检测、保护、调节和信号转换等。它是一种自动和远距离操纵的电器，被广泛应用于电力拖动系统、电力保护系统及通信系统。继电器按输入信号不同可分为电压继电器、电流继电器、时间继电器、速度继电器和中间继电器；按线圈电流种类不同可分为交流继电器和直流继电器；按用途不同可分为控制继电器、保护继电器、通信继电器和安全继电器等。

4.4.2 知识准备

1. 热继电器

热继电器主要用于电力拖动系统中电动机负载的过载保护，如图 4-18 所示。

热继电器的结构与图形符号如图 4-19 所示。

当电动机正常运行时，热元件产生的热量虽能使双金属片弯曲，但还不足以使热继电器的触点动作。当电动机过载时，双金属片弯曲位移增大，推动导板使动断触点断

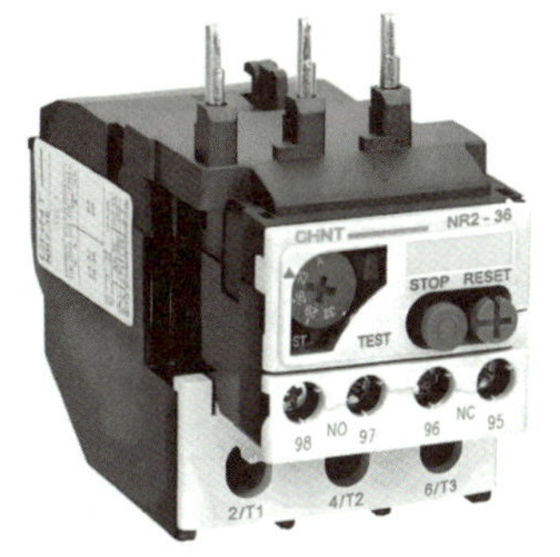

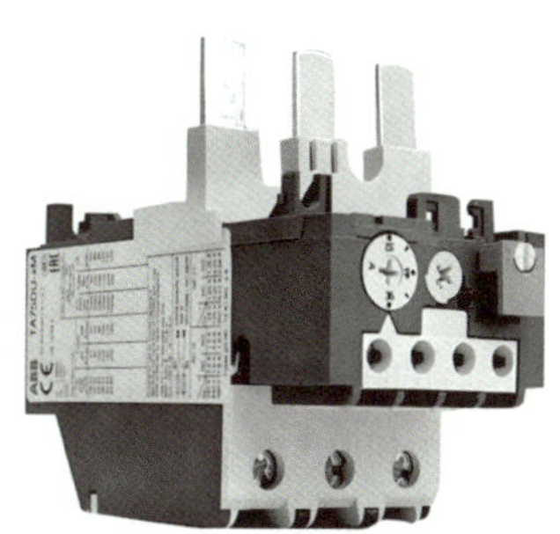
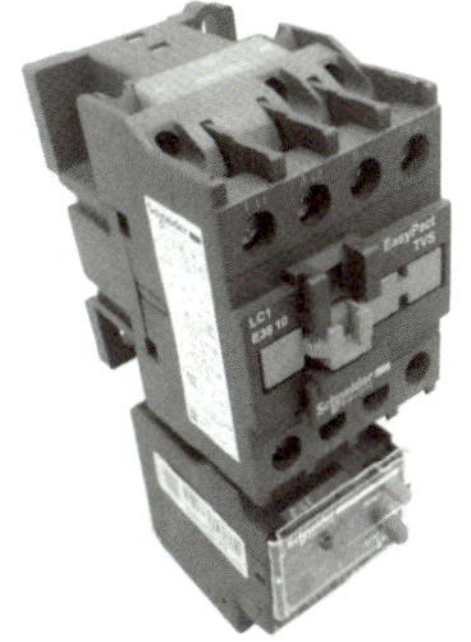

图 4-18 继电器

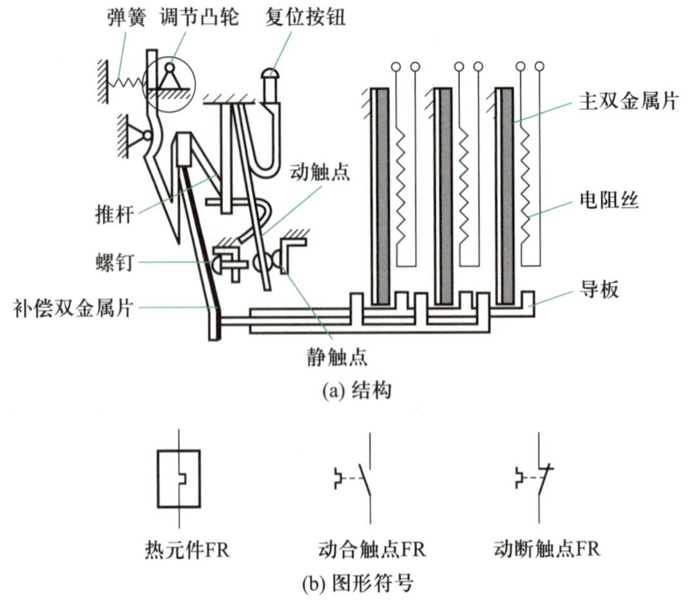

(a) 结构

(b) 图形符号

图 4-19　热继电器

开,从而切断电动机控制电路以起保护作用。热继电器动作后一般不能自动复位,要等双金属片冷却后按下复位按钮复位。热继电器动作电流的调节可以借助旋转凸轮于不同位置来实现。

热继电器的型号含义如下:

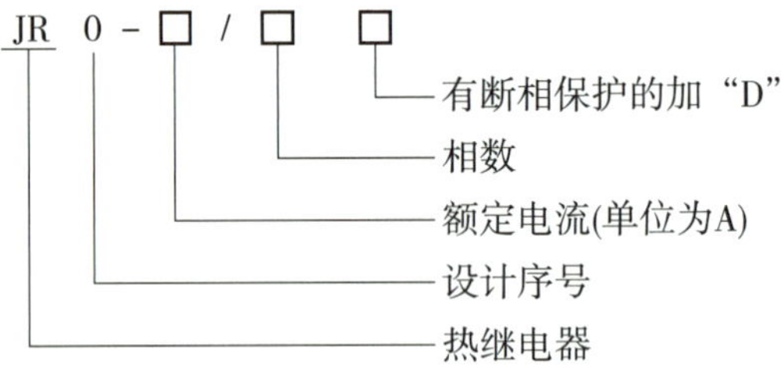

热继电器主要分为两极式和三极式,三极式又分为带断相保护和不带断相保护。

2. 时间继电器

时间继电器作为延时元件,通常可在交流 50 Hz 或 60 Hz、电压至 380 V 及直流电压至 220 V 控制电路中作延时元件,按照预定的时间去接通或分断电路。

时间继电器按构成原理可分为电磁式、电动式、空气阻尼式、晶体管式、数字式等;按延时方式可分为通电延时型和断电延时型。

空气阻尼式时间继电器的外形、结构与图形符号如图 4-20 所示。

3. 中间继电器

中间继电器实际上是一种动作值与释放值不能调节的电压继电器,主要用于传递控制过程中的中间信号。中间继电器的触点数量比较多,可以将一路信号转变为多路信号,以满足控制要求。中间继电器的实物图如图 4-21所示,中间继电器的文字符号是 KA,图形符号如图 4-22 所示。

(a) 外形

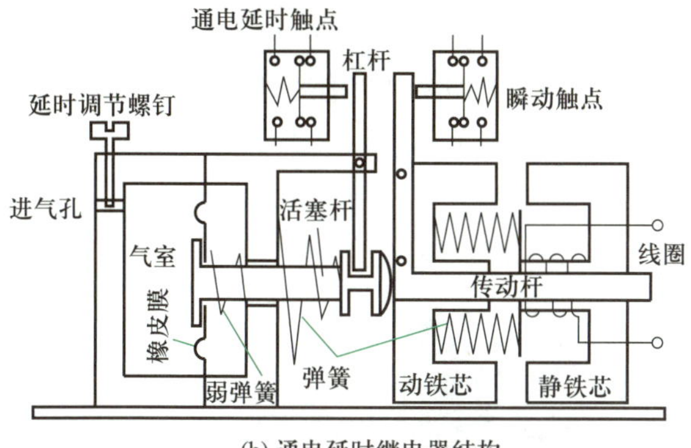

(b) 通电延时继电器结构

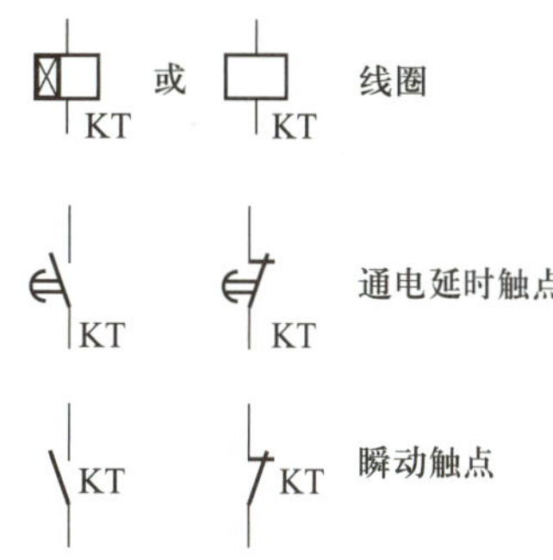

(c) 通电延时继电器图形符号

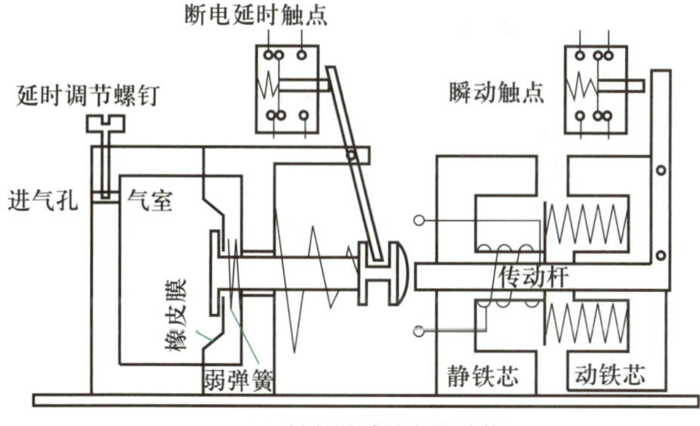

(d) 断电延时继电器结构

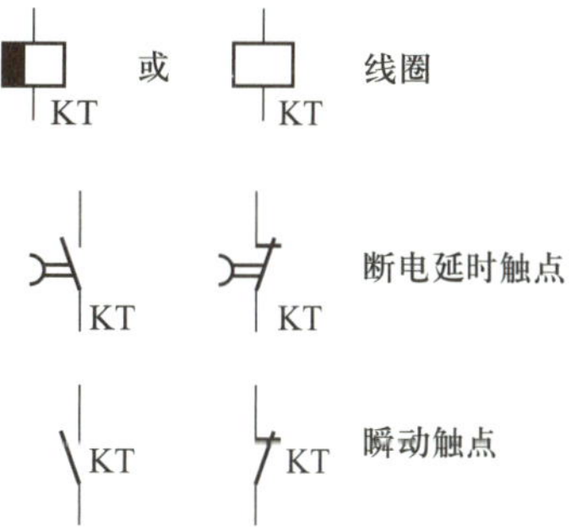

(e) 断电延时继电器图形符号

图 4-20 空气阻尼式时间继电器

图 4-21 中间继电器的实物图

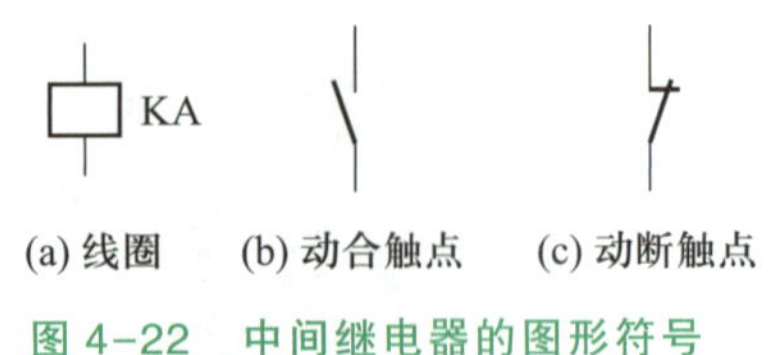

(a) 线圈　(b) 动合触点　(c) 动断触点

图 4-22　中间继电器的图形符号

4. 电流继电器

电流继电器是根据输入电流大小而动作的继电器，其特点是电流继电器的线圈和被保护的设备串联，其线圈匝数少、导线粗、阻抗小、分压小，不影响电路正常工作，按用途分为过电流继电器和欠电流继电器。过电流继电器是指当电路发生短路，即线圈电流超过正常负载电流时，立即切断电路；欠电流继电器是指当电路电流过低时，立即切断电路。电流继电器的外形与图形符号如图 4-23 所示。

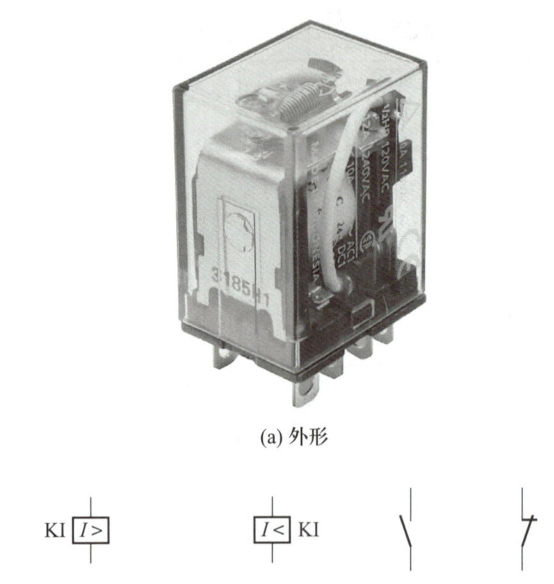

(a) 外形

过电流继电器线圈　欠电流继电器线圈　动合触点　动断触点

(b) 图形符号

图 4-23　电流继电器

通常，交流过电流继电器的吸合电流 $I_0=(1.1\sim3.5)I_N$（I_N 为额定电流），直流过电流继电器的吸合电流 $I_0=(0.75\sim3)I_N$。由于过电流继电器在出现过电流时，衔铁吸合动作，其触点用来切断电路，故过电流继电器无释放电流值。

欠电流继电器正常工作时，继电器线圈流过负载额定电流，衔铁吸合动作；当负载电流降低至继电器释放电流时，衔铁释放，带动触点动作。直流欠电流继电器的吸合电流调节范围为 $I_0=(0.3\sim0.65)I_N$；释放电流调节范围为 $I_r=(0.1\sim0.2)I_N$。

5. 电压继电器

电压继电器是根据输入电压大小而动作的继电器，其特点是线圈并联在电路中，线圈匝数多、导线细、阻抗大，按用途分为过电压继电器、欠电压继电器、零电压继电器。电压继电器的外形与图形符号如图 4-24 所示。

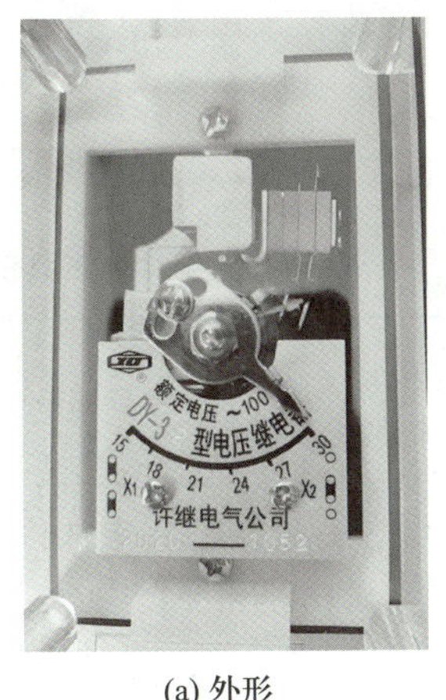

(a) 外形

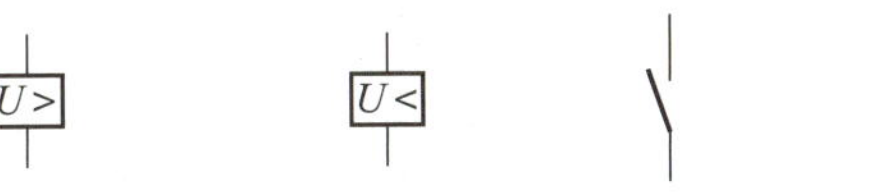

(b) 图形符号

图 4-24 电压继电器

6. 速度继电器

速度继电器是按速度原则动作的继电器，主要用于笼型异步电动机的反接制动控制，又称为反接制动继电器。常用的速度继电器为 JY1 系列和 JFZO 系列，其外形、结构与图形符号如图 4-25 所示。

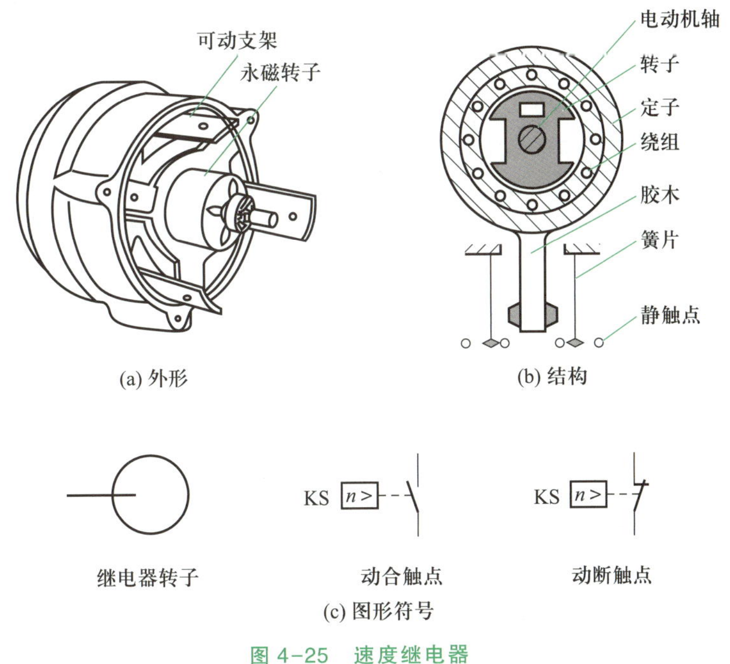

图 4-25 速度继电器

4.4.3 任务实施

1. 准备元器件和工具

元器件和工具清单见表 4-11。

表 4-11 元器件和工具清单

序号	元器件和工具	型号与规格	数量	单位	备注
1	常用电工工具	验电笔、螺钉旋具(一字和十字)、电工刀、尖嘴钳、钢丝钳、压线钳等	1	套	
2	万用表	MF-47、DT9502 或自定	1	台	
3	热继电器	JR36-20	3	个	
4	配线板	木质配线板,600 mm×500 mm×20 mm	1	块	

2. 热继电器的选择

热继电器是利用电流的热效应来推动机构使触点闭合或断开的保护电器,主要用于电动机的过载保护、断相保护、电流的不平衡运行保护及其他电器设备发热状态的控制。常见的金属片式热继电器的外形、结构与图形符号,如图 4-26 所示。

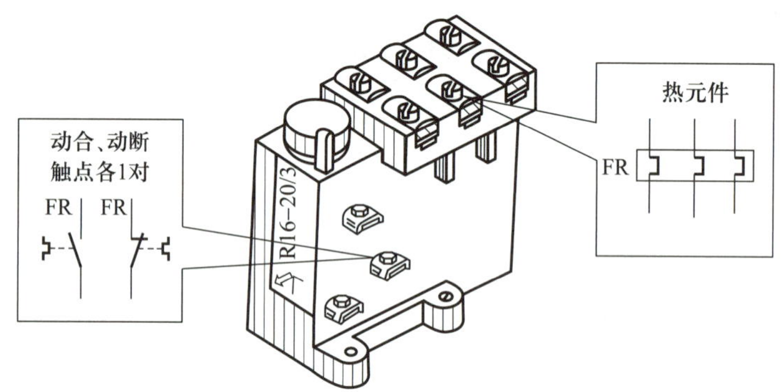

图 4-26 常见的金属片式热继电器的外形、结构与图形符号

热继电器的技术参数主要有额定电压、额定电流、整定电流和热元件规格,选用时,主要考虑其额定电压、额定电流和整定电流范围 3 个参数,其他参数只有在特殊要求时才考虑。

① 额定电压是指热继电器触点长期正常工作所能承受的最高电压。

② 额定电流是指热继电器允许装入的热元件的最大额定电流,根据电动机的额定电流选择热继电器的规格,一般应使热继电器的额定电流略大于电动机的额定电流。

③ 整定电流是指长期通过热元件而热继电器不动作的最大电流。一般情况下,热元件的整定电流为电动机额定电流的 0.95~1.05 倍;若电动机拖动的是冲击性负载或启动时间较长及拖动的设备不允许停车,热继电器的整定电流值可取电动机额定电流的 1.1~1.5 倍;若电动机的过载能力较差,热继电器的整定电流可取 0.6~0.8 倍。

④ 当热继电器所保护的电动机绕组是 Y 联结时，可选用两相结构或三相结构的热继电器；当电动机绕组是△联结时，必须采用三相结构带断相保护的热继电器。

3. 热继电器的常见故障及其处理方法

热继电器的常见故障及其处理方法见表 4-12。

表 4-12 热继电器的常见故障及其处理方法

故障现象	可能原因	处理方法
热元件烧断	负载侧短路，电流过大	排除故障、更换热继电器
	操作频率过高	更换合适参数的热继电器
热继电器不动作	热继电器的额定电流值选用不合适	按保护容量合理选用
	整定值偏大	合理调整整定值
	动作触点接触不良	消除触点接触不良因素
	热元件烧断或脱焊	更换热继电器
	动作机构卡阻	消除卡阻因素
	导板脱出	重新放入导板并调试
热继电器动作不稳定，时快时慢	热继电器内部机构某些部件松动	将这些部件加以紧固
	在检查中弯折了双金属片	用 2 倍电流预试几次或将双金属片拆下来进行热处理以除去内应力
	通电电流波动太大或接线螺钉松动	检查电源电压或紧固接线螺钉
热继电器动作太快	整定值偏小	合理调整整定值
	电动机启动时间过长	按启动时间要求选择具有合适的可返回时间的热继电器
	连接导线太细	选用标准导线
	操作频率过高	更换合适的型号
	使用场合有强烈冲击和振动	采取防振动措施
	可逆转频繁	改用其他保护方式
	安装热继电器与电动机环境温差太大	按两低温差情况配置适当的热继电器
主电路不通	热元件烧断	更换热元件或热继电器
	接线螺钉松动或脱落	紧固接线螺钉
控制电路不通	触点烧坏或动触点片弹性消失	更换触点或弹簧
	可调整式旋钮旋到不合适的位置	调整旋钮或螺钉
	热继电器动作后未复位	按动复位按钮

项目 4

4. 热继电器的安装

① 必须按照产品说明书中规定的方式安装,安装处的环境温度应与所处环境温度基本相同。当与其他电器安装在一起时,应注意将热继电器安装在其他电器的下方,以免其动作特性受到其他电器发热的影响。

② 热继电器安装时,应清除触点表面尘污,以免因接触电阻过大或电路不通而影响热继电器的动作性能。

③ 热继电器出线端的连接导线应按照标准选用。导线过细、轴向导热性差,热继电器可能提前动作;反之,导线过粗、轴向导热过快,继电器可能滞后动作。

④ 使用中的热继电器应定期通电校验。

⑤ 热继电器在使用中应定期用布擦净尘埃和污垢,若发现双金属片上有锈斑,应用清洁棉布蘸汽油轻轻擦除,切忌用砂纸打磨。

⑥ 热继电器在出厂时均调整为手动复位方式,如果需要自动复位,只要将复位螺钉顺时针方向旋转 3~4 圈,并稍微拧紧即可。

4.4.4 任务考评

根据班级人数先分组,然后进行任务实施,实施过程中的考评细节参见表 4-13。

表 4-13 任务考评表

项目	评价指标	自评	互评	自评、互评平均分	总分
工作任务(40 分)	是否按照任务要求准备所需元器件和工具(5 分)				
	热继电器电阻的检测记录、触点好坏检测记录填写正确性(5 分)				
	空气阻尼式时间继电器结构检测和触点检测记录正确性(5 分)				
	元器件检测是否全面、准确(15 分)				
	操作过程是否规范、正确,是否注意安全,通电是否成功(10 分)				
职业素养(15 分)	工作服整洁、无饰品或硬质件(5 分)				
	正确查阅维修资料和学习材料(5 分)				
	8S 素养(5 分)				
个人思考和总结(5 分)	按照完成任务的安全、质量、时间和 8S 要求,提出个人改进性建议(5 分)				
教师评价(40 分)					

成绩:__________

4.4.5 课后习题

1. 简述热继电器的主要功能,并说明它在电路保护中的作用。
2. 简述电流继电器的特点及分类。
3. 电动机启动时电流很大,为什么热继电器不会动作?

任务 4.5 主令电器的选用与检修

知识目标

1. 识记按钮、行程开关的图形符号和文字符号。
2. 会分析控制电路原理。
3. 懂得主令电器电路的安装知识。

技能目标

1. 会根据使用场景不同,选用不同类型的主令电器。
2. 掌握主令电器控制电路的安装、调试及故障的排除。

素养目标

1. 培养严格按照生产实践的标准进行学习的学习习惯。
2. 培养团结协作及良性竞争的精神。
3. 培养自己获取信息的能力及自学能力。

实施流程

序号	工作内容	教师活动	学生活动
1	布置任务	1. 通过在线平台下发预习任务; 2. 通过在线论坛收集、分析学生疑问; 3. 通过在线平台设置考勤	1. 接受任务,明确任务; 2. 在线学习相关资料,参考教材和课件完成课前预习; 3. 反馈疑问; 4. 完成在线平台签到

续表

序号	工作内容	教师活动	学生活动
2	知识准备	1. 按钮的功能、工作原理、分类、特点； 2. 行程开关的工作原理、分类、特点	1. 学习按钮的选用、安装与检修； 2. 学习行程开关的选用、安装与检修
3	任务实施	1. 教师下发任务单； 2. 督导学生完成	1. 按照任务要求与教师演示过程，学生分组完成任务单； 2. 师生互动，讨论任务实施过程中出现的问题； 3. 完成任务书
4	任务考评	1. 按具体评分细则对学生进行评价； 2. 采用过程性考核方式，根据学生学习全过程的表现，教师给定综合评定分数	按具体评分细则进行自评、互评

4.5.1 任务分析

主令电器主要用于切换控制电路中接触器或继电器线圈的电源，通过接触器主触点的动作来"命令"电动机及其他控制对象的启动、停止或工作状态的变换，因此称这类发布命令的电器为主令电器。主令电器的种类很多，如图 4-27 所示，常用的主令电器有按钮、行程开关、万能转换开关、选择开关、足踏开关等。

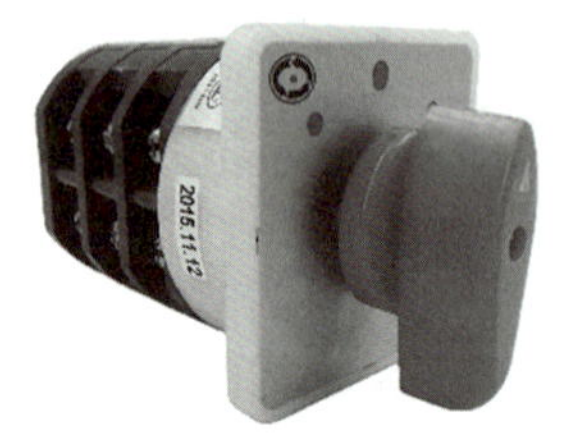

图 4-27 主令电器

4.5.2 知识准备

1. 按钮

按钮俗称控制按钮或按钮开关。

按钮在电路中发出启动或停止指令，是一种短时间接通或断开小电流电路的手动控制器，常控制点启动器、接触器、继电器等电器线圈电流的接通或断开。

按钮的外形、结构与图形符号如图 4-28 所示。

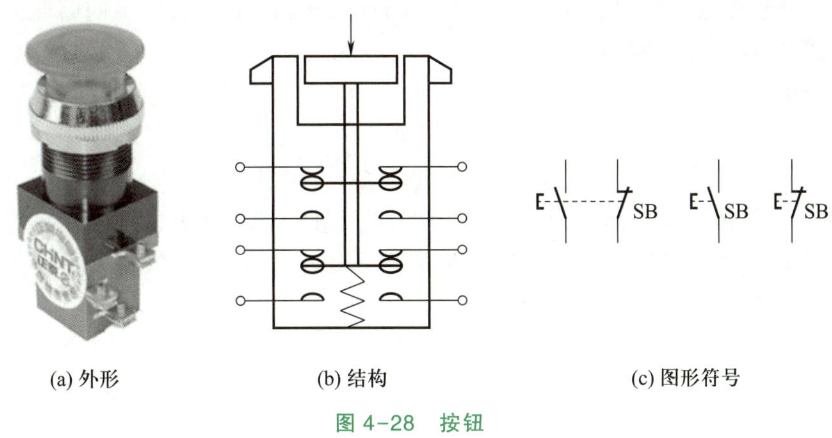

(a) 外形　(b) 结构　(c) 图形符号

图 4-28　按钮

按钮的型号含义如下：

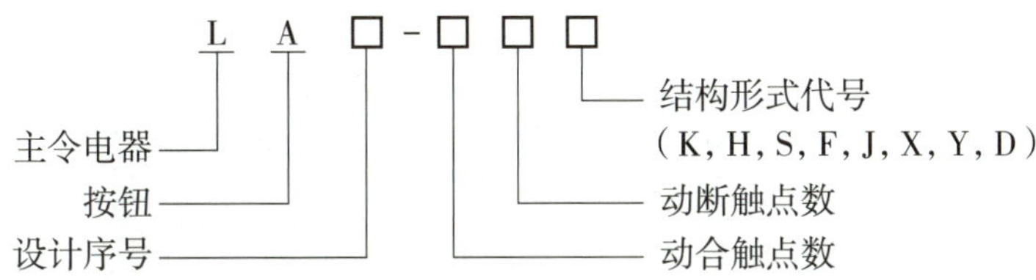

按钮的颜色含义见表 4-14。

表 4-14　按钮的颜色含义

颜色	含义	举例
红	处理事故	紧急停机
	“停止”或“断电”	正常停机； 停止一台或多台电动机； 装置的局部停机，切断一个开关； 带有“停止”或“断电”功能的复位
绿	“启动”或“通电”	正常启动； 启动一台或多台电动机； 装置的局部启动； 接通一个开关装置(投入运行)
黄	参与	防止意外情况； 抑制反常的状态； 避免不需要的变化(事故)
蓝	上述颜色未包含的任何指定用意	凡红、绿和黄色按钮未包含的用意，皆可用蓝色
黑、灰、白	无特定用意	除单功能的“停止”或“断电”按钮外的任何功能

按钮从外形和操作方式上可以分为平钮和急停按钮等，急停按钮也叫蘑菇头按钮，另外还有钥匙式、旋钮式等多种类型。

按钮选用注意事项如下：

① 根据使用场合，选择控制按钮的种类，如开启式、防水式、防腐式等。

② 根据用途，选用合适的形式，如钥匙式、紧急式、带灯式等。

③ 按控制回路的需要，确定不同的按钮数，如单钮、双钮、三钮、多钮等。

④ 按工作状态指示和工作情况的要求，选择按钮及指示灯的颜色。

2. 行程开关

行程开关又称限位开关或位置开关，是一种主令电器。它的作用是将机械位移转变为触点的动作信号，以控制机械设备的运动。行程开关主要用于控制生产机械的运动方向、行程的长短和限位保护。行程开关的外形、结构与图形符号如图 4-29 所示。

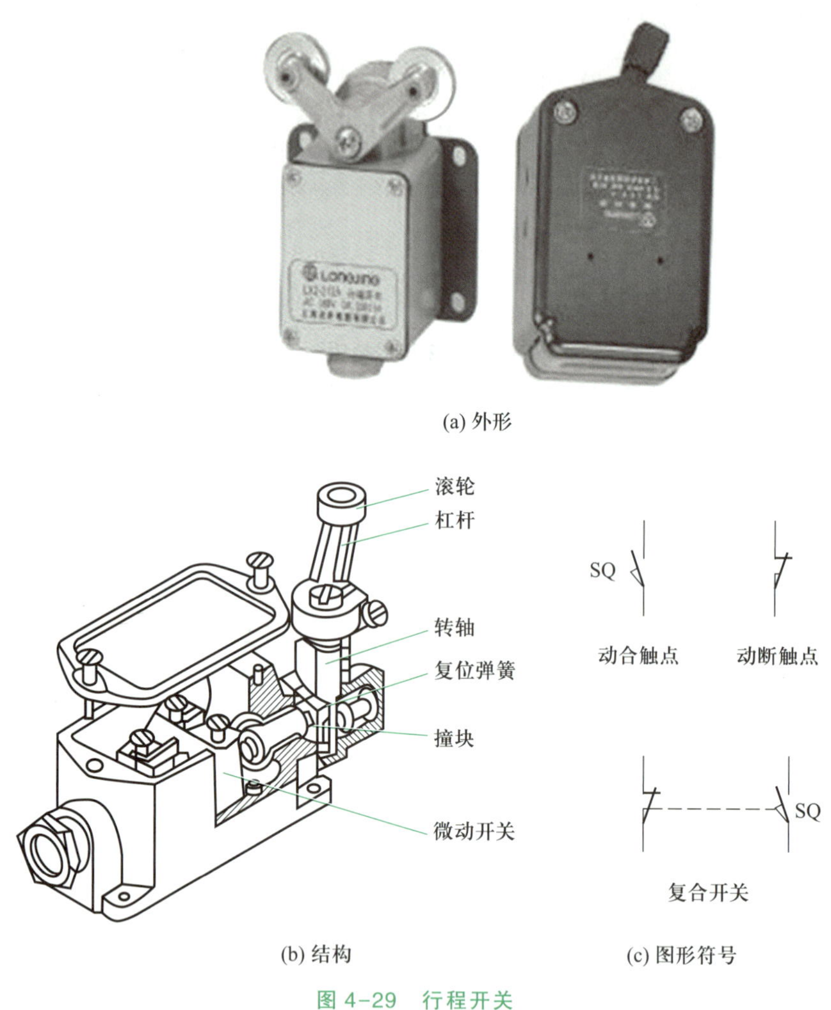

图 4-29 行程开关

行程开关的种类很多，按运动形式可分为直动式、微动式、转动式等；按触点的性质可分为有触点式和无触点式。

行程开关的型号含义如下：

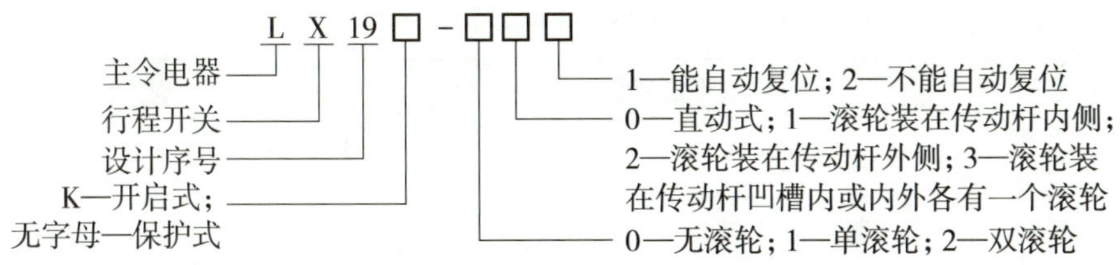

4.5.3 任务实施

1. 准备元器件和工具

元器件和工具清单见表 4-15。

表 4-15 元器件和工具清单

序号	元器件和工具	型号与规格	数量	单位	备注
1	常用电工工具	验电笔、螺钉旋具(一字和十字)、电工刀、尖嘴钳、钢丝钳、压线钳等	1	套	
2	万用表	MF-47、DT9502 或自定	1	台	
3	按钮	LA4-3H	3	个	FU1
4	配线板	木质配线板,600 mm×500 mm×20 mm	1	块	

2. 按钮的选择

① 根据使用场合和具体用途选择按钮的种类。例如:嵌装在操作面板上的按钮,可选用开启式;需显示工作状态的,选用光标式;在非常重要处,为防止无关人员误操作,宜用钥匙操作式;在有腐蚀性气体处,要用防腐式。

② 根据工作状态指示和工作情况要求选择按钮或指示灯的颜色。例如:启动按钮可选用白、灰或黑色,优先选用白色,也允许选用绿色;急停按钮应选用红色;停止按钮可选用黑、灰或白色,优先选用黑色,也允许选用红色。

③ 根据控制回路的需要选择按钮的数量。

3. 按钮的安装与使用

① 按钮安装在面板上时,应布置整齐,排列合理,如根据电动机启动的先后顺序,从上到下或从左到右排列。

② 同一机床运动部件有几种不同的工作状态时(如上、下、前、后、松、紧等),应使每一对相反状态的按钮安装在一组。

③ 按钮的安装应牢固,安装按钮的金属板或金属按钮盒必须可靠接地。

④ 由于按钮的触点间距较小,如有油污等,极易发生短路故障,所以应注意保持触点间的清洁。

⑤ 光标按钮一般不宜用于需长期通电显示处,以免塑料外壳过度受热而变形,使更换灯泡困难。

4. 按钮的常见故障及其处理方法

按钮的常见故障及其处理方法见表 4-16。

表 4-16 按钮的常见故障及其处理方法

故障现象	可能原因	处理方法
触点接触不良	触点烧损	修整触点或更换产品
	触点表面有尘垢	清洁触点表面
	触点弹簧失效	重绕弹簧或更换产品
触点间短路	塑料受热变形,导致接线螺钉相碰短路	更换产品,并查明发热原因,如灯泡发热所致,可降低电压
	杂物或油污在触点间形成通路	清洁按钮内部

4.5.4 任务考评

根据班级人数先分组,然后进行任务实施,实施过程中的考评细节参见表 4-17。

表 4-17 任务考评表

项目	评价指标	自评	互评	自评、互评平均分	总分
工作任务(40 分)	是否按照任务要求准备所需元器件、工具(5 分)				
	按钮的检测记录、触点好坏检测记录填写正确性(5 分)				
	行程开关检测和触点检测记录正确性(5 分)				
	元器件检测是否全面、准确(15 分)				
	操作过程是否规范、正确,是否注意安全,通电是否成功(10 分)				
职业素养(15 分)	工作服整洁、无饰品或硬质件(5 分)				
	正确查阅维修资料和学习材料(5 分)				
	8S 素养(5 分)				
个人思考和总结(5 分)	按照完成任务的安全、质量、时间和 8S 要求,提出个人改进性建议(5 分)				
教师评价(40 分)					

成绩:______

4.5.5 课后习题

1. 主令电器的结构和工作原理是什么？
2. 如何用万用表区分按钮的动合和动断？
3. 如何用万用表测试按钮的好坏？

项目 5　交流电机控制电路的安装、设计与调试

项目引导

团队合作，各尽所能

在绘制电气原理图时，应按照《电气简图用图形符号》(GB/T 4728)国家标准绘制；进行电路安装时，应按照《电气装置安装工程电气设备交接试验标准》(GB 50150—2006)国家标准进行。

本项目包含 8 个任务，分别是三相异步电动机点动控制电路、长动控制电路、顺序控制电路、正反转控制电路、自动往返行程控制电路、降压启动控制电路、制动控制电路的安装与调试，以及低压电气控制电路的设计与调试。完成本任务的过程中，注重培养执行标准、规范操作、严谨细致、团队合作等电气技术人员的基本素养。

作为一名自动化类专业的学生，需要在学习期间学会电机基本控制电路的安装与调试，才能在实际应用中保证电路正常运行；作为一名未来的电气技术工作者，要能够根据现有知识和技能，尽快适应电工职业的要求。

任务 5.1

三相异步电动机点动控制电路的安装与调试

知识目标

1. 识记接触器、按钮、低压断路器的图形符号和文字符号。
2. 会分析点动控制电路的工作原理。
3. 懂得点动控制电路的安装知识。

技能目标

1. 会使用万用表。
2. 掌握点动控制电路的安装、调试及故障的排除。

素养目标

1. 培养自觉遵守安全及技能操作规程的工作习惯。
2. 培养认真负责、精心操作的工作习惯及团队合作意识。

实施流程

序号	工作内容	教师活动	学生活动
1	布置任务	1. 通过在线平台下发预习任务； 2. 通过在线论坛收集、分析学生疑问； 3. 通过在线平台设置考勤	1. 接受任务，明确任务； 2. 在线学习相关资料，参考教材和课件完成课前预习； 3. 反馈疑问； 4. 完成在线平台签到
2	知识准备	1. 电动机连接方式； 2. 点动控制电路电气原理图、元件布置图、安装接线图	1. 学习电动机连接方式； 2. 学习点动控制电路电气原理图、元件布置图、安装接线图
3	任务实施	1. 教师下发任务单； 2. 督导学生完成	1. 按照任务要求与教师演示过程，学生分组完成任务单； 2. 师生互动，讨论任务实施过程中出现的问题； 3. 完成任务书

续表

序号	工作内容	教师活动	学生活动
4	任务考评	1. 按具体评分细则对学生进行评价； 2. 采用过程性考核方式,根据学生学习全过程的表现,教师给定综合评定分数	按具体评分细则进行自评、互评

5.1.1 任务分析

点动控制电路是最基本的电气控制电路之一,主要用于需要短时间内间歇性操作的机械设备,如桥梁施工、高层建筑施工、船舶、码头上的大起重机,按下按钮,电动机通电运转,松开按钮,电动机失电停下来。点动控制电路是电动机运行时间较短的一种控制电路。典型的点动控制设备如图 5-1 所示。

图 5-1 典型的点动控制设备

完成本任务首先要熟悉交流接触器、按钮等低压电器,能识别它们的结构特征,识记它们的图形符号和文字符号,熟悉它们的动作原理和常用型号,才能分析点动控制电路的工作原理,完成安装、调试及故障的排除。

5.1.2 知识准备

1. 点动控制电路电气原理图识读

图 5-2 是按照电气原理图绘制的一般原则绘制的,三相交流电源线 L1、L2、L3 依次水平画在图的上方,电源开关 QF 水平画出。由熔断器 FU1、接触器 KM 的三对主触点和电动机组成的主电路垂直画在图的左侧。由启动按钮 SB、接触器 KM 的线圈组成的控制电路跨接在 L1 和 L2 两条电源线之间,垂直画在主电路的右侧,且能耗元件 KM 的线圈应画在电路的下方,为表示同一电器,在图形符号旁边标注了相同的文字符号 KM。电路按规定在各接点处进行标号,主电路用 U、V、W 和数字表示,如 U11、V11、

W11；控制电路用阿拉伯数字表示，编号原则上是从左到右、从上到下数字递增。

点动控制是指按下按钮，电动机得电运转；松开按钮，电动机失电停转。这种控制方法常用于电动葫芦的起重电动机升降和车床拖板箱快速移动电动机控制。短路、过载保护有 FU1、FU2 及 QF，欠电压、失电压保护有 KM。

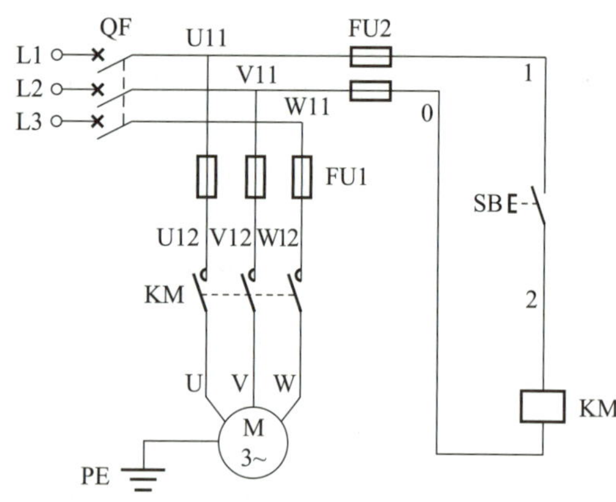

图 5-2　点动控制电路电气原理图

具体控制过程如下：

启动：按下 SB→KM 线圈得电→KM 主触点闭合→电动机 M 连续运转。

停止：按下 SB→KM 线圈失电→KM 主触点分断→电动机 M 惯性停止。

注意：

① 点动控制一般不用来连续运行操作，主要用来实现对生产设备的手动调整、检修处理等。

② 点动控制的运行电动机不需要热继电器的保护。

2. 点动控制电路元件布置图识读

元件布置图是用来表明电气原理图中各元器件的实际安装位置的，可视电气控制系统复杂程度采取集中绘制或单独绘制。图 5-3 为本任务对应的点动控制电路元件布置图。

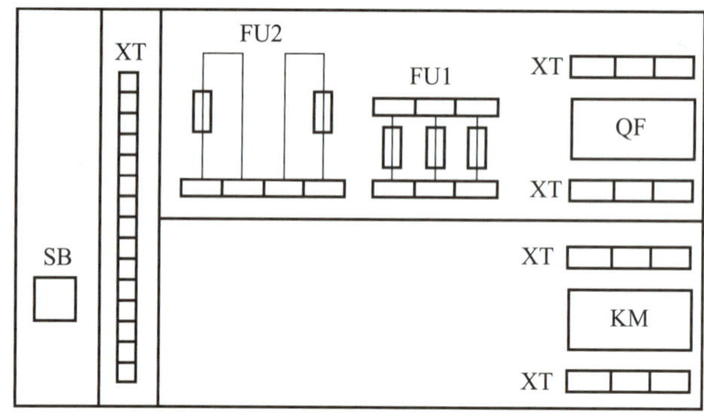

图 5-3　点动控制电路元件布置图

3. 点动控制电路安装接线图识读

安装接线图主要用于电器的安装接线、电路检查、电路维修和故障处理，通常安装接线图与电气原理图和元件布置图一起使用。

安装接线图的绘制原则是：各电气元件均按实际安装位置绘出，元件所占图面按实际尺寸以统一比例绘制；一个元件中所有的带电部件均画在一起，并用点画线框起来，即采用集中表示法；各电气元件的图形符号和文字符号必须与电气原理图一致，并符合国家标准；各电气元件上凡是需接线的部件端子都应绘出，并予以编号，各接线端子的编号必须与电气原理图上的导线编号一致;绘制安装接线图时,走向相同的相邻导线可以绘成一股线。本任务对应的安装接线图如图 5-4 所示。

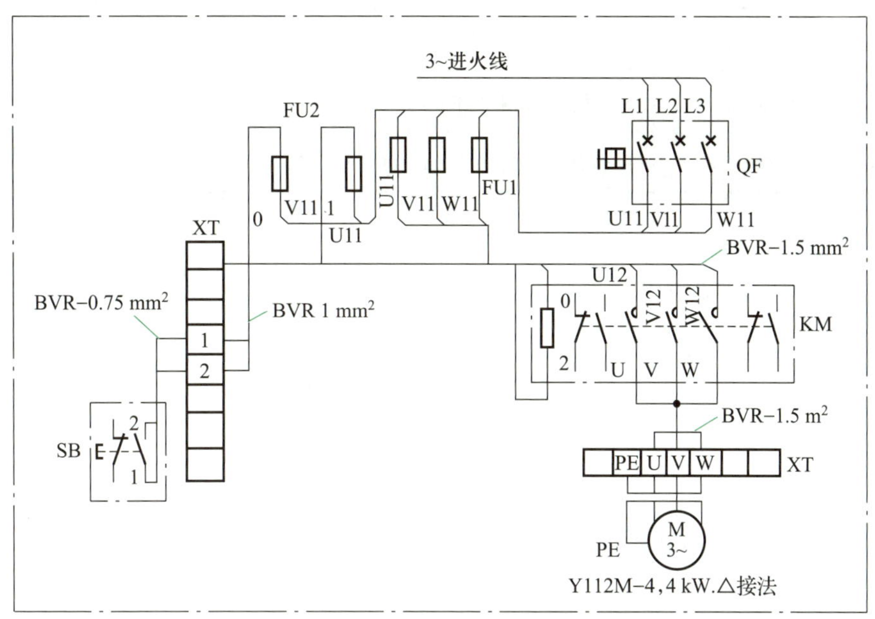

图 5-4　点动控制电路安装接线图

5.1.3　任务实施

1. 准备元器件和工具

元器件和工具清单见表 5-1。

表 5-1　元器件和工具清单

序号	元器件和工具	型号与规格	数量	单位	备注
1	常用电工工具	验电笔、螺钉旋具(一字和十字)、电工刀、尖嘴钳、钢丝钳、压线钳等	1	套	
2	万用表	MF-47、DT9502 或自定	1	台	
3	交流接触器	CJ20-10	1	个	KM
4	动合按钮	LA4-3H	1	组	SB
5	主电路熔断器	RL1-15/15(15 A)熔断器,配 15 A 熔体	3	个	FU1
6	控制电路熔断器	RL1-15/4(15 A)熔断器,配 4 A 熔体	2	个	FU2
7	三相异步电动机	Y 系列 80-4 或自定	1	台	M
8	接线端子	JD0-1015	8	条	XT
9	主电路导线	BV-1.5 mm²	若干	m	

续表

序号	元器件和工具	型号与规格	数量	单位	备注
10	控制电路导线	BVR-0.75 mm^2或 1 mm^2	若干	m	
11	接地线	接地线采用 BVR-1.5 mm^2(黄绿双色)	若干	m	
12	配线板	木质配电板,600 mm×500 mm×20 mm	1	块	

2. 低压电器安装工艺

电气控制电路安装接线一般顺序是:先根据电气原理图绘制元件布置图和安装接线图,列出元件明细表,采购检验电气元件,再根据元件布置图在配电板上安装固定电气元件,然后根据安装接线图再配线,最后检验试车。接线时,一般先接控制电路,再接主电路。作为一名维修电工,通过操作训练,最后要达到能够直接根据电气原理图熟练地安装接线的水平。

交流接触器的安装工艺要求如下:

① 接触器上的散热孔应上下布置,接触器之间应留有适当的空间以利于散热。

② 远离冲击和振动的地方。

③ 安装和接线时,注意不要将零件失落或掉入接触器内部。安装孔的螺钉应装有弹簧垫圈和平垫圈并拧紧螺钉以防振动松脱。

④ 安装完毕,检查接线正确无误后,在主触点不带电的情况下操作几次,然后测量接触器的动作值和释放值,所测数值应符合产品的规定要求。

按钮安装的工艺要求如下:

① 无须固定在配线板上,按钮接线和电源和电动机配线一样要通过端子排进出配线板。

② 进出按钮接线桩的导线采用接线端子,要有端子标号,便于检修。

③ 如果按钮的外壳是金属,则外壳应可靠接地。

接线端子安装的工艺要求如下:

① 接线端子应整齐、排列合理,布置于控制板或控制柜边缘。

② 接线端子的安装应牢固,其金属外壳部分应可靠接地。

布线工艺要求如下:

① 布线通道尽可能少,同时并行导线按主、控电路分类集中,单层密排,紧贴安装面线布线。

② 同一平面的导线应高低一致或前后一致,不能交叉,非交叉不可时,导线应在接线端子处引出。

③ 布线就遵守横平竖直,分布均匀。

④ 布线时严禁损伤线芯和导线绝缘。

⑤ 布线顺序一般以接触器为中心,由里向外、由低至高,以不妨碍后续布线为原则。

⑥ 导线与接线端子或接线桩连接时,不得压绝缘层,不得反圈,不得露铜过长。

⑦ 同一元件、同一回路的不同节点的导线间距应保持一致。

⑧ 一个电气元件的接线端子的连接导线不得多于两根,每节接线端子板上连接导线一般只允许连接一根。

RL 系列熔断器安装工艺要求如下：

① 熔断器的进出线接线桩应垂直布置，螺旋式熔断器电源进线应接在瓷底座的下接线桩上，负载侧出线应接在螺纹壳的上接线桩上。这样在更换熔体时，旋出螺帽后，螺纹壳上不带电，可以保证操作者的安全。

② 熔断器要安装合格的熔体，不能用多根小规格熔体并联代替一根大规格熔体。

③ 安装熔断器时，上下各级熔体应相互配合，做到下一级熔体规格小于上一级熔体规格。

④ 更换熔体或熔管时，必须切断电源，尤其不允许带负荷操作。

⑤ 若熔断器兼作隔离器件使用，应安装在控制开关的电源进线端；若仅作短路保护用，应安装在控制开关的出线端。

其他安装工艺要求如下：

① 电动机使用的电源电压和绕组的接法必须与铭牌上规定的一致。

② 安装低压断路器时，在电源进线侧加装熔断器，要求低压断路器安装应正装，不能倒装，向上合闸为接通电路。

3. 压线、接线

① 连接器针角压接，如图 5-5 所示。紧握把手，完全释放把手；将压针放入卡口，轻握把手，棘轮咔一声时停止不动，临时固定端子；将事先剥好的电线插入端子的芯线压接部。保持电线不动，握住手柄至棘轮释放，则压接完毕。压接完成，取出压接端子，看压接是否正确。

② 管型端子压接，如图 5-6 所示。管型端子压接的方法是：先将电线剥皮为 7 mm 左右，然后全部插入端子内压接。

图 5-5 连接器针角压接

图 5-6 管型端子压接

③ Y 型端子压接，如图 5-7 所示。先将电线剥皮为 4 mm 左右，然后插入端子，端子规格一般为 1.25-3、1.25-4、2-3、2-4，根据电线的导体选择端子口径，1.0 以下的线径用 1.25-3 或 1.25-4 的端子口径，1.0 以上的用 2-3 或 2-4 端子口径。

④ O 型端子压接，如图 5-8 所示。先将电线剥皮为 4 mm 左右，然后插入端子。

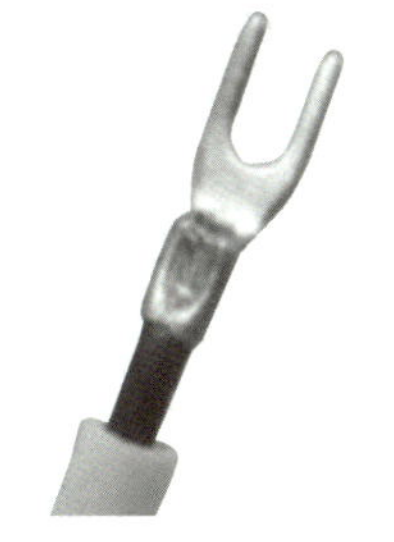

图 5-7 Y 型端子压接

图 5-8 O 型端子压接

4. 号码管使用

接线时，号码管方向要一致，且不能压到号码管。

5. 通电运行前检查

安装完毕后的控制电路板，必须经过认真检测后才允许通电试车。

① 检查所用的电气元件，外观应完整无损，附件、备件齐全。

② 用手同时按下接触器的三个主触点，注意要用力均匀。检验操作机构是否灵活、有无衔铁卡阻现象。

③ 检查接触器线圈额定电压与电源是否相符。

④ 检查导线连接的正确性，按电气原理图或安装接线图从电源端开始，逐段核对接线端子处线号是否正确，有无漏接、错接之处。检查导线接点是否符合要求，压接是否牢固。

⑤ 使用电工仪表进行检查，将万用表转换开关打到电阻 $R\times1$ k 或 $R\times100$ 挡，并进行电气调零，首先测量同型号未安装使用和接线的接触器线圈电阻，并记录其电阻值，目的是能根据控制电路进行分析和判断读数的正确性。如果测量结果与正确值不符，应根据电气原理图和安装接线图检查是否有错误接线。

6. 通电调试

为保证人身安全，在通电试车时，要认真执行安全操作规程的有关规定，一人监护，一人操作。试车前，应检查与通电试车有关的电气设备是否有不安全的因素存在，若查出，应该立即整改，然后方能试车。

① 通电试车前，由指导教师接通三相电源 L1、L2、L3，并且要在现场监护。

② 当按下点动按钮时，观察接触器动作情况是否正常，是否符合电路功能要求，电气元件的动作是否灵活，有无卡阻及噪声过大等现象，电动机运行情况是否正常等。

③ 通电试车完毕，停转，切断电源。先拆除三相电源线，再拆除电动机。如有故障，应该立即切断电源，要求学生独立分析原因，检查电路，直至达到项目拟定的要求。若需要带电检查时，指导教师必须在现场监护。

④ 试车成功后，拆除电路与元器件，清理工位，归还器材。

5.1.4 任务考评

根据班级人数先分组，然后进行任务实施，实施过程中的考评细节参见表 5-2。

表 5-2 任务考评表

项目	评价指标	自评	互评	自评、互评平均分	总分
工作任务（40 分）	点动控制电路原理分析（5 分）				
	导线是否有交叉（5 分）				
	布局是否合理（5 分）				
	控制电路连接正确性（15 分）				
	通电是否成功（10 分）				
职业素养（15 分）	工作服整洁、无饰品或硬质件（5 分）				
	正确查阅维修资料和学习材料（5 分）				
	8S 素养（5 分）				

续表

项目	评价指标	自评	互评	自评、互评平均分	总分
个人思考和总结(5分)	按照完成任务的安全、质量、时间和8S要求,提出个人改进性建议(5分)				
教师评价(40分)					

成绩:______

5.1.5 课后习题

1. 为什么点动控制电路不需要热继电器的保护?
2. 按下启动按钮后,接触器的线圈不得电,其原因是什么?
3. 按下启动按钮后,接触器的线圈得电,电动机不转动的原因是什么?
4. U、V、W任意两相的电压是多少? U、V、W和N相的电压的是多少?
5. 设计电动机连续运行控制电路。

任务 5.2 三相异步电动机长动控制电路的安装与调试

知识目标

1. 识记接触器、按钮、低压断路器的图形符号和文字符号。
2. 了解接触器自锁互锁电路,会分析长动控制电路的工作原理。
3. 懂得长动控制电路的安装知识。

技能目标

1. 会使用万用表。
2. 掌握长动控制电路的安装、调试及故障的排除。

素养目标

1. 培养自觉遵守安全及技能操作规程的工作习惯。

2. 培养认真负责、精心操作的工作习惯及团队合作意识。

● **实施流程**

序号	工作内容	教师活动	学生活动
1	布置任务	1. 通过在线平台下发预习任务； 2. 通过在线论坛收集、分析学生疑问； 3. 通过在线平台设置考勤	1. 接受任务，明确任务； 2. 在线学习相关资料，参考教材和课件完成课前预习； 3. 反馈疑问； 4. 完成在线平台签到
2	知识准备	1. 电动机连接方式； 2. 长动控制电路电气原理图、元件布置图、安装接线图	1. 学习电动机连接方式； 2. 学习长动控制电路电气原理图、元件布置图、安装接线图
3	任务实施	1. 教师下发任务单； 2. 督导学生完成	1. 按照任务要求与教师演示过程，学生分组完成任务单； 2. 师生互动，讨论任务实施过程中出现的问题； 3. 完成任务书
4	任务考评	1. 按具体评分细则对学生进行评价； 2. 采用过程性考核方式，根据学生学习全过程的表现，教师给定综合评定分数	按具体评分细则进行自评、互评

5.2.1 任务分析

对于长时间运行的电动机，用点动控制是极为不方便的，这就需要具有自锁功能的控制电路——长动控制电路，主要用于控制电动机长时间运行，如机床主轴、水泵、风机。按下启动按钮，电动机通电运转，松开按钮，电动机保持运转状态，按下停止按钮，电动机断电，自由停止。典型的长动控制设备如图 5-9 所示。

图 5-9 典型的长动控制设备

完成本任务首先要熟悉交流接触器、按钮等低压电器,能识别它们的结构特征,识记它们的图形符号和文字符号,熟悉它们的动作原理和常用型号,才能分析长动控制电路的工作原理,完成安装、调试及故障的排除。

5.2.2 知识准备

1. 长动控制电路电气原理图识读

长动控制电路是一种既能实现短路保护,又能实现过载保护的控制电路。图 5-10 中,增加了保护元件热继电器 FR,这是因为电动机在运行过程中,长期负载过大、频繁启动或者断相运行都可能使电动机定子绕组的电流增大,超过其额定值,而在这种情况下,熔断器往往不熔断,从而引起定子绕组过热,使温度超过允许值,造成绝缘损坏,导致电动机寿命缩短,严重时会烧毁电动机的定子绕组,因此,在电动机控制电路中,必须采用过载保护措施。

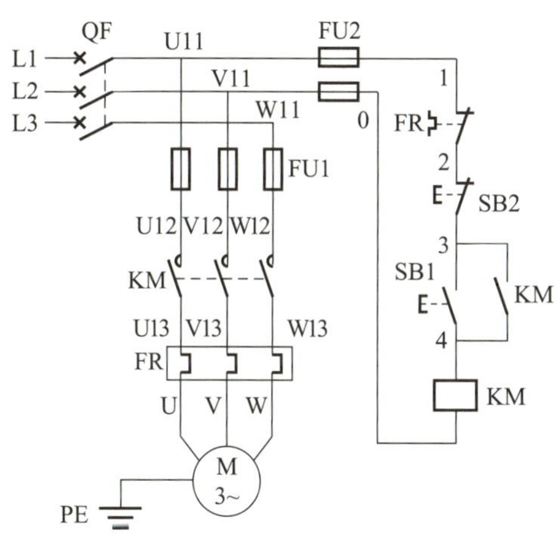

图 5-10 长动控制电路电气原理图

长动控制电路与点动控制电路的区别就是当松开启动按钮时,电动机控制电路仍然处于接通状态,电动机实现连续运行状态。

具体控制过程如下:

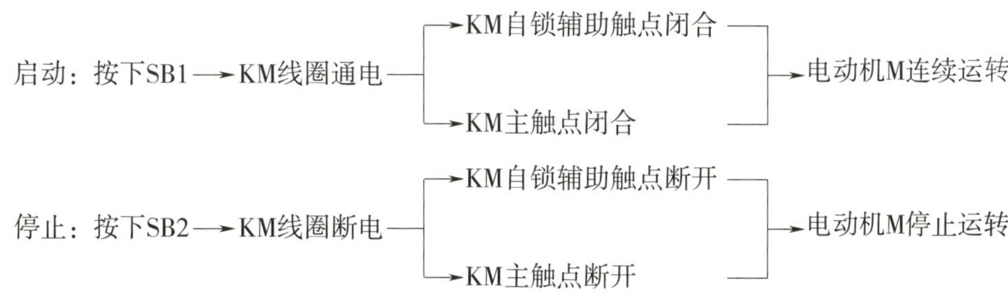

利用电器自己的触点使自己的线圈通电从而保持长期工作的电路环节称为自锁环节,这种触点称为自锁触点。

长动控制电路具有过载保护、短路保护、零压保护。

思考：

长动控制电路为什么能连续运行？与点动有什么区别？

2. 长动控制电路元件布置图识读

长动控制电路元件布置图如图 5-11 所示。

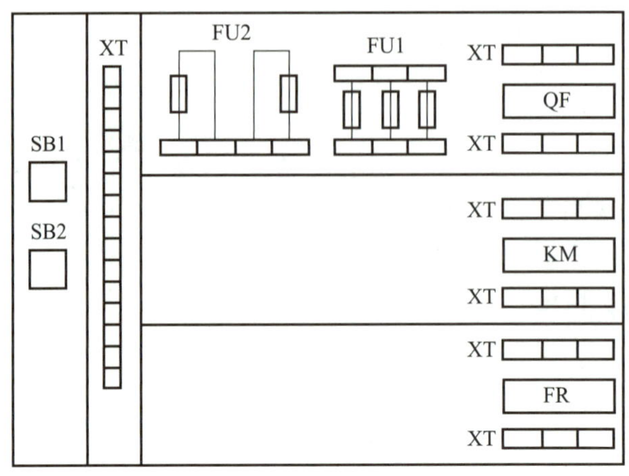

图 5-11　长动控制电路元件布置图

3. 长动控制电路安装接线图识读

长动控制电路安装接线图如图 5-12 所示。

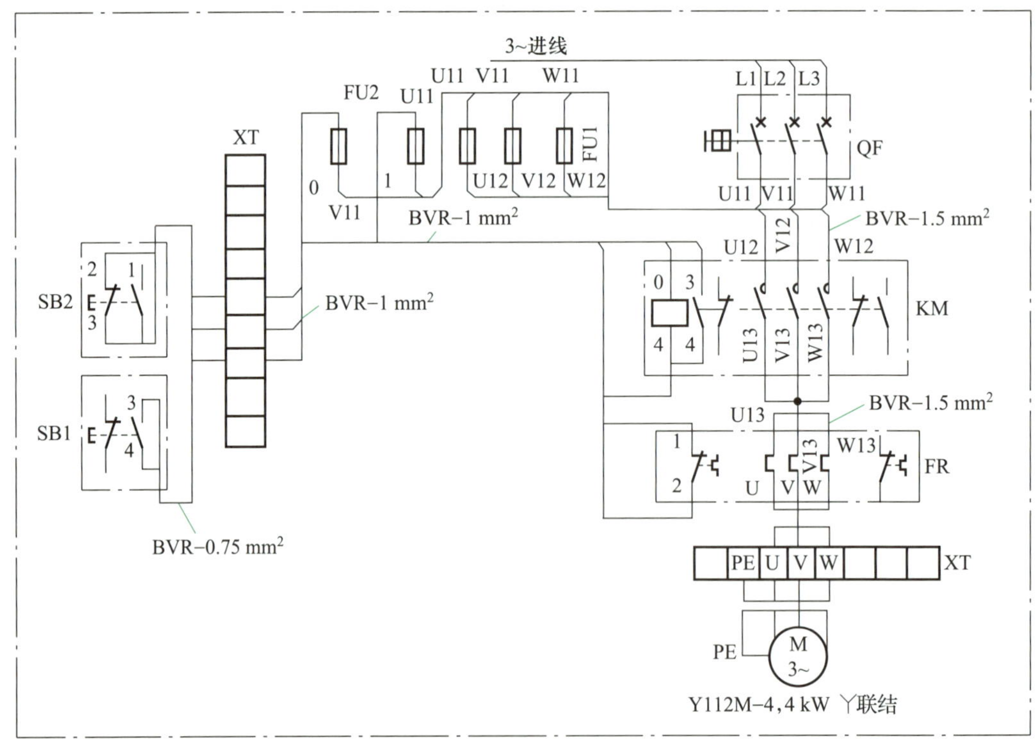

图 5-12　长动控制电路安装接线图

5.2.3 任务实施

1. 准备元器件和工具

元器件和工具清单见表 5-3。

表 5-3 元器件和工具清单

序号	元器件和工具	型号与规格	数量	单位	备注
1	常用电工工具	验电笔、螺钉旋具(一字和十字)、电工刀、尖嘴钳、钢丝钳、压线钳等	1	套	
2	万用表	MF-47、DT9502 或自定	1	台	
3	交流接触器	CJ20-10	1	个	KM
4	动合、动断按钮	LA4-3H	2	组	SB1、SB2
5	主电路熔断器	RL1-15/15(15 A)熔断器,配 15 A 熔体	3	个	FU1
6	控制电路熔断器	RL1-15/4(15 A)熔断器,配 4 A 熔体	2	个	FU2
7	三相异步电动机	Y 系列 80-4 或自定	1	台	M
8	接线端子	JD0-1015	7	条	XT
9	热继电器	JR20-10L	1	个	FR
10	主电路导线	BV-1.5 mm^2	若干	m	
11	控制电路导线	BVR-0.75 mm^2	若干	m	
12	接地线	接地线采用 BVR-1.5 mm^2(黄绿双色)	若干	m	
13	配线板	木质配电板,600 mm×500 mm×20 mm	1	块	

2. 热继电器接线工艺要求

① 热继电器的热元件应串接在主电路中,动断触点应串接在控制电路中。

② 热继电器的整定电流应按电动机的额定电流自行调整,绝对不允许弯折双金属片。

③ 在一般情况下,热继电器应置于手动复位的位置上。若需要自动复位时,可将复位调节螺钉沿顺时针方向向里旋足。

④ 热继电器因电动机过载动作后,若需再次启动电动机,必须待热元件冷却后,才能使热继电器复位。一般自动复位时间不大于 5 min;手动复位时间不大于 2 min。

3. 通电运行前的检查

安装完毕后的控制电路板,必须经过认真检测后才允许通电试车。

① 检查导线连接的正确性,按电气原理图或安装接线图从电源端开始,逐段核对接线端子处线号是否正确,有无漏接、错接之处。检查导线接点是否符合要求,压接是否牢固。

② 使用电工仪表进行检查,将万用表转换开关打到电阻 R×1 k 或 R×100 挡,并进行电气调零,首先测量同型号未安装使用和接线的接触器线圈电阻,并记录其电阻值,目的是能根据控制电路进行分析和判断读数的正确性。如果测量结果与正确值不符,应根据电气原理图和安装接线图检查是否有错误接线。

4. 通电调试

为保证人身安全,在通电试车时,要认真执行安全操作规程的有关规定,一人监护,一人

项目 5

操作。试车前，应检查与通电试车有关的电气设备是否有不安全的因素存在，若查出，应该立即整改，然后方能试车。

① 通电试车分空载（不接电动机）试车和有载（接电动机）试车两个环节。先进行空载试车。通电试车前，必须征得教师的同意，并由指导教师接通三相电源 L1、L2、L3，同时在现场监护。学生用验电笔检查工位上是否有电，确认有电后，再插上电源插头→合上低压断路器 QF→检验熔断器下桩是否带电→按下启动按钮 SB1 后，注意观察接触器是否吸合，再按下停止按钮，注意观察接触器是否释放（复位），如出现异常情况，应立即切断电源，并仔细记录故障现象，以作为故障分析的依据，并及时进行故障排除，待故障排除后再次通电试车，直到空载试车成功为止，再接上电动机进行有载试车，观察电动机的工作状况。

② 试车成功后，拆除电路与元器件，清理工位，归还器材。

5.2.4 任务考评

根据班级人数先分组，然后进行任务实施，实施过程中的考评细节参见表 5-4。

表 5-4 任务考评表

项目	评价指标	自评	互评	自评互评平均分	总分
工作任务（40 分）	长动控制电路原理分析（5 分）				
	导线是否横平竖直（5 分）				
	布局是否合理（5 分）				
	控制电路连接正确性（15 分）				
	通电是否成功（10 分）				
职业素养（15 分）	工作服整洁、无饰品或硬质件（5 分）				
	正确查阅维修资料和学习材料（5 分）				
	8S 素养（5 分）				
个人思考和总结（5 分）	按照完成任务的安全、质量、时间和 8S 要求，提出个人改进性建议（5 分）				
教师评价（40 分）					

成绩：＿＿＿＿＿＿

5.2.5 课后习题

1. 如果电动机旋转方向反了，该怎样调整？

2. 按下启动按钮后，接触器的线圈不通电，其原因有哪些？

3. 按下启动按钮后，接触器的线圈通电，松开按钮后，接触器线圈又断电，其原因是什么？

4. 设计电动机点动及长动联合运行控制电路。

任务 5.3 三相异步电动机顺序控制电路的安装与调试

知识目标

1. 能设计和绘制三相异步电动机顺序启动、同时停止,顺序启动、逆序停止的电气原理图。
2. 会分析三相异步电机顺序启动、同时停止,顺序启动、逆序停止的工作原理。
3. 懂得控制电路的安装知识。

技能目标

掌握顺序启动、同时停止,顺序启动、逆序停止控制电路的安装、调试及故障排除。

素养目标

1. 培养将安全放在首位的安全意识。
2. 培养自觉遵循技能操作规程的工作习惯。
3. 培养自学能力、交流能力及表达能力,增强团队合作意识。

实施流程

序号	工作内容	教师活动	学生活动
1	布置任务	1. 通过在线平台下发预习任务; 2. 通过在线论坛收集、分析学生疑问; 3. 通过在线平台设置考勤	1. 接受任务,明确任务; 2. 在线学习相关资料,参考教材和课件完成课前预习; 3.反馈疑问; 4. 完成在线平台签到
2	知识准备	1. 电动机顺序启动、同时停止,顺序启动、逆序停止的工作原理; 2. 顺序启动、同时停止控制电路电气原理图、元件布置图、安装接线图	1. 学习电动机顺序启动、同时停止,顺序启动、逆序停止的工作原理; 2. 学习顺序启动、同时停止控制电路电气原理图、元件布置图、安装接线图
3	任务实施	1. 教师下发任务单; 2. 督导学生完成	1. 按照任务要求与教师演示过程,学生分组完成任务单; 2. 师生互动,讨论任务实施过程中出现的问题; 3. 完成任务书

项目5

续表

序号	工作内容	教师活动	学生活动
4	任务考评	1. 按具体评分细则对学生进行评价; 2. 采用过程性考核方式,根据学生学习全过程的表现,教师给定综合评定分数	按具体评分细则进行自评、互评

5.3.1 任务分析

在一些生产机械中,通常都是由多台电动机配合工作,完成对生产工艺的要求。在一些车床中,控制的过程不一样,要求电动机的启动顺序、控制方法也不一样。在 X62W 型万能铣床(图 5-13)上,要求主轴电动机启动后,进给电动机才能启动,停止时,进给电动机先停止,才允许主轴电动机停止。

图 5-13 X62W 型万能铣床

完成本任务首先要分析两台三相异步电动机顺序启动、同时停止,顺序启动、逆序停止控制电路的工作原理,方可对电气原理图进行电气元件的布置及完成电路的安装、调试及故障的排除。

5.3.2 知识准备

1. 顺序启动、同时停止控制电路电气原理图识读

顺序启动电路可以在控制电路中实现,也可以在主电路中实现,下面分别对其进行分析,主电路顺序控制电气原理图如图 5-14 所示。

控制过程分析:合上低压断路器 QF,按下启动按钮 SB1,接触器 KM1 线圈通电吸合,KM1 自锁触点闭合自锁,KM1 动合主触点闭合,电动机 M1 启动运转;按下启动按钮 SB2,接触器 KM2 线圈通电吸合,KM2 自锁触点闭合自锁,KM2 动合主触点闭合,电动机 M2 启动运转;按下停止按钮 SB3,接触器 KM1、KM2 线圈断电,KM1、KM2 动合主触点断开,两台电动机同时停止运转。

控制电路顺序控制电气原理图如图 5-15 所示。

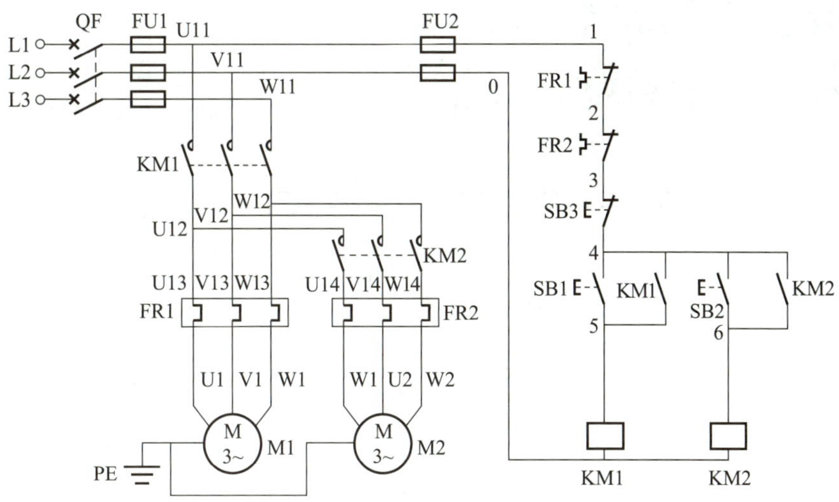

图 5-14　主电路顺序控制电气原理图

控制过程分析:图 5-15(b)控制过程与图 5-14 的控制过程完全一样,合上电源开关 QF→按下启动按钮 SB2 后,KM1 吸合→按下启动按钮 SB3,KM2 吸合→按下停止按钮 SB1,电动机停止转动;而图 5-15(c)中,为了保证 M1 先运行,在电动机 M2 的控制支路上串联接触器 KM1 的动合辅助触点,只要 KM1 动合辅助触点未闭合,KM2 线圈就不能通电吸合,电动机 M2 就不能运行,还可通过 SB3 按钮实现单独停止。

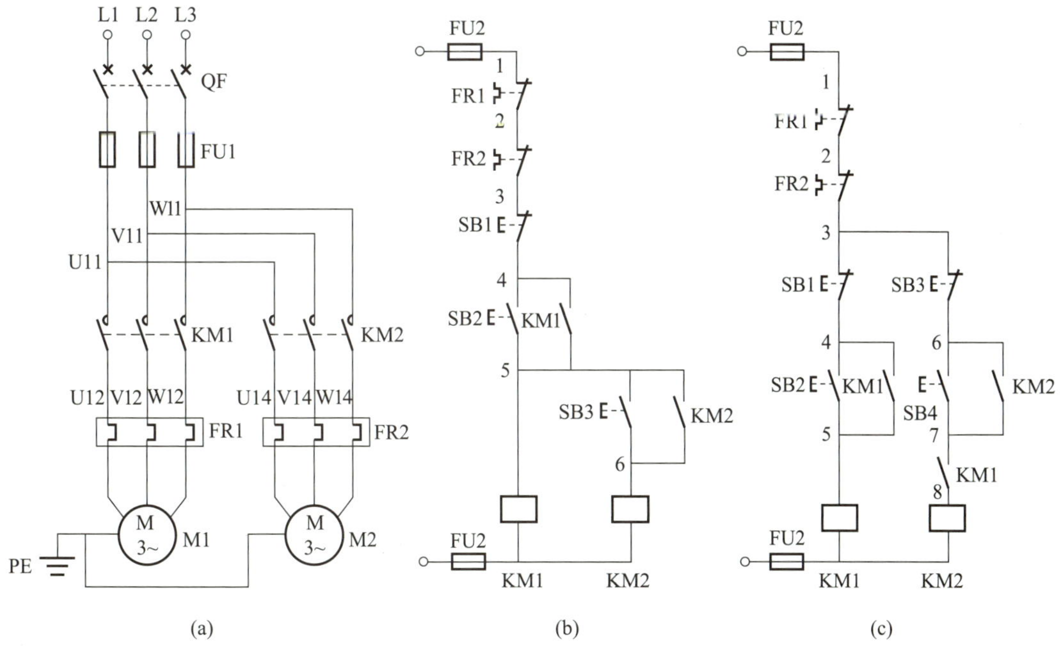

图 5-15　控制电路顺序控制电气原理图

2. 顺序启动、同时停止控制电路元件布置图识读

顺序启动、同时停止控制电路元件布置图如图 5-16 所示。

3. 顺序启动、同时停止控制电路安装接线图识读

顺序启动、同时停止控制电路安装接线图如图 5-17 所示。

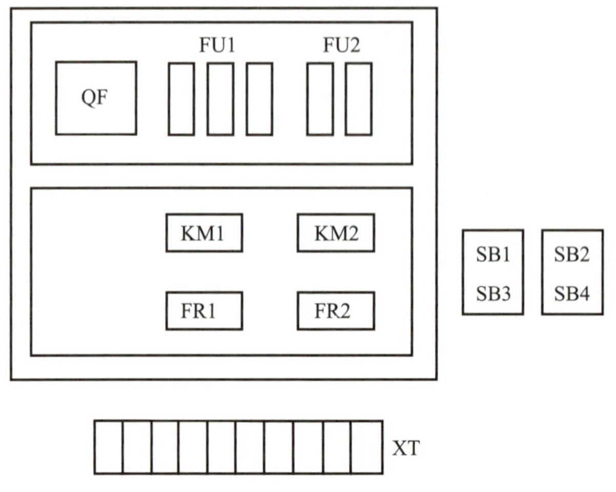

图 5-16 顺序启动、同时停止控制电路元件布置图

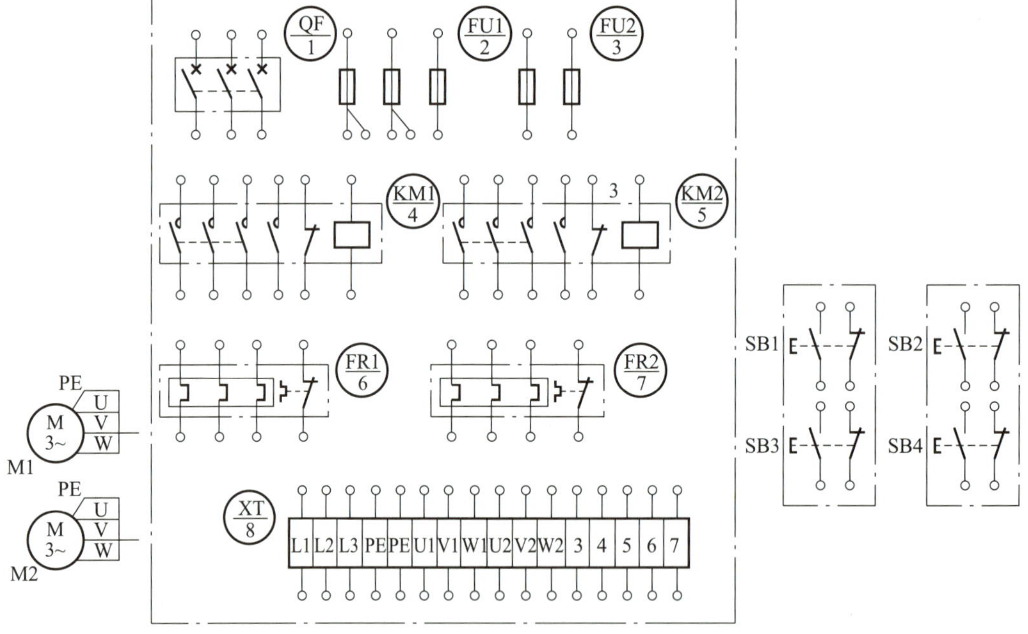

图 5-17 顺序启动、同时停止控制电路安装接线图

4. 顺序启动、逆序停止控制电路电气原理图识读

顺序启动、逆序停止控制电路电气原理图如图 5-18 所示，在动断按钮 SB2 并联 KM2 的动合辅助触点。

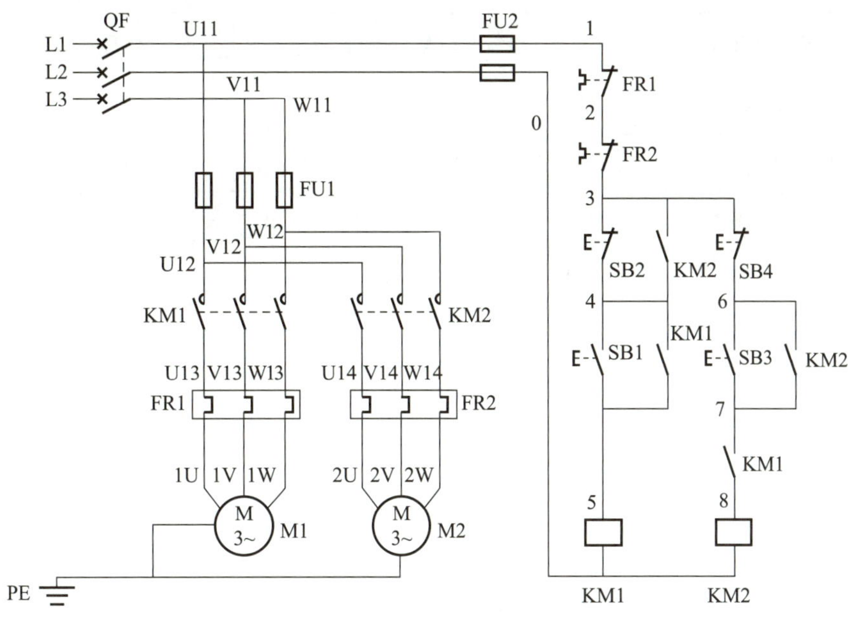

图 5-18 顺序启动、逆序停止控制电路电气原理图

电动机启动运转控制过程分析：合上断路器 QF，按下启动按钮 SB1→接触器 KM1 线圈通电吸合→KM1 自锁触点闭合自锁→KM1 动合主触点闭合→同时串在线圈 KM2 的动合辅助触点 KM1 闭合→电动机 M1 启动运转→按下启动按钮 SB3→接触器 KM2 线圈通电吸合→KM2 自锁触头闭合自锁→KM2 动合主触点闭合→电动机 M2 启动运转。

电动机停止运转控制过程分析：按下停止按钮 SB4→接触器 KM2 线圈断电→KM2 动合主触点断开→电动机 M2 停止运转→按下停止按钮 SB3→接触器 KM1 线圈断电→KM1 动合主触点断开→电动机 M1 停止运转。

5.3.3 任务实施

1. 准备元器件和工具

元器件和工具清单见表 5-5。

表 5-5 元器件和工具清单

序号	元器件和工具	型号与规格	数量	单位	备注
1	常用电工工具	验电笔、螺钉旋具（一字和十字）、电工刀、尖嘴钳、剥线钳等	1	套	
2	万用表	MF-47、DT9502 或自定	1	台	

续表

序号	元器件和工具	型号与规格	数量	单位	备注
3	交流接触器	CJ20-10	2	个	KM1、KM2
4	按钮开关	LA4-3H	4	组	SB1~SB4
5	主电路熔断器	RL1-15/15(15 A)熔断器,配 15 A 熔体	3	个	FU1
6	控制电路熔断器	RL1-15/4(15 A)熔断器,配 4 A 熔体	2	个	FU2
7	三相异步电动机	Y 系列 80-4 或自定	2	台	M1、M2
8	接线端子	JD0-1015	7	条	XT
9	主电路导线	BV-1.5 mm^2	若干	m	
10	控制电路导线	BVR-0.75 mm^2 或 1 mm^2	若干	m	
11	接地线	接地线采用 BVR-1.5 mm^2(黄绿双色)	若干	m	
12	配线板	木质配电板,600 mm×500 mm×20 mm	1	块	

2. 安装接线工艺要求

(1) 元件安装工艺:安装牢固、排列整齐,位置应整齐、匀称。

(2) 布线工艺:走线集中、减少架空和交叉,做到横平、竖直、转弯成直角。

(3) 接线工艺:每个接头最多只能接两根线;接点要牢靠,不得压绝缘层、不反圈,不漏铜过长,电动机和按钮等金属外壳必须可靠接地。

3. 通电运行前的检查

检测布线,对照安装接线图检查是否掉线、错线,是否编漏、编错线号,接线是否牢固等。

4. 通电调试

① 通电试车分空载(不接电动机)试车和有载(接电动机)试车两个环节。先进行空载试车。通电试车前,必须征得教师同意,并由指导教师接通三相电源 L1、L2、L3,同时在现场监护。以图 5-15(b)为例,学生用验电笔检查工位上是否有电,确认有电后,再插上电源插头→合上电源开关 QF→检验熔断器下桩是否带电→按下启动按钮 SB2 后,注意观察 KM1 是否吸合→按下启动按钮 SB3 后,注意观察 KM2 是否吸合,按下停止按钮 SB1,观察接触器是否复位,如出现异常错误,应立即切断电源,并仔细记录故障现象,以作为故障分析的依据,并及时回到工位进行故障与排除,待故障排除后再次通电试车,直到空载试车成功为止。

② 如出现故障,学生应独立进行检修。若需带电检查时,指导教师必须在现场监护。检修完毕后,如需要再次试车,指导教师也应该在现场监护,并做好时间记录。

③ 通电校验完毕,切断电源后,进行验电,确保无电情况下拆除电源连接线,整理工具材料和操作台。

5.3.4 任务考评

根据班级人数先分组,然后进行任务实施,实施过程中的考评细节参见表 5-6。

表 5-6 任务考评表

项目	评价指标	自评	互评	自评互评平均分	总分
工作任务（40 分）	顺序启动、同时（逆序）停止控制电路原理分析（5 分）				
	导线是否有交叉（5 分）				
	布局是否合理（5 分）				
	控制电路连接正确性（15 分）				
	通电是否成功（10 分）				
职业素养（15 分）	工作服整洁、无饰品或硬质件（5 分）				
	正确查阅维修资料和学习材料（5 分）				
	8S 素养（5 分）				
个人思考和总结（5 分）	按照完成任务的安全、质量、时间和 8S 要求，提出个人改进性建议（5 分）				
教师评价（40 分）					

成绩：__________

5.3.5 课后习题

1. 如何实现三台异步电动机的顺序启动、同时停止？

2. 某机床有两台三相异步电动机，要求第一台电动机启动运行 8 s 后，第二台电动机自行启动，第二台电动机运行 10 s 后，两台电动机同时停止；两台电动机均具有短路及过载保护，试设计主电路及控制电路。

任务 5.4 三相异步电动机正反转控制电路的安装与调试

知识目标

1. 了解联锁（互锁）的定义。

2. 会分析按钮联锁正反转控制电路、接触器联锁正反转控制电路、双重联锁正反转控制电路的工作原理。

3. 懂得正反转控制电路的安装知识。

技能目标

掌握双重联锁正反转控制电路的安装、调试及故障排除。

素养目标

1. 培养将安全放在首位的安全意识。
2. 培养自觉遵循技能操作规程的工作习惯。
3. 培养自学能力、交流能力及表达能力，增强团队合作意识。

实施流程

序号	工作内容	教师活动	学生活动
1	布置任务	1. 通过在线平台下发预习任务； 2. 通过在线论坛收集、分析学生疑问； 3. 通过在线平台设置考勤	1. 接受任务，明确任务； 2. 在线学习相关资料，参考教材和课件完成课前预习； 3. 反馈疑问； 4. 完成在线平台签到
2	知识准备	1. 双重联锁正反转控制电路的工作原理； 2. 双重联锁正反转控制电路电气原理图、元件布置图、安装接线图	1. 学习双重联锁正反转控制电路的工作原理； 2. 学习双重联锁正反转控制电路电气原理图、元件布置图、安装接线图
3	任务实施	1. 教师下发任务单； 2. 督导学生完成	1. 按照任务要求与教师演示过程，学生分组完成任务单； 2. 师生互动，讨论任务实施过程中出现的问题； 3. 完成任务书
4	任务考评	1. 按具体评分细则对学生进行评价； 2. 采用过程性考核方式，根据学生学习全过程的表现，教师给定综合评定分数	按具体评分细则进行自评、互评

5.4.1 任务分析

在实际生产生活中，机床工作台的前进与后退、万能铣床主轴的正转与反转、起重机吊钩的上升或下降等都需要通过电动机的正反转控制来实现。典型的正反转控制设备如图 5-19 所示。三相异步电动机的正反转控制电路是通过改变接入三相异步电动机绕组的电源相序实现的。常见的控制电路有按钮联锁正反转控制电路、接触器联锁正反转控制电路、双重联锁正反转控制电路三种。

图 5-19 典型的正反转控制设备

完成本任务首先要了解联锁(互锁)的定义,掌握双重联锁正反转控制电路的工作原理,方可对电气原理图进行电气元件的布置及完成电路的安装、调试及故障的排除。

5.4.2 知识准备

项目5

1. 按钮联锁正反转控制电路

按钮联锁正反转控制电路是一种常用的电动机控制电路,在各种机械设备中得到广泛应用,主要是通过控制不同的按钮来实现电动机的正反转。为了避免出现电动机同时旋转或停止的情况,需要对按钮进行联锁控制,如图 5-20 所示。

正转启动控制过程分析:合上断路器 QF,按下正转启动按钮 SB1→SB1 互锁触点断开→接触器 KM1 线圈通电吸合→KM1 动合辅助触点闭合自锁→KM1 动合主触点闭合→电动机正转。

反转启动控制过程分析:合上断路器 QF,按下反转启动按钮 SB2→SB2 互锁触点断开,使 KM1 线圈断电,KM1 主触头断开→接触器 KM2 线圈通电吸合→KM2 动合辅助触点闭合自锁→KM2 动合主触点闭合→电动机反转。

停止控制过程分析:按下停止按钮 SB3→接触器 KM1 或 KM2 线圈断电→KM1 或 KM2 动合主触点断开→电动机停止运行。

2. 接触器联锁正反转控制电路

为避免接触器线圈 KM1 和 KM2 两者同时通电,须在正、反转控制电路中分别串接对方接触器的一组动断辅助触点,当一个接触器通电动作时,通过其动断辅助触点使另一个接触

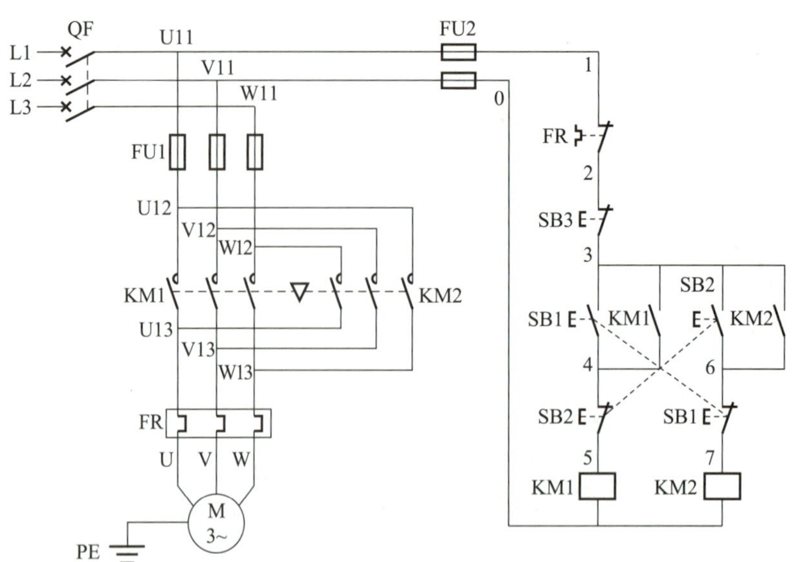

图 5-20　按钮联锁正反转控制电路电气原理图

器不能通电动作，接触器间这种相互制约的作用称为接触器联锁（互锁），联锁在电气原理图中用符号“▽”表示，如图 5-21 所示。

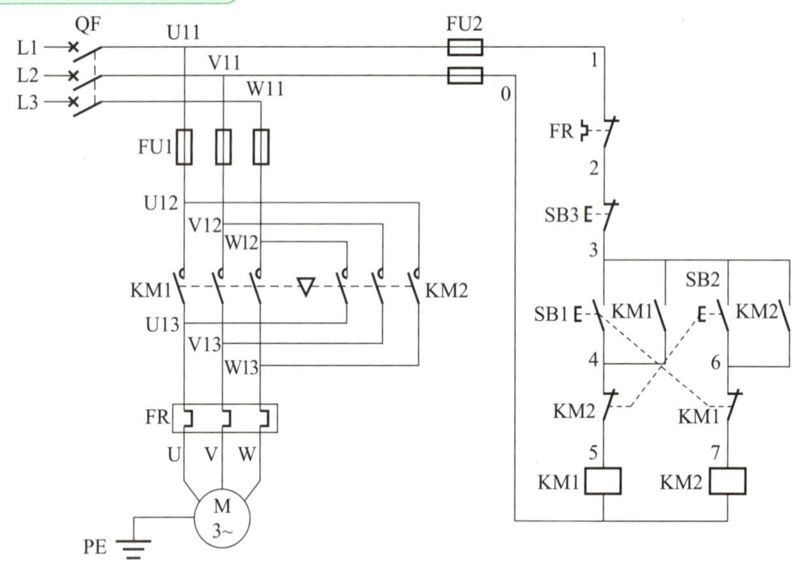

图 5-21　接触器联锁正反转控制电路电气原理图

正转启动控制过程分析：合上断路器 QF，按下正转启动按钮 SB1→接触器 KM1 线圈通电吸合→KM1 动合辅助触点闭合自锁→KM1 动断辅助触点断开，实现互锁→KM1 动合主触点闭合→电动机正转。

反转启动控制过程分析：按下停止按钮 SB3→按下反转启动按钮 SB2→接触器 KM2 线

圈通电吸合→KM2 动合辅助触点闭合自锁→KM2 动断辅助触点断开，实现互锁→KM2 动合主触点闭合→电动机反转。

停止控制过程分析：按下停止按钮 SB3→接触器 KM2 线圈断电→KM2 动合主触点断开→电动机停止运转。

注意：

正转后不能立刻反转，必须先按下停止按钮 SB3；反转后不能立刻正转，必须先按下停止按钮 SB3。

3. 双重联锁正反转控制电路

双重联锁正反转控制电路是在接触器联锁的基础上，在控制电路上增加按钮联锁（机械互锁），机械互锁能保证一个接触器断电释放后，另一个接触器才能通电吸合，从而避免两个接触器线圈同时通电动作，造成相间短路。双重联锁正反转控制电路集合了接触器联锁和按钮联锁的优点，具有操作方便、安全可靠的特点，双重联锁正反转控制电路电气原理图如图 5-22所示。

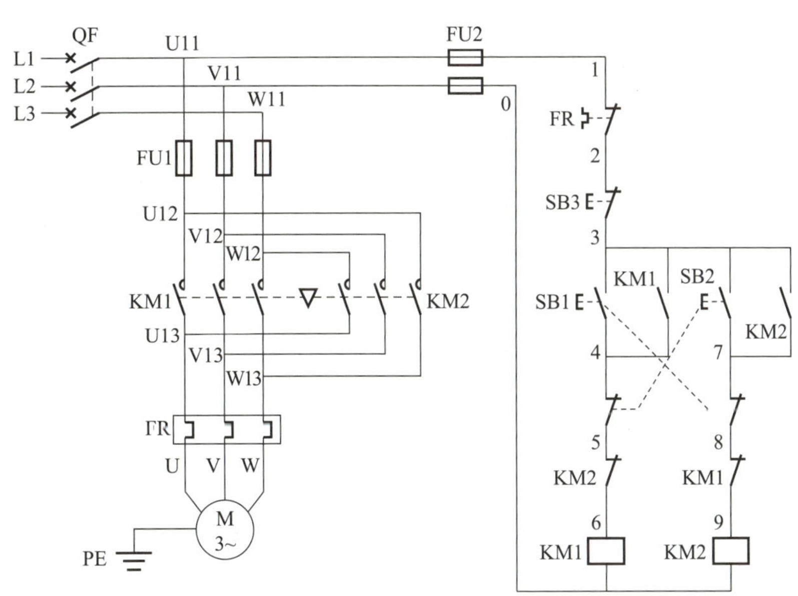

图 5-22 双重联锁正反转控制电路电气原理图

正转启动控制过程分析：合上断路器 QF，按下正转启动按钮 SB1→SB1 动断触点分断，对 KM2 联锁（切断反转控制电路）→SB1 动合触点先分断，对 KM2 联锁（切断反转控制电路）→接触器 KM1 线圈通电吸合→KM1 动合辅助触点闭合自锁→KM1 动合主触点闭合→KM1 联锁触点分断，对 KM2 联锁（切断反转控制电路）→电动机正转。

反转启动控制过程分析：按下反转启动按钮 SB2→SB2 动断触点分断，KM1 线圈断电→KM1 自锁触点分断→KM1 动合主触点分断→电动机断电，停止正转→SB2 动合触点闭合后→KM1 联锁触点闭合→接触器 KM2 线圈通电吸合→KM2 动合辅助触点闭合自锁→KM2 动合主触点闭合→KM2 联锁触点分断，对 KM1 联锁（切断正转控制电路）→电动机反转。

停止控制过程分析：无论电动机是在正转运行下还是在反转运行下，只要按下停止按钮

SB3，整个控制电路断电，接触器各个触点复位，电动机停止运转。

（1）双重联锁正反转控制电路元件布置图识读

双重联锁正反转控制电路元件布置图如图 5-23 所示。

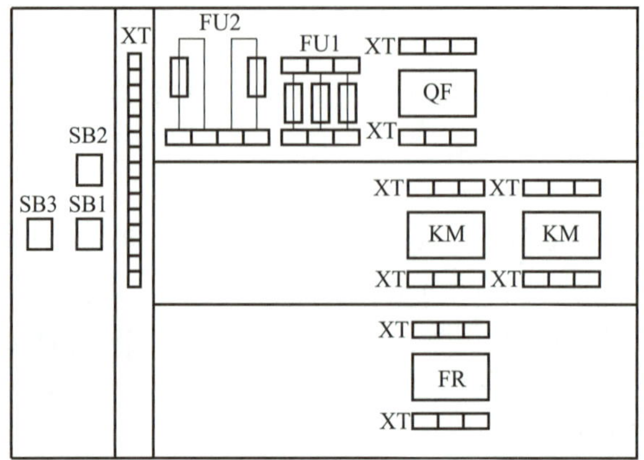

图 5-23　双重联锁正反转控制电路元件布置图

（2）双重联锁正反转控制电路安装接线图识读

双重联锁正反转控制电路安装接线图如图 5-24 所示。

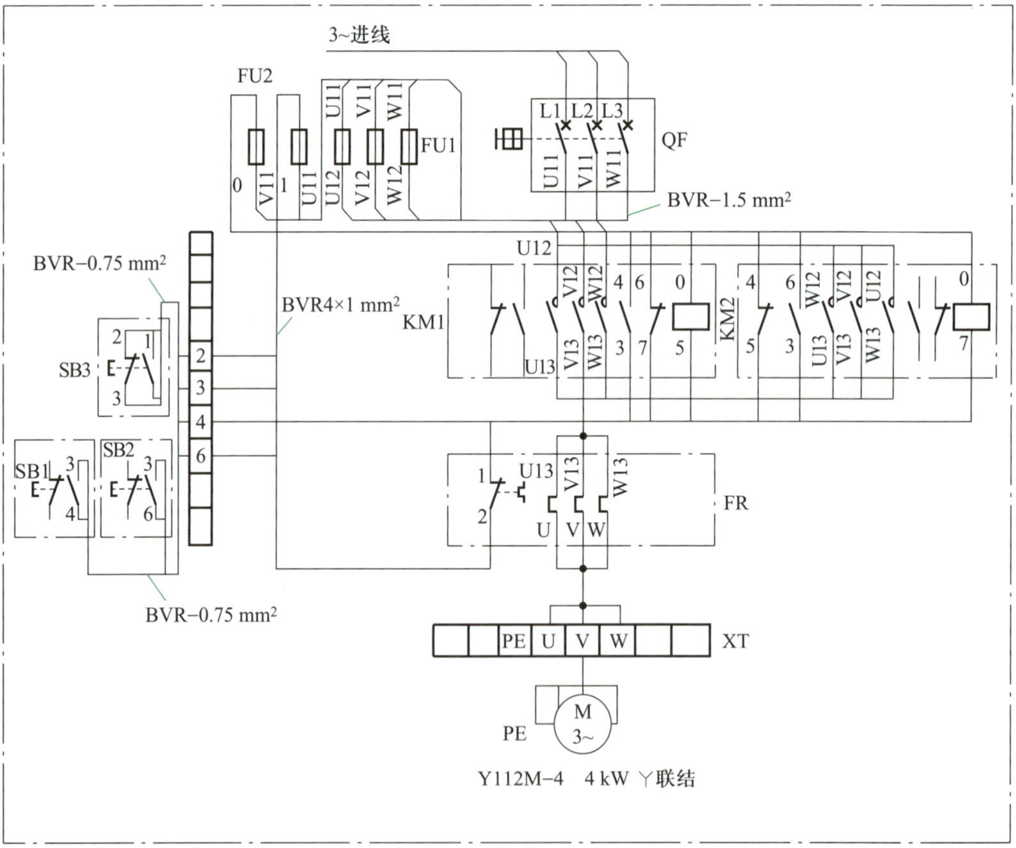

图 5-24　双重联锁正反转控制电路安装接线图

5.4.3 任务实施

1. 准备元器件和工具

元器件和工具清单见表 5-7。

表 5-7 元器件和工具清单

序号	元器件和工具	型号与规格	数量	单位	备注
1	常用电工工具	验电笔、螺钉旋具(一字和十字)、电工刀、尖嘴钳、剥线钳等	1	套	
2	万用表	MF-47、DT9502 或自定	1	台	
3	交流接触器	CJ20-10	2	个	KM1、KM2
4	按钮开关	LA4-3H	3	组	SB1～SB3
5	主电路熔断器	RL1-15/15(15 A)熔断器,配 15 A 熔体	3	个	FU1
6	控制电路熔断器	RL1-15/4(15 A)熔断器,配 4 A 熔体	2	个	FU2
7	三相异步电动机	Y 系列 80-4 或自定	1	台	M
8	接线端子	JD0-1015	7	条	XT
9	主电路导线	BV-1.5 mm^2	若干	m	
10	控制电路导线	BVR-0.75 mm^2或 1 mm^2	若干	m	
11	接地线	接地线采用 BVR-1.5 mm^2(黄绿双色)	若干	m	
12	配线板	600 mm×500 mm×20 mm 木质配电板	1	块	

2. 安装接线工艺要求

① 绘制并读懂双重互锁正反转控制电路电气原理图,给电路元件编号,明确电路所用元件及作用。

② 按表 5-7 配置所用元件并检验型号及性能,元件安装参照前面任务。

③ 在控制板上按图 5-23 安装元件,并标注上醒目的文字符号。

④ 按图 5-24 进行板前明线布线,板前明线布线的工艺要求参照前面任务。

3. 通电运行前的检查

检测布线,对照安装接线图检查是否掉线、错线,是否漏编、编错线号,接线是否牢固等。

4. 通电调试

① 通电试车分空载(不接电动机)试车和有载(接电动机)试车两个环节。先进行空载试车。通电试车前,必须征得教师同意,并由指导教师接通三相电源 L1、L2、L3,同时在现场监护。学生用验电笔检查工位上是否有电,确认有电后,再插上电源插头→合上电源开关 QF→检验熔断器下桩是否带电→按下启动按钮 SB1(或 SB2)后,注意观察 KM1(或 KM2)是否吸合,按下停止按钮 SB3,观察接触器是否复位,如出现异常错误,应立即切断电源,并仔细记录故障现象,以作为故障分析的依据,并及时回到工位进行故障与排除,待故障排除后,

再次通电试车,直到空载试车成功为止。

② 如出现故障后,学生应独立进行检修。若需带电检查时,指导教师必须在现场监护。检修完毕后,如需要再次试车,指导教师也应该在现场监护,并做好时间记录。

③ 通电校验完毕,切断电源后,进行验电,确保无电情况下拆除电源连接线。

④ 试车成功后,拆除电路与元件,清理工位。

5.4.4 任务考评

根据班级人数先分组,然后进行任务实施,实施过程中的考评细节参见表 5-8。

表 5-8 任务考评表

项目	评价指标	自评	互评	自评、互评平均分	总分
工作任务(40 分)	双重联锁正反转控制电路原理分析(5 分)				
	导线是否有交叉(5 分)				
	布局是否合理(5 分)				
	控制电路连接正确性(15 分)				
	通电是否成功(10 分)				
职业素养(15 分)	工作服整洁、无饰品或硬质件(5 分)				
	正确查阅维修资料和学习材料(5 分)				
	8S 素养(5 分)				
个人思考和总结(5 分)	按照完成任务的安全、质量、时间和 8S 要求,提出个人改进性建议(5 分)				
教师评价(40 分)					

成绩:__________

5.4.5 课后习题

1. 简述电动机正反转控制采取联锁的原因。

2. 试画出某机床主电动机控制电路图。要求:① 可正反转;② 可正向点动;③ 两处启停。

3. 叙述“自锁”“互锁”电路的定义。

4. 机床设备控制电路常用哪些保护措施?

任务 5.5 三相异步电动机自动往返行程控制电路的安装与调试

知识目标

1. 能绘制行程开关的图形符号及文字符号。
2. 会分析自动往返行程控制电路的工作原理。
3. 懂得自动往返行程控制电路的安装、调试及故障排除等知识。

技能目标

掌握自动往返行程控制电路的安装、调试及故障排除。

素养目标

1. 培养将安全放在首位的安全意识。
2. 培养自觉遵循技能操作规程的工作习惯。
3. 培养自学能力、交流能力及表达能力，增强团队合作意识。

实施流程

序号	工作内容	教师活动	学生活动
1	布置任务	1. 通过在线平台下发预习任务； 2. 通过在线论坛收集、分析学生疑问； 3. 通过在线平台设置考勤	1. 接受任务，明确任务； 2. 在线学习相关资料，参考教材和课件完成课前预习； 3. 反馈疑问； 4. 完成在线平台签到
2	知识准备	1. 自动往返行程控制电路的工作原理； 2. 自动往返行程控制电路电气原理图、元件布置图、安装接线图	1. 学习自动往返行程控制电路的工作原理； 2. 学习自动往返行程控制电路电气原理图、元件布置图、安装接线图
3	任务实施	1. 教师下发任务单； 2. 督导学生完成	1. 按照任务要求与教师演示过程，学生分组完成任务单； 2. 师生互动，讨论任务实施过程中出现的问题； 3. 完成任务书

续表

序号	工作内容	教师活动	学生活动
4	任务考评	1. 按具体评分细则对学生进行评价； 2. 采用过程性考核方式，根据学生学习全过程的表现，教师给定综合评定分数	按具体评分细则进行自评、互评

5.5.1 任务分析

在生产机械中，如万能铣床，要求工作台在一定的行程内自动往返运行，便于实现对工件的连续加工，提高生产效率。工作台到达指定位置时，不但要求要停止原方向运动，而且还要求能自动改变方向，向相反的方向运动。典型的自动往返行程控制设备如图 5-25 所示。

图 5-25 典型的自动往返行程控制设备

完成本任务首先要了解自动往返行程控制电路的工作原理，方可对电气原理图进行电气元件的布置及完成电路的安装、调试及故障排除。

5.5.2 知识准备

1. 自动往返行程控制电路电气原理图识读

自动往返行程控制电路常用于各种机床的工作台，用来控制电动机拖动部件在规定两位置之间自动往返，直至操作者发出停止信号。在电路中设有两个带有动合、动断触点的行程开关，分别安装在运动部件的两个规定位置处，以发出返回信号，控制电动机的反向运转。为防止两个行程开关 SQ1、SQ2 在长期使用中造成磨损而引起失灵，保证机械设备的安全，在运动部件的极限位置处，安装限位保护的行程开关 SQ3、SQ4 作为终端保护。工作台位置示意图如图 5-26 所示，自动往返行程控制电路电气原理图如图 5-27 所示。

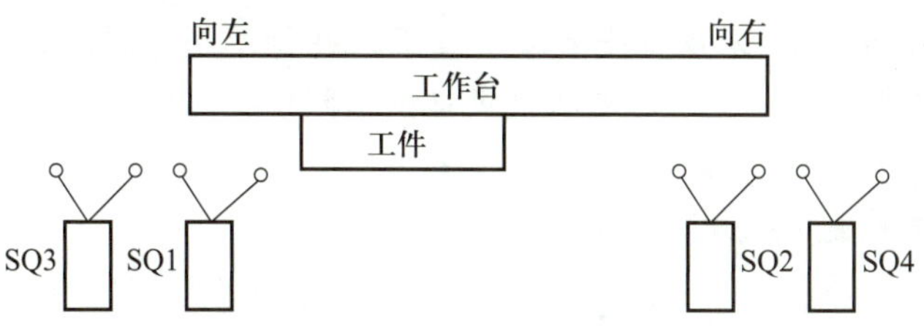

图 5-26 工作台位置示意图

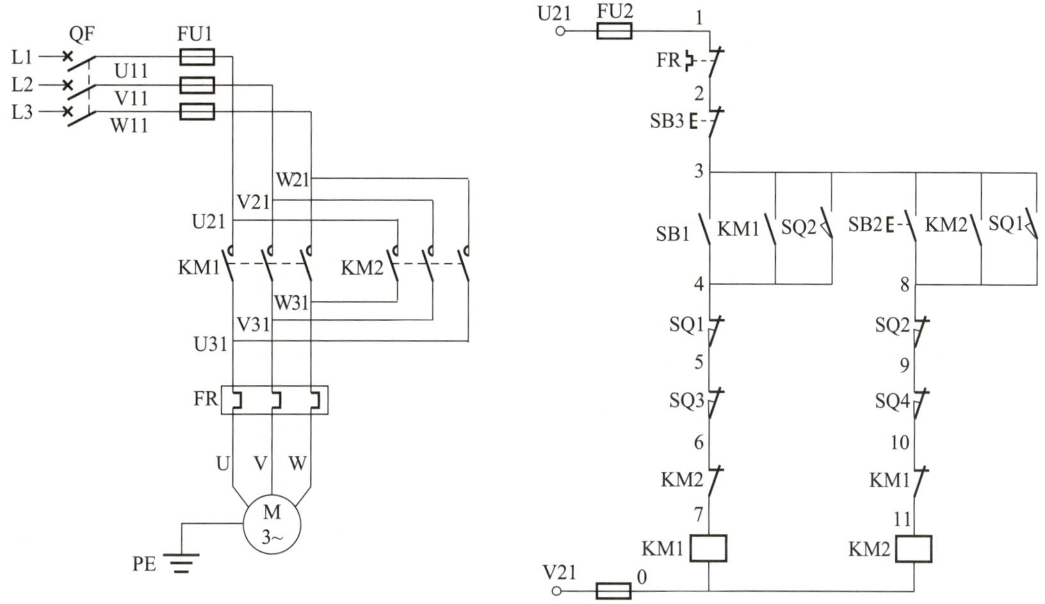

图 5-27 自动往返行程控制电路电气原理图

2. 自动往返行程控制电路工作原理分析

自动往返行程控制电路的主电路与正反转控制电路的主电路相同,控制电路是在接触器联锁正反转控制线路的基础上增加了 SQ1～SQ4 四个行程开关。图 5-27 中,SQ1、SQ2 的动合、动断触点组用于发出到位返回信号,SQ3、SQ4 的动断触点组用于限位保护,控制电路中的 SB1、SB2 是用来控制部件在运行过程中改变方向时使用的。

自动往返行程控制电路工作原理:合上低压断路器 QF,KM1 线圈通电吸合→KM1 动断辅助触点分断,实现对 KM2 联锁;KM1 动合触点闭合,实现自锁→KM1 动合主触点闭合→电动机 M 正向运转→当运动部件到达正向规定位置挡板 SQ1 时,SQ1 动断触点断开→KM1 线圈断电→KM1 动合辅助触点复位,解除自锁;KM1 主触点断开,电动机 M 停转;KM1 动断触点恢复闭合,解除对 KM2 的联锁;SQ1 动合触点闭合,KM2 线圈通电吸合→KM2 动断触点分断,实现对 KM1 联锁;KM2 动合触点闭合,实现自锁→KM2 动合主触点闭合→电动机 M 反向运转,工作台继续向右运行,当运动部件碰到 SQ2,SQ2 动合触点闭合;KM1 线圈通电吸合;KM1 动合辅助触点闭合,实现自锁→KM1 动合主触点闭合,电动机 M 正向运转→KM1 动断触点分断,实现对 KM2 联锁。以上过程自动往返运行,当按下停止按钮 SB3,各开关复位,电动机 M 停止运转。

思考：

如果由于操作者失误(未及时按下停止按钮)，使行车超越两端的极限位置，将发生什么现象？利用什么装置可以使行车在到达两端的极限位置时自动停下来？

3. 自动往返行程控制电路元件布置图识读

自动往返行程控制电路元件布置图如图 5-28 所示。

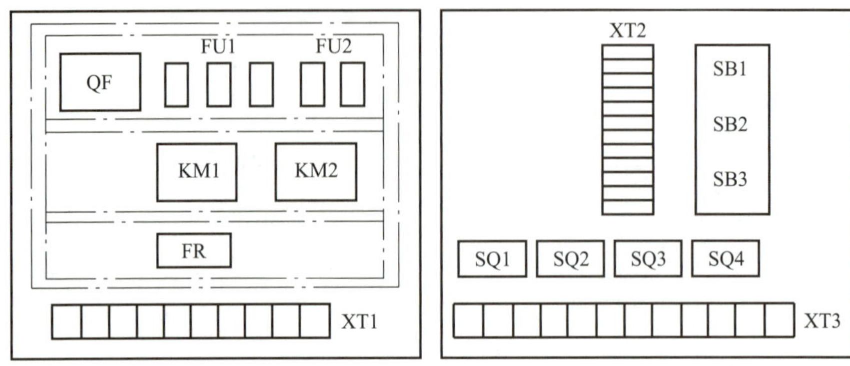

图 5-28　自动往返行程控制电路元件布置图

4. 自动往返行程控制电路安装接线图识读

自动往返行程控制电路安装接线图如图 5-29 所示。

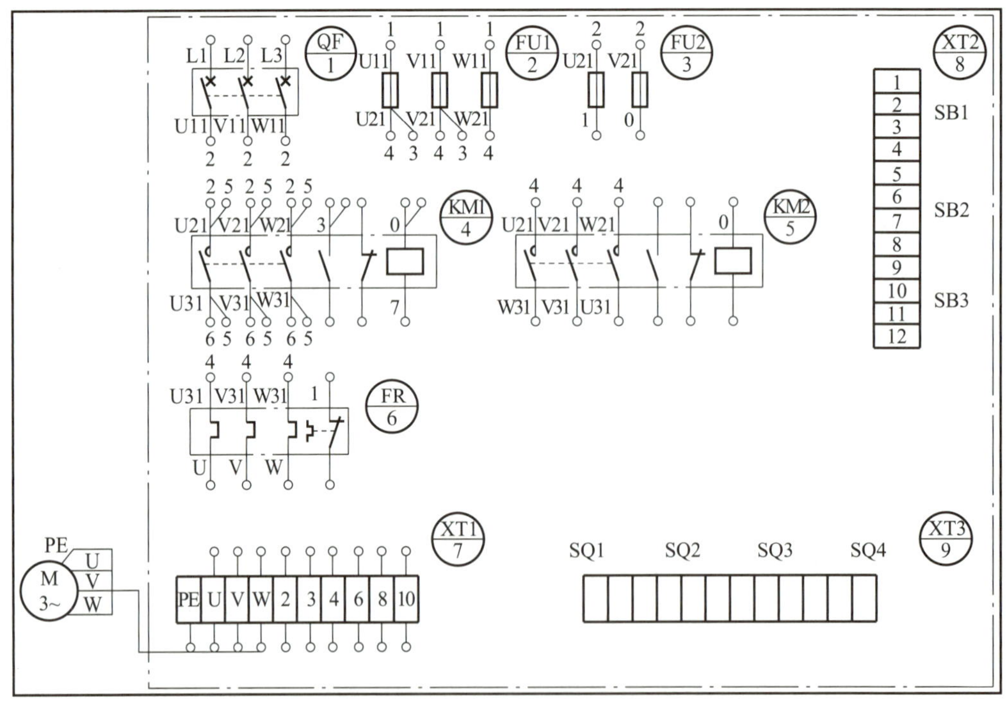

图 5-29　自动往返行程控制电路安装接线图

5.5.3 任务实施

1. 准备元器件和工具

元器件和工具清单见表 5-9。

表 5-9 元器件和工具清单

序号	元器件和工具	型号与规格	数量	单位	备注
1	常用电工工具	验电笔、螺钉旋具(一字和十字)、电工刀、尖嘴钳、剥线钳等	1	套	
2	万用表	MF-47、DT9502 或自定	1	台	
3	交流接触器	CJ20-10	2	个	KM1、KM2
4	按钮开关	LA4-3H	3	组	SB1~SB3
5	行程开关	LX19	4	个	SQ1~SQ4
6	主电路熔断器	RL1-15/15(15 A)熔断器,配 15 A 熔体	3	个	FU1
7	控制电路熔断器	RL1-15/4(15 A)熔断器,配 4 A 熔体	2	个	FU2
8	三相异步电动机	Y 系列 80-4 或自定	1	台	M
9	接线端子	JD0-1015	7	条	XT
10	主电路导线	BV-1.5 mm^2	若干	m	
11	控制电路导线	BVR-0.75 mm^2或 1 mm^2	若干	m	
12	接地线	接地线采用 BVR-1.5 mm^2(黄绿双色)	若干	m	
13	配线板	木质配电板,600 mm×500 mm×20 mm	1	块	

2. 安装接线工艺要求

① 行程开关安装时,安装位置要准确,安装要牢固;滚轮的方向不能装反,挡铁与其碰撞的位置应符合控制电路的要求,并确保能可靠碰撞挡铁。

② 行程开关在使用中,要定期检查和保养,除去油垢及粉尘,清理触点,经常检查其动作是否灵活、可靠,及时排除故障,防止由此产生误动作而导致设备和人身安全事故。

3. 通电运行前的检查

电路安装完毕后,通常要结合电气原理图或安装接线图从电源端开始,根据编号逐一检查接线的正确性及接点的安装质量,检查有无漏接、错接之处。

4. 通电调试

① 通电试车分空载(不接电动机)试车和有载(接电动机)试车两个环节。先进行空载试车。通电试车前,必须征得教师的同意,并由指导教师接通三相电源 L1、L2、L3,同时在现场监护。学生用验电笔检查工位上是否有电,确认有电后,再插上电源插头→合上电源开关 QF→检验熔断器下桩是否带电,按下 SB1,观察 KM1 是否吸合,吸合表明电动机正转(工作台向前运行),用手代替挡铁按压 SQ1 并使 KM1 自动复位,表明电动机正转停止,KM2 吸

合,表明电动机反转(工作台向后运行),用手代替挡铁按压 SQ2 并使 KM2 自动复位,表明电动机正转停止,按下 SB3,则原先吸合接触器均复位。空载试车正常情况下,再接上电动机进行有载试车。

② 如出现故障,学生应独立进行检修。若需带电检查时,指导教师必须在现场监护。检修完毕后,如需要再次试车,指导教师也应该在现场监护,并做好时间记录。

③ 通电校验完毕,切断电源后,进行验电,确保无电情况下拆除电源连接线。

④ 试车成功后,拆除电路与元件,清理工位。

5. 常见故障现象及分析

① 故障现象 1:挡铁碰撞行程开关 SQ1 或 SQ2 后,电动机停止,工作台向前或向后运动后不能往返。

故障分析:可能是行程开关 SQ1 或 SQ2 损坏,致使其动合触点不能闭合。

故障排除:将电源切断,用手按压行程开关,用万用表电阻挡检测行程开关的动合触点及连接导线的通断情况。

② 故障现象 2:直到挡铁碰撞到 SQ3 或 SQ4 后,电动机才能停止,但不能返回。

故障分析:a. 可能行程开关 SQ1 或 SQ2 安装位置不对或使用时发生位移,挡铁无法碰撞到行程开关 SQ1 或 SQ2 的滚轮。

b. 可能是行程开关损坏致使其动断触点无法分断。

故障排除:a. 检查行程开关安装位置是否准确,挡铁能否正常碰撞到行程开关的滚轮上。

b. 切断电源,用手按压行程开关,用万用表电阻挡检测行程开关的动断触点通断情况。

5.5.4 任务考评

根据班级人数先分组,然后进行任务实施,实施过程中的考评细节参见表 5-10。

表 5-10 任务考评表

项目	评价指标	自评	互评	自评、互评平均分	总分
工作任务(40 分)	自动往返行程控制电路原理分析(5 分)				
	导线是否有交叉(5 分)				
	布局是否合理(5 分)				
	控制电路连接正确性(15 分)				
	通电是否成功(10 分)				
职业素养(15 分)	工作服整洁、无饰品或硬质件(5 分)				
	正确查阅维修资料和学习材料(5 分)				
	8S 素养(5 分)				
个人思考和总结(5 分)	按照完成任务的安全、质量、时间和 8S 要求,提出个人改进性建议(5 分)				
教师评价(40 分)					

成绩:__________

5.5.5 课后习题

1. 自动往返行程控制电路中的 SQ3、SQ4 作用是什么？
2. 简述自动往返行程控制电路工作原理。

任务 5.6 三相异步电动机降压启动控制电路的安装与调试

知识目标

会分析定子串电阻降压启动控制电路、Y-△降压启动控制电路的工作原理。

技能目标

掌握 Y-△降压启动控制电路的安装、调试及故障排除。

素养目标

1. 培养自觉遵守安全及技能操作规程的工作习惯。
2. 培养认真负责、精心操作的工作习惯及团队合作意识。

● **实施流程**

序号	工作内容	教师活动	学生活动
1	布置任务	1. 通过在线平台下发预习任务； 2. 通过在线论坛收集、分析学生疑问； 3. 通过在线平台设置考勤	1. 接受任务，明确任务； 2. 在线学习相关资料，参考教材和课件完成课前预习； 3. 反馈疑问； 4. 完成在线平台签到
2	知识准备	1. 定子串电阻、Y-△降压启动含义； 2. 定子串电阻降压启动控制电路、Y-△降压启动控制电路电气原理图、元件布置图、安装接线图	1. 学习定子串电阻、Y-△降压启动含义； 2. 学习定子串电阻降压启动控制电路、Y -△降压启动控制电路电气原理图、元件布置图、安装接线图

续表

序号	工作内容	教师活动	学生活动
3	任务实施	1. 教师下发任务单; 2. 督导学生完成	1. 按照任务要求与教师演示过程,学生分组完成任务单; 2. 师生互动,讨论任务实施过程中出现的问题; 3. 完成任务书
4	任务考评	1. 按具体评分细则对学生进行评价; 2. 采用过程性考核方式,根据学生学习全过程的表现,教师给定综合评定分数	按具体评分细则进行自评、互评

5.6.1 任务分析

在三相异步电动机直接启动时,启动电流较大(一般为额定电流的 4~7 倍,通常选额定电流的 6 倍计算),直接启动会影响同一供电电路中其他电气设备的正常工作。为了避免电动机启动时对电网产生较大的压降,启动电流不能太大,同时为不减小电动机自身的启动转矩,就产生出各种降压启动控制电路,而在各种降压启动控制电路中,Y-△降压启动是较常见和较常用的。

通常规定:电源容量在 180 kV · A 以上、额定功率在 7 kW 以下的三相异步电动机可采用直接启动。对于电动机是否能够直接启动可根据以下公式来确定:

$$\frac{I_{st}}{I_N} \leqslant \frac{3}{4} + \frac{S}{4P}$$

式中:I_{st}——电动机全压启动电流,单位为 A;

I_N——电动机额定电流,单位为 A;

S——电源变压器容量,单位为 kV · A;

P——电动机额定功率,单位为 kW。

凡不满足直接启动条件的,均应采用降压启动。

由于电流随电压的降低而减小,所以降压启动达到了减小启动电流的目的。但是由于电动机的转矩与电压的平方成正比,所以降压启动也将导致电动机的启动转矩大为降低。因此,降压启动在空载或轻载下进行。

常见降压启动方式有定子串电阻降压启动、自耦变压器降压启动、Y-△降压启动、延边三角形降压启动等。

5.6.2 知识准备

1. 定子串电阻降压启动控制电路

(1) 定子串电阻降压启动控制电路电气原理图识读

定子串电阻降压启动控制电路是把电阻串接在电动机定子绕组与电源之间,电动机启动时，通过电阻的分压作用来降低定子绕组上的启动电压。待电动机启动结束后，再将电阻短接，使电动机恢复到全压运行。在实际生产应用中，通常运用时间继电器来实现短接电阻，达到自动控制的效果，如图 5-30 所示。

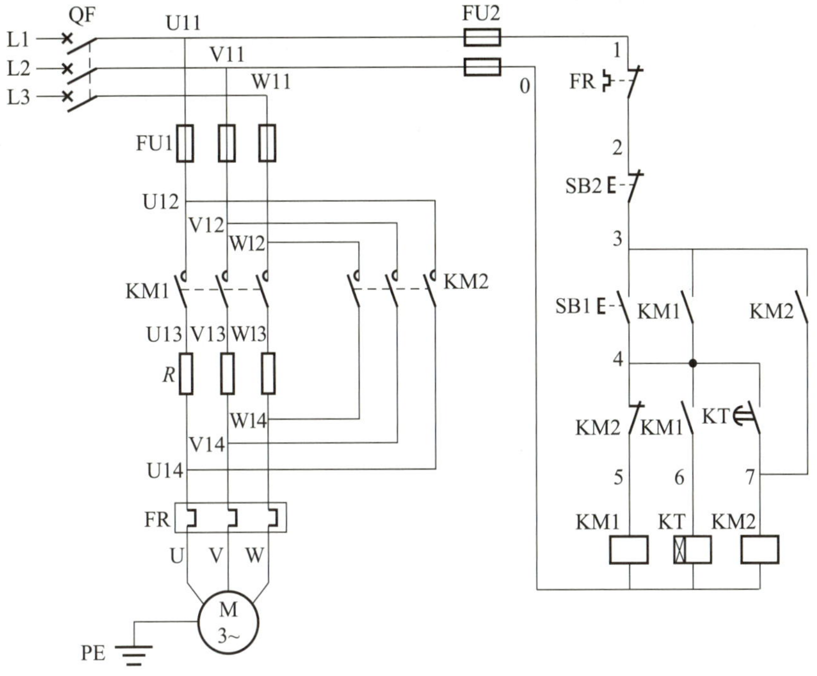

图 5-30　定子串电阻降压启动控制电路电气原理图

(2) 定子串电阻降压启动控制电路工作原理分析

按下启动按钮 SB1，KM1 线圈通电，KM1 动合触点闭合自锁，同时，KM1 主触点闭合，电动机 M 接电阻 R 降压启动。

在按下启动按钮 SB1 的同时，时间继电器 KT 开始计时，时间一到，KT 动合触点闭合，KM2 线圈通电，主触点闭合，电阻 R 被短接，电动机 M 全压运行。

按下 SB2 时，电动机 M 则停止运行。

该电路的优缺点如下：

优点：能够实现降压启动要求；

缺点：若频繁启动，则电阻的温度会很高，对于精密度高的设备会有一定的影响。

2. Y-△降压启动控制电路

(1) Y-△降压启动控制电路电气原理图识读

在实际应用中，通常采用时间继电器自动控制完成 Y-△切换，实现自动降压启动控制，如图 5-31 所示。

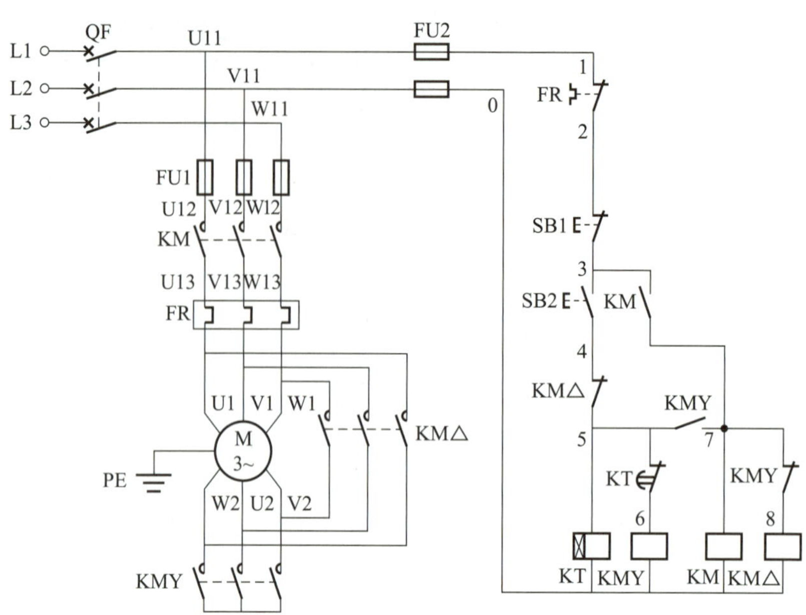

图 5-31 时间继电器控制 Y-△降压启动控制电路

(2) Y-△降压启动控制电路工作原理分析

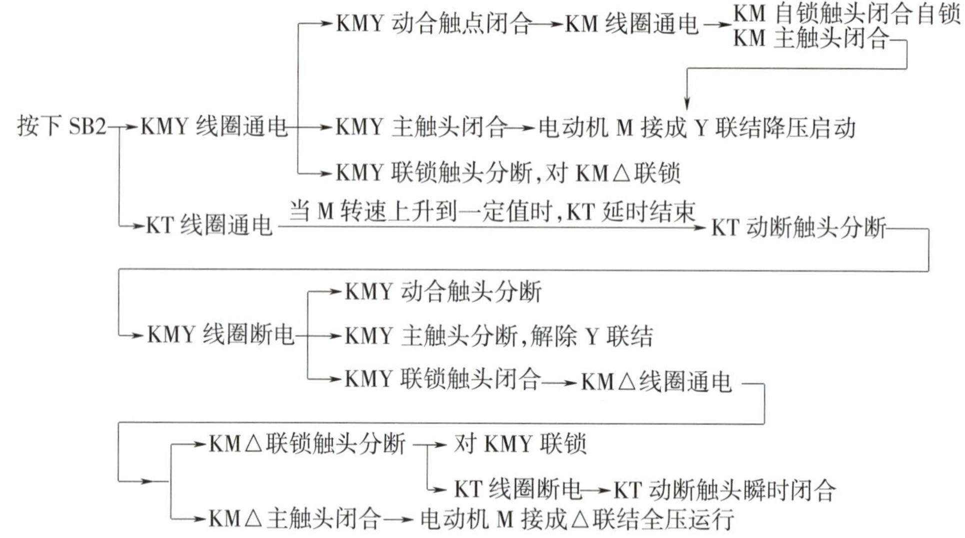

思考:

① 三相异步电动机启动时为什么要采用降压启动?

② Y-△降压启动控制电路怎么组成的? 有什么优点?

(3) Y-△降压启动控制电路元件布置图识读

Y-△降压启动控制电路元件布置图如图 5-32 所示。

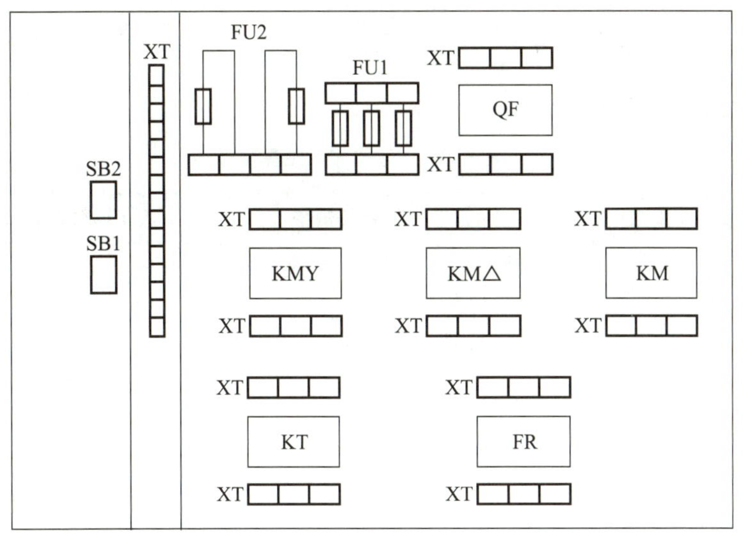

图 5-32 Y-△降压启动控制电路元件布置图

(4) Y-△降压启动控制电路安装接线图识读

Y-△降压启动控制电路安装接线图如图 5-33 所示。

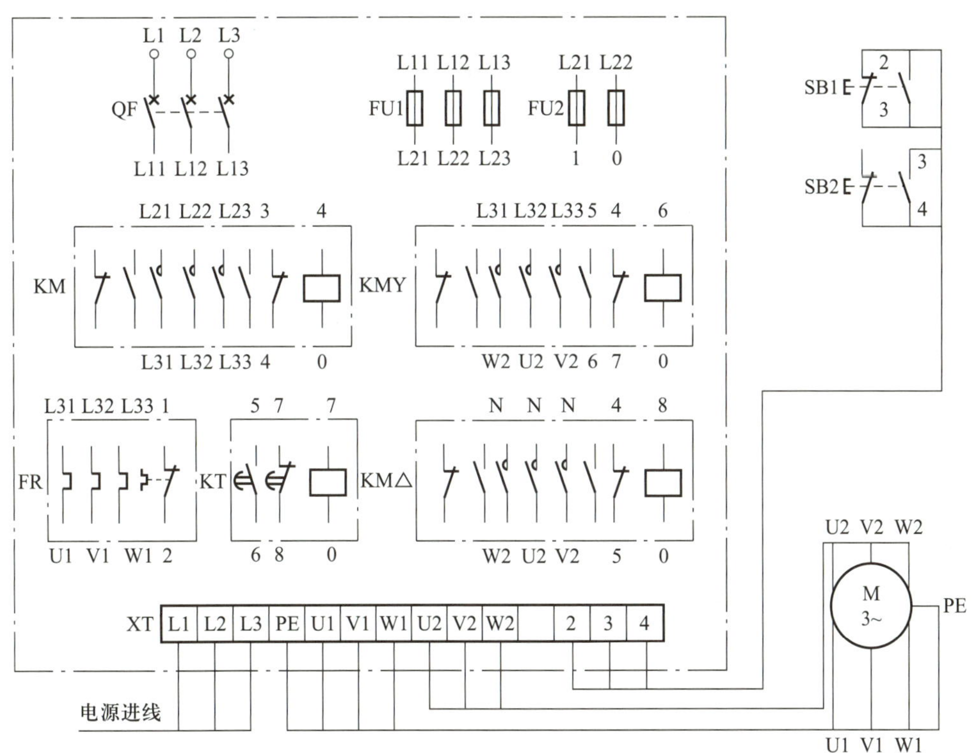

图 5-33 Y-△降压启动控制电路安装接线图

5.6.3 任务实施

1. 准备元器件和工具

元器件和工具清单见表 5-11。

表 5-11 元器件和工具清单

序号	元器件和工具	型号与规格	数量	单位	备注
1	常用电工工具	验电笔、螺钉旋具(一字和十字)、电工刀、尖嘴钳、钢丝钳、压线钳等	1	套	
2	万用表	MF-47、DT9502 或自定	1	台	
3	交流接触器	CJ20-10	2	个	KM1、KM2
4	按钮	LA4-3H	2	组	SB1、SB2
5	主电路熔断器	RL1-15/15(15 A)熔断器,配 15A 熔体	3	个	FU1
6	控制电路熔断器	RL1-15/4(15 A)熔断器,配 4A 熔体	2	个	FU2
7	三相异步电动机	Y 系列 80-4 或自定	1	台	M
8	接线端子	JD0-1015	7	条	XT
9	热继电器	JR20-10L	1	个	FR
10	时间继电器	JS20	1	个	KT
11	主电路导线	BV-1.5 mm^2	若干	m	
12	控制电路导线	BVR-1 mm^2	若干	m	
13	接地线	接地线采用 BVR-1.5 mm^2(黄绿双色)	若干	m	
14	配线板	木质配电板,600 mm×500 mm×20 mm	1	块	

2. 安装接线工艺要求

① 时间继电器结构调整:时间继电器分为通电延时与断电延时两种,只要将固定电磁系统的螺钉松下,将电磁系统转动 180°,结构形式就发生了改变。本电路使用通电延时结构。

② 时间继电器时间整定:调整固定电磁系统的螺钉前后的距离和调节时间调整旋钮,注意箭头的方向。

③ 用万用表确认时间继电器 KT 瞬时触点和延时触点。

④ 电动机的接线端与接线排上出线端的连接:接线时,要保证电动机△联结的正确性,即接触器 KM△主触点闭合时,应保证定子绕组的 U1 与 W2、V1 与 U2、W1 与 V2 相连接。

⑤ KM、KMY、KM△主触点的接线:注意要分清进线端和出线端,如接触器 KMY 的进线必须从三相定子绕组的末端引入,若误将其首端引入,则在 KMY 吸合时,会产生三相电源短路事故。

3. 通电运行前的检查

(1) 主电路检查

万用表打在 R×100 挡,闭合 QF 开关。

① 按下 KM,表笔分别接在 L1 与 U1、L2 与 V1、L3 与 W1,这时表针右偏指零。

② 按下 KMY,表笔分别接在 W2 与 U2、U2 与 V2、V2 与 W2,这时表针右偏指零。

③ 按下 KM△,表笔分别接在 U1 与 W2、V1 与 U2、W1 与 V2,这时表针右偏指零。

(2) 控制电路检查

万用表打在 $R\times100$ 或 $R\times1$ k 挡,表笔分别置于熔断器 FU2 的 1 和 0 位置(测 KM、KMY、KM△、KT 线圈阻值均为 2 kΩ)。

① 按下 SB2,表针右偏指为 1 kΩ 左右(接入线圈 KMY、KT),同时按下 SB2 或者按下 KM△,指针左偏指为∞。

② 按下 KM,指针右偏指为 1 kΩ 左右(接入线圈 KM、KM△),同时按下 SB2,指针左偏指为∞。

4. 通电调试

为保证人身安全,在通电试车时,要认真执行安全操作规程的有关规定,一人监护,一人操作。试车前,应检查与通电试车有关的电气设备是否有不安全的因素存在,若查出,应该立即整改,然后方能试车。

① 电动机必须安放平稳,其金属外壳与按钮盒的金属部分须可靠接地。

② 用 Y-△降压启动控制的电动机,必须有 6 个出线端且定子绕组在△联结时的额定电压等于电源线电压。

③ 接线时要保证电动机△联结的正确性,即接触器 KM△主触点闭合时,应保证定子绕组的 U1 与 W2、V1 与 U2、W1 与 V2 相连接。

④ 接触器 KMY 的进线必须从三相定子绕组的末端引入,若误将其首端引入,则在 KMY 吸合时,会产生三相电源短路事故。

⑤ 控制板外部配线必须按要求一律装在导线通道内,使导线有适当的机械保护,以防止液体、铁屑和灰尘的侵入。在训练时可适当降低标准,但必须以能确保安全为条件,如采用多芯橡皮线或塑料护套软线。

⑥ 通电校验前,要再检查一下熔体规格及时间继电器、热继电器的各整定值是否符合要求。

⑦ 通电校验时,必须有指导教师在现场监护,学生应根据电路的控制要求独立进行校验,若出现故障也应自行排除。

⑧ 安装训练应在规定时间内完成,同时要做到安全操作和文明生产。

5.6.4 任务考评

根据班级人数先分组,然后进行任务实施,实施过程中的考评细节参见表 5-12。

表 5-12 任务考评表

项目	评价指标	自评	互评	自评、互评平均分	总分
工作任务(40 分)	主控电路原理分析(5 分)				
	元件布置是否合理(5 分)				
	走线是否符合工艺规范(5 分)				
	控制电路连接正确性(15 分)				
	通电调试是否成功(10 分)				

续表

项目	评价指标	自评	互评	自评、互评平均分	总分
职业素养（15 分）	工作服整洁、无饰品或硬质件（5 分）				
	正确查阅维修资料和学习材料（5 分）				
	8S 素养（5 分）				
个人思考和总结（5 分）	按照完成任务的安全、质量、时间和 8S 要求，提出个人改进性建议（5 分）				
教师评价（40 分）					

成绩：__________

思考：

根据检查情况，总结出完成任务过程中常会遇到的问题，并分析如何预防这些问题的发生。

5.6.5 课后习题

1. 分析 Y-△降压启动电路的工作原理。
2. 如何利用万用表测试 Y-△降压启动控制电路？
3. Y 联结降压启动和△联结全压运行如何进行联锁保护？

项目 5

任务 5.7 三相异步电动机制动控制电路的安装与调试

知识目标

1. 熟悉电动机制动的种类及应用场合。
2. 能分析半波整流能耗制动控制电路、反接控制电路原理。

技能目标

掌握半波整流能耗制动控制电路、反接控制电路的安装、调试及故障排除。

素养目标

1. 培养自觉遵守安全操作规程的工作习惯。
2. 树立独立工作和团队合作意识。

实施流程

序号	工作内容	教师活动	学生活动
1	布置任务	1. 通过在线平台下发预习任务； 2. 通过在线论坛收集、分析学生疑问； 3. 通过在线平台设置考勤	1. 接受任务，明确任务； 2. 在线学习相关资料，参考教材和课件完成课前预习； 3. 反馈疑问； 4. 完成在线平台签到
2	知识准备	1. 制动分类，以及能耗制动、反接制动的含义； 2. 半波整流能耗制动控制电路、反接制动电路电气原理图、元件布置图、安装接线图	1. 学习制动分类，以及能耗制动、反接制动的含义； 2. 学习半波整流能耗制动控制电路、反接制动电路电气原理图、元件布置图、安装接线图
3	任务实施	1. 教师下发任务单； 2. 督导学生完成	1. 按照任务要求与教师演示过程，学生分组完成任务单； 2. 师生互动，讨论任务实施过程中出现的问题； 3. 完成任务书
4	任务考评	1. 按具体评分细则对学生进行评价； 2. 采用过程性考核方式，根据学生学习全过程的表现，教师给定综合评定分数	按具体评分细则进行自评、互评

5.7.1 任务分析

当三相异步电动机切断电源后，电动机及生产机械的转动部分由于有转动惯性，需要经过较长时间才能停转，这对某些生产机械来说是允许的，如常用的砂轮机、风机等，这种停电后不加强制的停转称为自由停车。但有的生产机械要求迅速停车或准确停车，例如，吊车运送物品时，必须将货物准确停放在空中某一位置，机床更换加工零件时，须要迅速停机，以节省工作时间，实现这些操作功能都要用到制动控制技术。三相异步电动机的制动有机械制动和电气制动两大类，电磁抱闸制动属于机械制动，能耗制动和反接制动属于电气制动，不论哪种制动，电动机的制动转矩方向总是与转动方向相反。三相笼型异步电动机的半波整流能耗制动控制电路是应用较广泛的能耗制动电路之一。

完成本任务首先要学习制动的分类及工作原理，能分析制动控制电路的工作原理，明确电路安装的工艺要求，方可对这个电路进行安装、调试及故障排除。

5.7.2 知识准备

三相异步电动机在正常运转时，其转子是顺着磁场方向转动的，这时候电动机的转矩方向与旋转方向相同。如果电动机转矩与转子方向相反，电动机即可处于制动状态。电气制动是依靠电气方式使电动机产生与旋转方向相反的制动转矩，从而使电动机迅速停转的方法。常用的电气制动方法有两种：能耗制动和反接制动。

1. 半波整流能耗制动控制电路

(1) 能耗制动原理

当电动机脱离三相电源时，立即在两相定子绕组之间接入一个直流电源，如图 5-34(a)所示，直流电流方向如图 5-34(b)所示。直流电流在定子绕组中产生一个固定的磁场[图 5-34(c)]，使旋转着的转子中感应出电动势和电流，从而获得制动转矩，强制转子迅速停转，如图 5-34(d)所示，由于这种制动方法是通过在定子绕组中通入直流电以消耗转子惯性运转的动能来进行制动的，所以称为能耗制动。

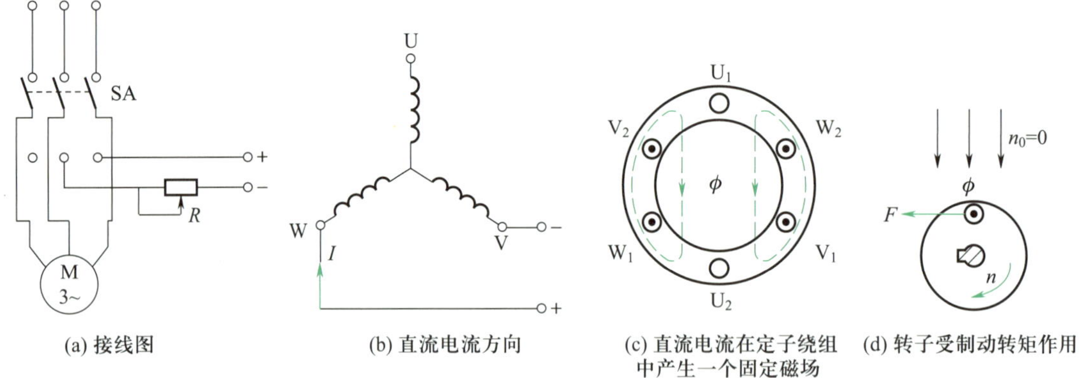

(a) 接线图 (b) 直流电流方向 (c) 直流电流在定子绕组中产生一个固定磁场 (d) 转子受制动转矩作用

图 5-34 能耗制动原理示意图

(2) 半波整流能耗制动控制电路电气原理图识读

半波整流能耗制动控制电路所用设备少、电路简单、成本低，常用于 10 kW 以下小容量电动机，且对制动要求不高的场合。其电气原理图如图 5-35 所示。

具体控制过程如下：

先合上电源开关 QF。

① 启动过程：

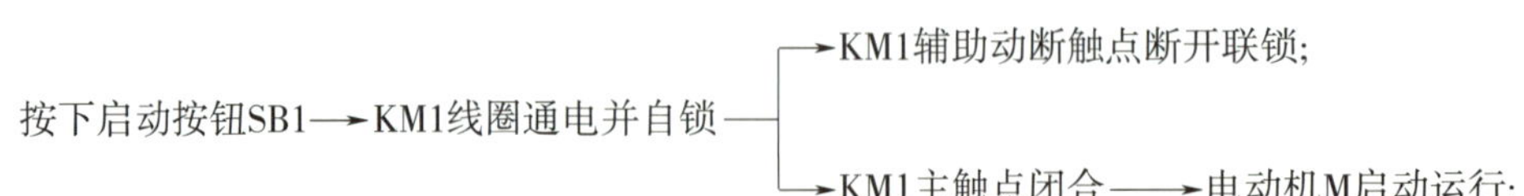

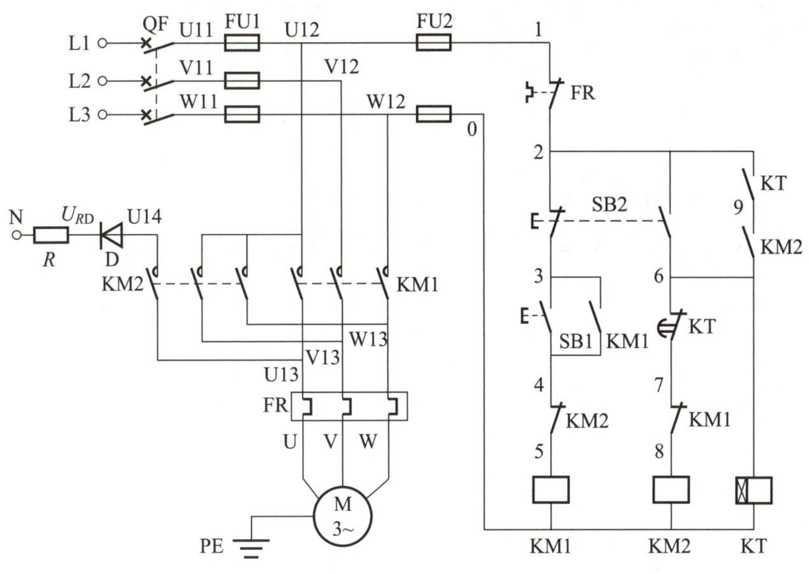

图 5-35 半波整流能耗制动控制电路电气原理图

② 制动停车过程：

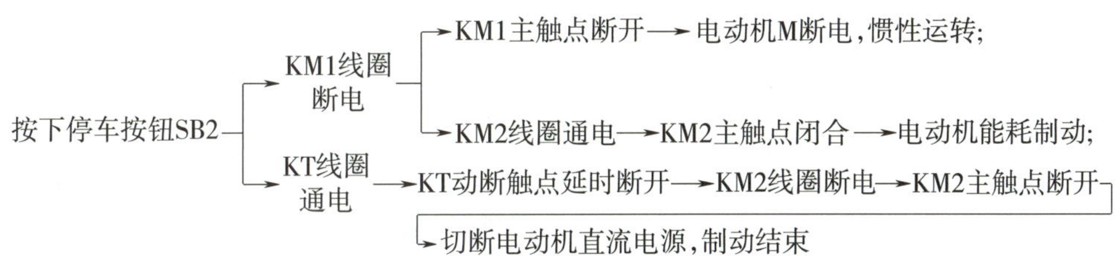

思考：

① 图 5-35 中，D、R 的作用是什么？

② KM2 动合触点上方应串接 KT 瞬动动合触点的目的是什么？

(3) 半波整流能耗制动控制电路安装接线图识读

根据能耗制动控制电路电气原理图绘制出对应的安装接线图，如图 5-36 所示。

2. 反接制动控制电路

(1) 反接制动原理

反接制动原理示意图如图 5-37 所示，如需电动机停车时，可将接到电源的三根端线中的任意两根对调，旋转磁场立即反向旋转，转子中的感应电动势和电流也都反向从而产生制动转矩，使电动机迅速停转。当电动机转速接近于 0 时，应立即切断电源，以免电动机反转，切断电源的任务通常由速度继电器来辅助完成。

(2) 反接制动控制电路电气原理图识读

反接制动控制电路电气原理图如图 5-38 所示，其工作原理如下：

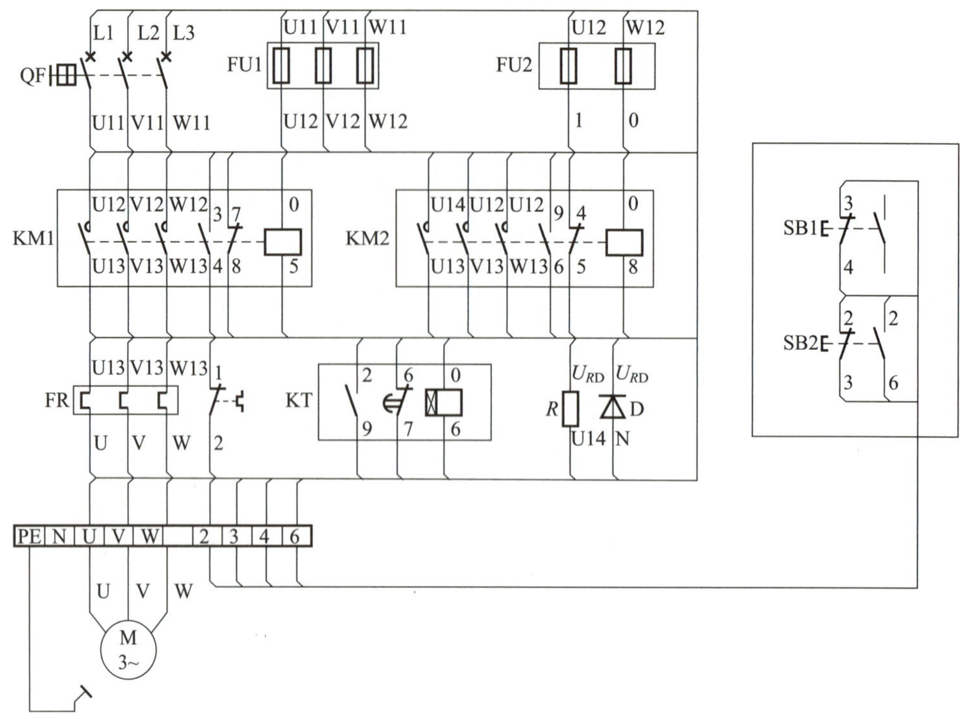

图 5-36 半波整流能耗制动控制电路安装接线图

电动机正常运转时，KM1 通电吸合，KS 的动合触点闭合，为反接制动作准备。按下停止按钮 SB2，KM1 断电，电动机定子绕组脱离三相电源，电动机因惯性仍以很高的速度旋转，KS 动合触点仍保持闭合，将 SB2 按到底，使 SB2 动合触点闭合，KM2 通电并自锁，电动机定子串接电阻接上反相序电源，进入反接制动状态。电动机转速迅速下降，当电动机转速接近 100 r/min时，KS 动合触点复位，KM2 断电，电动机断电，反接制动结束。

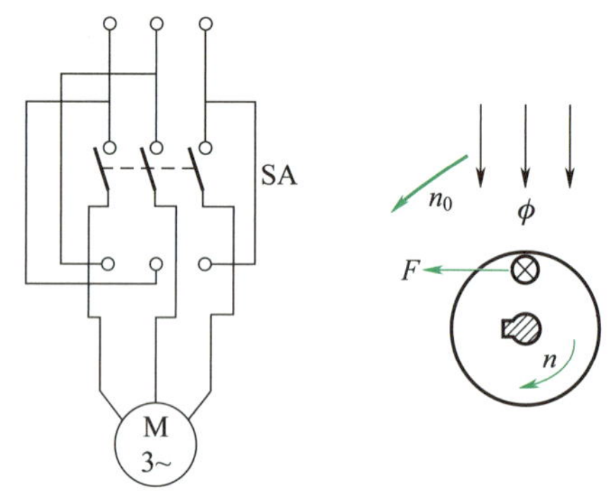

图 5-37 反接制动原理示意图

反接制动控制电路设备简单，制动转矩较大，冲击强烈，准确度不高。

反接制动适用于要求制动迅速、制动不频繁（如各种机床的主轴制动）的场合。容量较大（4.5 kW 以上）的电动机采用反接制动时，须在主回路中串联限流电阻。但是，由于反接制动时，振动和冲击力较大，影响机床的精度，所以使用时受到一定限制。

反接制动的关键是电动机电源相序的改变，且当转速下降接近于 0 时，能自动将反向电源切除，防止反向再启动。

思考：

限流电阻 R 的大小与哪些因素有关？查询资料，写出限流电阻的计算公式。

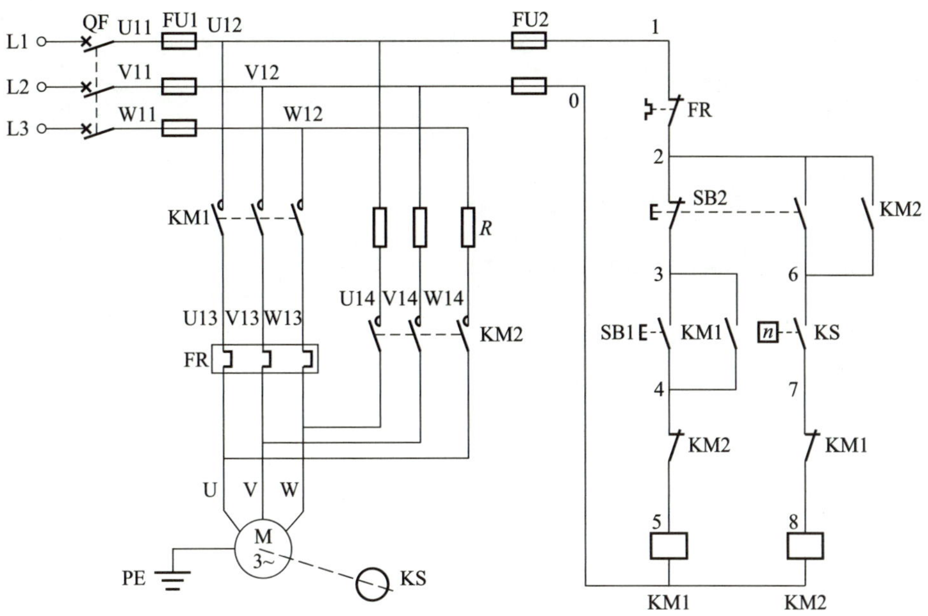

图 5-38 反接制动控制电路电气原理图

(3) 反接制动控制电路安装接线图识读

根据反接制动控制电路电气原理图绘制出对应的安装接线图,如图 5-39 所示。

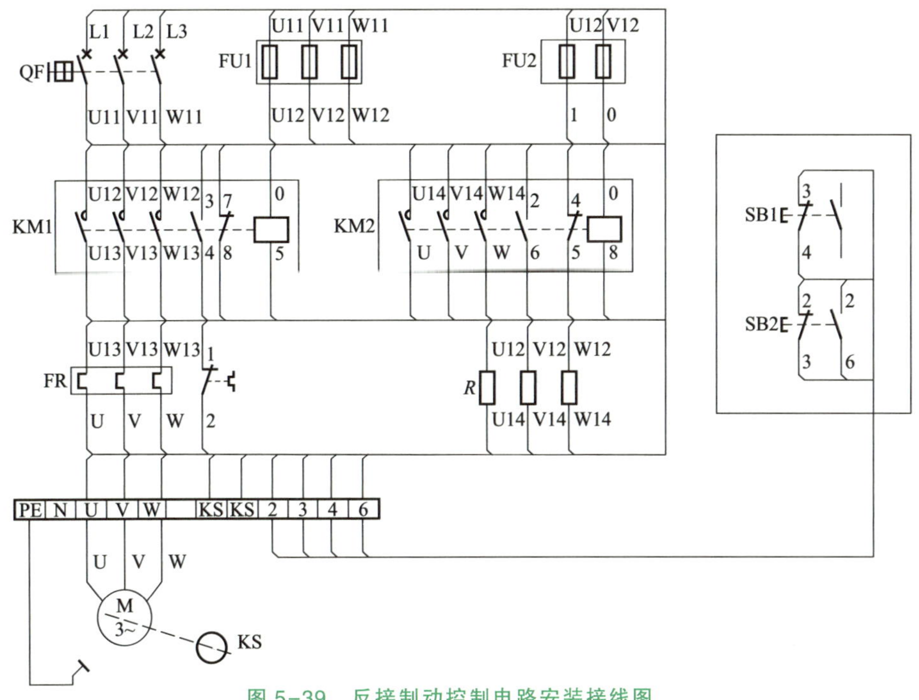

图 5-39 反接制动控制电路安装接线图

5.7.3 任务实施

1. 准备元器件和工具清单

元器件和工具清单见表 5-13。

表 5-13 元器件和工具清单

序号	元器件和工具	型号与规格	数量	单位	备注
1	常用电工工具	验电笔、螺钉旋具(一字和十字)、电工刀、尖嘴钳、钢丝钳、压线钳等	1	套	
2	二极管、制动电阻	RU2 二极管、RX20 系列电阻	1	套	
3	万用表	MF-47、DT9502 或自定	1	台	
4	兆欧笔	ZC25 系列	1	台	
5	低压断路器	DZ47	1	个	QF
6	交流接触器	CJ20-10	2	个	KM1、KM2
7	按钮	LA4-3H	2	组	SB1、SB2
8	主电路熔断器	RL1-15/15(15 A)熔断器,配 15 A 熔体	3	个	FU1
9	控制电路熔断器	RL1-15/15(15 A)熔断器,配 4 A 熔体	2	个	FU2
10	三相异步电动机	Y 系列 80-4 或自定	1	台	M
11	接线端子	JD0-1015	7	条	XT
12	热继电器	JR20-10L	1	个	FR
13	时间继电器	JS20	1	个	KT
14	速度继电器	JY1 系列	1	个	
15	主电路导线	BV-1.5 mm^2	若干	m	
16	控制电路导线	BVR-1 mm^2	若干	m	
17	接地线	接地线采用 BVR-1.5 mm^2(黄绿双色)	若干	m	
18	配线板	木质配电板,600 mm×500 mm×20 mm	1	块	

2. 二极管、制动电阻的选择和安装注意事项

① 单相半波整流能耗制动只适合小功率三相电动机,二极管容量应不小于电动机电流的 5 倍。

② R 阻值小,制动时间快,但要求电阻功率大;R 阻值大,制动时间长。

③ 制动时,二极管和制动电阻会产生热量,安装时要预留相应的散热空间和安全距离。

④ 时间继电器的调整很重要。若不及时断开直流电,电动机不会反转而其绕组会迅速发热甚至烧毁。

3. 速度继电器的选用和安装注意事项

① 速度继电器主要根据电动机的额定转速来匹配。

② 速度继电器金属外壳应可靠接地。

③ 速度继电器的转轴应与电动机同轴连接。

④ 速度继电器安装接线时，正、反向运转时对应的动作触点不能接错，否则不能起到反接制动时接通和断开反向电源的作用。

4. 通电运行前的检查

安装完毕后的控制电路板，必须经过认真检测才允许通电试车。

(1) 检查导线连接的正确性

按电气原理图或安装接线图从电源端开始，逐段核对接线端子处线号是否正确，有无漏接、错接之处。检查导线接点是否符合要求，压接是否牢固。

(2) 使用电工仪表进行检查

使用万用表检测安装好的电路，万用表选择合适挡位并进行电气调零，如果测量结果与正确值不符，应根据电气原理图和安装接线图检查是否有错误接线。

检查无误后，再用兆欧表检查电路的绝缘电阻，绝缘电阻不得小于 0.5 MΩ，在排除其他一切可能的不安全因素后，方可通电试车。

5. 通电试验

① 通电试车时，要严格执行电工安全操作规程，穿戴好劳动防护用品，一人监护、一人操作。

② 通电试车分空载（不接电动机）试车和有载（接电动机）试车两个环节，先进行空载试车。空载试车成功后，再接上电动机进行有载试车，观察电动机的工作状况。

③ 如出现故障后，学生应独立进行检修。若须带电检查时，指导教师必须在现场监护。检修完毕后，须再次进行试车，指导教师也应该在现场监护，并做好记录。

④ 通电试验完毕，切断电源，验电，在确保断电情况下拆除电源连接线。

⑤ 拆除所接电路及元器件，做到工完场清，整理并归还器材。

5.7.4 任务考评

根据班级人数先分组，然后进行任务实施，实施过程中的考评细节参见表 5-14。

表 5-14 任务考评表

项目	评价指标	自评	互评	自评、互评平均分	总分
工作任务（40 分）	导线是否有交叉（5 分）				
	布局是否合理（5 分）				
	控制电路连接正确性（15 分）				
	通电是否成功（15 分）				
职业素养（15 分）	工作服整洁、无饰品或硬质件（5 分）				
	正确查阅维修资料和学习材料（5 分）				
	8S 素养（5 分）				

续表

项目	评价指标	自评	互评	自评、互评平均分	总分
个人思考和总结(5 分)	按照完成任务的安全、质量、时间和 8S 要求,提出个人改进性建议(5 分)				
教师评价(40 分)					

成绩:__________

5.7.5 课后习题

1. 简要说明反接制动的制动原理和应用范围。

2. 图 5-35 中,若接通电源后,按下 SB2,KT 通电,KM2 不通电,试分析故障原因,确定故障范围,并简述检修流程。

3. 图 5-35 中,若接通电源后,按下 SB2,KT、KM2 正常通电,但电动机无制动,试分析故障原因,确定故障范围,并简述检修流程。

4. 图 5-38 中,若接通电源后,按下 SB2,KM2 不通电,试分析故障原因,确定故障范围,并简述检修流程。

5. 图 5-38 中,若接通电源后,按下 SB2,KM2 正常通电,但电动机无制动,试分析故障原因,确定故障范围,并简述检修流程。

任务 5.8 低压电气控制电路的设计与调试

知识目标

1. 掌握电动机的控制方式、保护方式。
2. 掌握元器件选型。

技能目标

1. 能设计与调试低压电气控制电路。
2. 能对低压电气控制电路进行运行检查。

3. 能使用电工工具和仪表。

素养目标

1. 能查阅相关资料。
2. 养成自觉遵守安全操作规程的工作习惯。
3. 树立既善于独立思考,又注重团队协作的意识。

实施流程

序号	工作内容	教师活动	学生活动
1	布置任务	1. 通过在线平台下发预习任务; 2. 通过在线论坛收集、分析学生疑问; 3. 通过在线平台设置考勤	1. 接受任务,明确任务; 2. 在线学习相关资料,参考教材和课件完成课前预习; 3. 反馈疑问; 4. 完成在线平台签到
2	知识准备	1. 电动机的控制方式、保护,电气控制电路设计的原则、步骤及方法和一般要求; 2. 电路设计	1. 学习电动机的控制方式、保护,电气控制电路设计的原则、步骤及方法和一般要求; 2. 学习主电路、控制电路设计,以及低压电器的选择
3	任务实施	1. 教师下发任务单; 2. 督导学生完成	1. 按照任务要求与教师演示过程,学生分组完成任务单; 2. 师生互动,讨论任务实施过程中出现的问题; 3. 完成任务书
4	任务考评	1. 按具体评分细则对学生进行评价; 2. 采用过程性考核方式,根据学生学习全过程的表现,教师给定综合评定分数	按具体评分细则进行自评、互评

5.8.1 任务分析

某机床需要两台电动机拖动,根据该机床的特点,要求:两地控制,一台电动机(M1)需要正反转控制,另一台电动机(M2)只需要单向控制,并且在 M1 启动 15 s 后,M2 才能启动;停车逆序停止;两台电动机都具有短路保护、过载保护、失电压保护和欠电压保护。其中:

M1:Y132M-6,380 V,7.5 kW,△联结。

M2:Y112M-4,380 V,3 kW,Y 联结。

设计电气控制电路时,首先要掌握常用控制电路的基本方案,分析所设计机械设备的电气控制要求和保护要求,通过技术分析,选择合理和最佳的控制方案,力求简单合理、工作可靠、维修方便,符合使用的安全性,贯彻最新的国家标准,设计出电气控制电路后,再根据电动机的功率选择元器件的型号和规格,列出明细表,进行采购,然后才可进行安装与调试,以实现控制要求。

5.8.2 知识准备

1. 电动机的控制方式

前面介绍了电动机的各种基本电气控制电路，而生产机械的电气控制电路都是在这些控制电路的基础上，根据生产控制过程的控制要求而设计的，而生产工艺过程必然伴随着一些物理量的变化，并根据这些量的变化对电动机实现自动控制。对电动机控制的一般方式，归纳起来，有以下几种：行程控制方式、时间控制方式、速度控制方式和电流控制方式。

(1) 行程控制方式

根据生产机械运动部件的行程或位置，利用位置开关来控制电动机的工作状态，称为行程控制方式。行程控制方式是机械电气自动化中应用较多和工作原理较简单的一种方式。如位置控制电路和自动循环控制电路都是按行程方式来控制的。

(2) 时间控制方式

利用时间继电器按一定时间间隔来控制电动机的工作状态，称为时间控制方式。如在电动机的降压启动、制动及变速过程中，利用时间继电器按一定时间间隔改变电路的接线方式，来自动完成电动机的各种控制要求。

(3) 速度控制方式

根据电动机主回路电流的大小，利用速度继电器来控制电动机的工作状态，称为速度控制方式。反应速度变化的电器有多种，直接测量速度的电器有速度继电器和小型测速发电机；间接测量电动机速度的电器，对于直流电动机，用其感生电动势来反映，通过电压继电器来控制。如反接制动控制电路中制动结束的控制就是利用速度控制方式来实现的。

(4) 电流控制方式

根据电动机主回路电流的大小，利用过电流继电器来控制电动机的工作状态，称为电流控制方式。如机床横梁夹紧机构的自动控制电路就是按行程控制方式和电流控制方式来控制的。

控制方式需要根据设计要求来选择。例如，在控制过程中，由于工作条件不允许放置行程开关，那么只能将位置控制的物理量转换成时间的物理量，从而采用时间控制方式。又如，某些压力、切削力、转矩等物理量，通过转换可变成电流物理量，就可采用电流控制方式来控制这些物理量。因此，尽管实际情况有所不同，只要通过物理量的相互转换，便可灵活地使用各种控制方式。

在实际生产中，反接制动控制中不允许采用时间控制方式，而能耗制动控制中可以采用时间控制方式；一般对组合机床和自动生产线等的自动工作循环，为了保证加工精度，常采用行程控制方式；对于反接制动和速度反馈环节，采用速度控制方式；对 Y-△ 降压启动或多速电动机的变速控制，则采用时间控制方式；对过载保护、过电流保护等环节，则采用电流控制方式。

2. 电动机的保护

在电动机运行的过程中，除按生产机械的工艺要求完成各种正常运转外，还必须在电路出现短路、过载、过电流、欠电压、失电压及失磁等现象时，能自动切断电源使电动机停转，以防止和避免电气设备和机械设备损坏，保证操作人员的人身安全。为此，在生产机械的电气控制电路中,采取了针对电动机的各种保护措施。常用的电动机保护有短路保护、过载保护、过电流保护、欠电压保护、失电压保护及失磁保护等。

(1) 短路保护

当电动机绕组和导线的绝缘损坏、控制电器及电路损坏而发生故障时,电路将出短路现象(产生很大的短路电流),使电动机、电器、导线等电气设备严重损坏。因此,在发生短路故障时,保护电器必须立即动作,迅速将电源切断。

常用的短路保护电器是熔断器和断路器。熔断器的熔体与被保护的电路串联,当电路正常工作时,熔断器的熔体不起作用,相当于一根导线,其上面的电压降很小,可忽略不计。当电路短路时,很大的短路电流流过熔体,使熔体立即熔断,切断电动机电源,电动机停转。同样,若电路中接入断路器,当出现短路时,断路器会立即动作,切断电源使电动机停转。

(2) 过载保护

当电动机负载过大,启动操作频繁或断相运行时,会使电动机的工作电流长时间超过其额定电流,电动机绕组过热,温升超过其允许值,导致电动机的绝缘材料变脆,寿命缩短,严重时会使电动机损坏。因此,当电动机过载时,保护电器应动作切断电源,电动机停转,避免电动机在过载下运行。

常用的过载保护电器是热继电器。当电动机的工作电流等于额定电流时,热继电器不动作,电动机正常工作;当电动机短时过载或过载电流较小时,热继电器不动作,或经过较长时间才动作;当电动机过载电流较大时,串接在主电路中的热元件会在较短时间内发热弯曲,使串接在控制电路中的动断触点断开,先后切断控制电路和主电路的电源,使电动机停转。

(3) 过电流保护

为了限制电动机的启动或制动电流,在直流电动机的电枢绕组中或在交流绕线转子异步电动机的转子绕组中须要串入附加的限流电阻。如果在启动或制动时,附加电阻被短接,将会造成很大的启动或制动电流,使电动机或机械设备损坏。因此,对直流电动机或交流绕线转子异步电动机常常采用过电流保护。

过电流保护常用电磁式过电流继电器来实现。当电动机过电流值达到电流继电器的动作值时,过电流继电器动作,使串接在控制电路中的动断触点断开切断控制电路,电动机随之脱离电源停转,达到了过电流保护的目的。

(4) 欠电压保护

当电网电压降低时,电动机便在欠电压下运行。由于电动机载荷没有改变,所以欠电压下电动机转速下降,定子绕组中的电流增加。因为电流增加的幅度尚不足以使熔断器和热继电器动作,所以这两种电器起不到保护作用。如不采取保护措施,时间一长将会使电动机过热损坏,另外,将引起一些电器释放,使电路不能正常工作,也可能导致人身伤害和设备损坏事故。因此,应避免电动机在欠电压下运行。

实现欠电压保护的电器是接触器和电磁式电压继电器。在机床电气控制电路中,只有少数电路专门装设了电磁式电压继电器起欠电压保护作用;而大多数控制电路,由于接触器已兼有欠电压保护功能,所以不必再加设欠电压保护电器。一般当电网电压降低到额定电压的 85%以下时,接触器(或电压继电器)线圈产生的电磁吸力减小到小于复位弹簧的拉力,动铁芯被迫释放,其主触点和自锁触点同时断开,切断主电路和控制电路电源,使电动机停转。

(5) 失电压保护(零电压保护)

生产机械在工作时,由于某种原因而发生电网突然停电,这时电源电压下降为0,电动机停转,生产机械的运动部件也随之停止运转。一般情况下,操作人员不可能及时拉开电源开关,如不采取措施,当电源电压恢复正常时,电动机便会自行启动运转,可能造成人身伤害和设备损坏事故,并引起电网过电流和瞬间网络电压下降。因此,必须采取失电压保护措施。

在电气控制电路中,起失电压保护作用的电器是接触器和中间继电器。当电网停电时,接触器和中间继电器线圈中的电流消失,电磁吸力减小为0,动铁芯释放,触点复位,切断了主电路和控制电路电源。当电网恢复供电时,若不重新按下启动按钮,则电动机就不会自行启动,实现了失电压保护。

(6) 失磁保护

直流电动机必须在磁场有一定强度下才能启动正常运转。若在启动时,电动机的励磁电流太小,产生的磁场太弱,将会使电动机的启动电流很大;若电动机在正常运转过程中,磁场突然减弱或消失,电动机的转速将会迅速升高,甚至发生“飞车”。因此,在直流电动机的电气控制电路中要采取失磁保护。失磁保护是在电动机励磁回路中串入失磁继电器(即欠电流继电器)来实现的。在电动机启动运行过程中,当励磁电流值达到失磁继电器的动作值时,欠电流继电器就吸合,使串接在控制电路中的动合触点闭合,允许电动机启动或维持正常运转;当励磁电流减小或消失时,失磁继电器就释放,其动合触点断开,切断控制电路,接触器线圈断电,电动机断电停转。

3. 电气控制电路设计的原则、步骤及方法

(1) 设计原则

① 电气设备应最大限度地满足机械设备对电气控制电路的控制要求和保护要求。

② 在满足生产工艺要求的前提下,应力求使控制电路简单、经济、合理。

③ 保证控制的可靠性和安全性。

④ 操作和维修方便。

(2) 设计步骤

① 分析设计要求。

② 确定拖动方案和控制方式。

③ 设计主电路。

④ 设计控制电路。

⑤ 将主电路与控制电路合并成一个整体。

⑥ 检查与完善。

(3) 设计方法

设计电气控制电路是在拖动方案和控制方式确定后进行的。继电器接触式基本控制电路的设计方法通常有两种:一种是经验设计法,另一种是逻辑设计法。

经验设计法是根据生产工艺要求与工艺过程,将现已成型的典型基本控制电路组合起来,并加以补充修改,综合成所需的控制电路。这种设计方法比较简单,但是要求设计者必须熟悉大量的基本控制电路,同时又要掌握一定的设计方法和技巧。在设计过程中往往还要经过多次反复修改,

才能使电路符合设计要求。这种设计方法灵活性比较大,初步设计时,设计出来的功能不一定完善,此时要加以比较分析,根据生产工艺要求逐步完善,并加以适当的联锁和保护环节。经验设计法的设计顺序为:主电路→控制电路→信号及照明电路→联锁与保护电路→总体检查与完善,最后再根据实际需要选择所用电器的型号与规格。

逻辑设计法是根据生产工艺要求,利用逻辑代数来分析、设计电路。这种设计方法虽然设计出来的电路比较合理,但是掌握这种方法的难度比较大,一般情况下不用,只是在完成具有较复杂生产工艺要求的所需的控制电路时才使用。

4. 电气控制电路设计的一般要求

(1) 合理选择控制电源

当控制电器较少,控制电路较简单时,控制电路可直接使用主电路电源,如 380 V 或 220 V 电源。当控制电器较多,控制电路较复杂时,通常采用控制变压器,将控制电压降低到 220 V 或 110 V 及以下。对于要求吸力稳定又操作频繁的直流电磁器件,如液压阀中的电磁铁,必须采用相应的直流控制电源。

(2) 正确连接电器的线圈

在交流控制电路的一条支路中不能串联两个电器的线圈,如图 5-40(a)所示,即使外加电压是两个线圈额定电压之和,也是不允许的。因为每个线圈上所分配到的电压与线圈阻抗成正比,两个电器需要同时动作时,其线圈应该并接,如图 5-40(b)所示。

(3) 正确使用触点

应尽量避免采用许多电器依次动作后才能接通另一个电器的控制电路如图 5-41(a)、(b)所示,中间继电器 KA1 得电动作后,KA2 才动作,而后 KA3 才能得电动作,KA3 的得电动作要通过 KA1 和 KA2 两个电器的动作。若换接成图 5-41(c)所示电路,KA3 的动作只需 KA1 电器动作,故工作可靠。

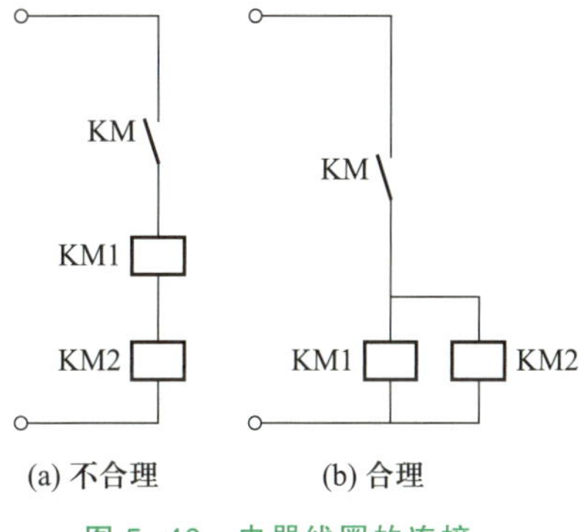

图 5-40 电器线圈的连接

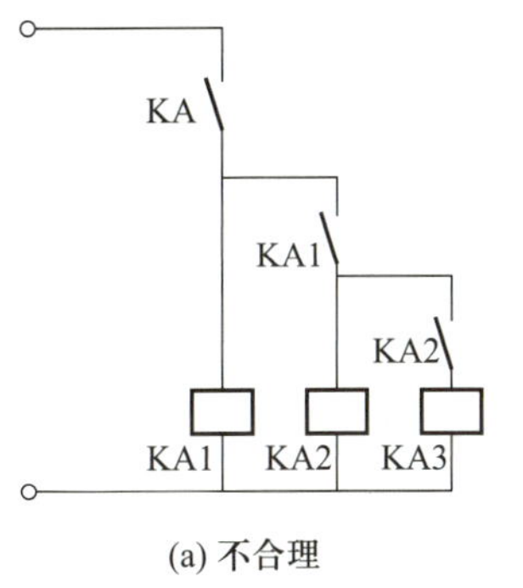

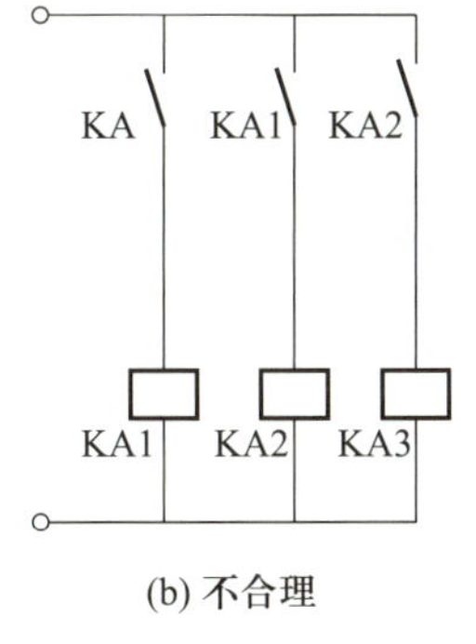

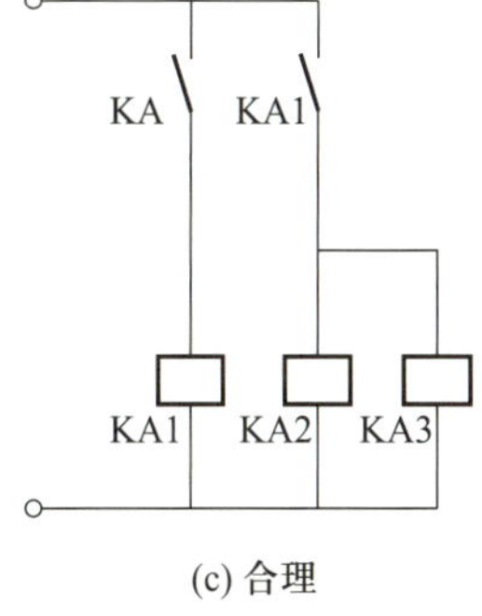

图 5-41 触点的使用

5.8.3 任务实施

本任务设计要求是具有两地控制、正反转控制、顺序启动和逆序停止,并且具有短路保护、过载保护、失电压保护和欠电压保护,无调速控制要求和制动控制要求。通过分析设计要求,本任务的电气控制电路设计属于基本控制电路的组合。

1. 设计主电路

根据本任务的设计要求,主电动机 M1 需要正反转控制,故选择接触器控制的正反转电路,顺序启动、逆序停止的控制要求放在控制电路中实现,主电路中 M1、M2 的短路保护由 FU1 实现,M1、M2 的过载保护分别由 FR1、FR2 实现,欠电压和失电压保护由接触器 KM1、KM2 和 KM3 来分别实现,本任务要求 M1 启动 15 s 后,M2 才能启动,所以采用时间继电器来实现时间控制。设计的主电路如图 5-42 所示。

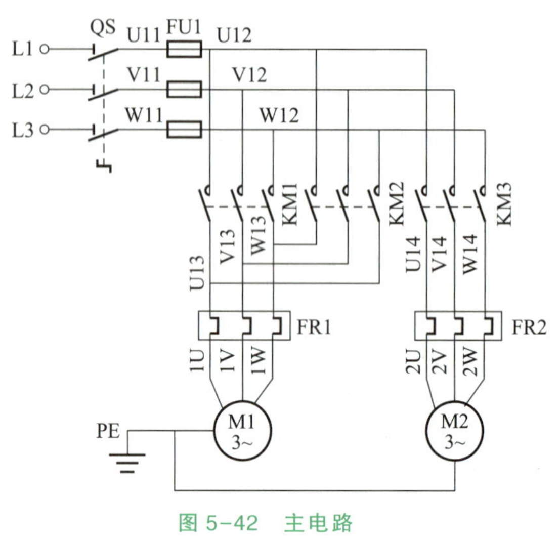

图 5-42 主电路

2. 设计控制电路

对主电动机采用双重联锁接触器联锁正反转控制;对顺序控制采取通电延时时间继电器进行控制;对于逆序停止采用将 KM3 的动合辅助触点与停止按钮 SB1 并联的形式来实施;由于需要 KM3 的三个辅助触点,可采用加装中间继电器给予解决,具体控制电路如图 5-43所示。

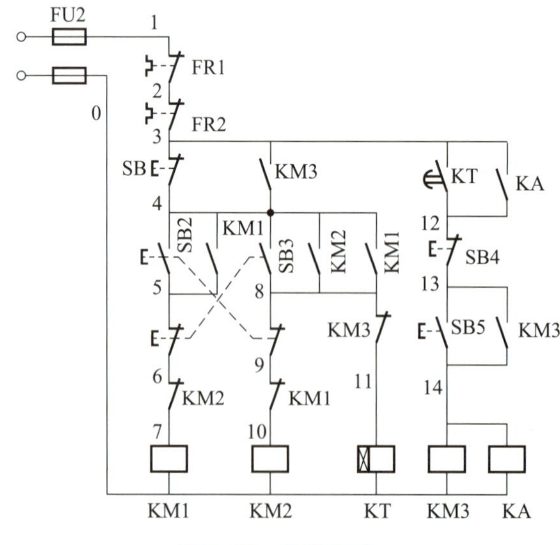

图 5-43 控制电路

3. 合并主电路与控制电路

将主电路与控制电路合并成一个整体,如图 5-44 所示。

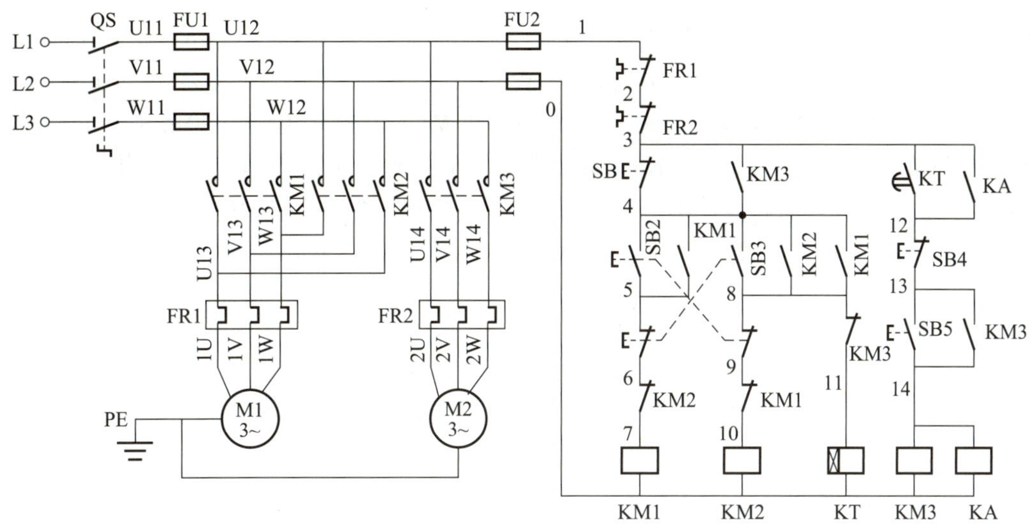

图 5-44 电路图

4. 检查与完善

控制电路初步设计完成后,可能还有不合理、不可靠、不安全的地方,应当根据经验和控制要求对电路进行认真仔细的校核,以保证电路的正确性和实用性。

5. 选择元器件

元器件选择明细表见表 5-15。

表 5-15 元器件和工具清单

序号	元器件和工具	型号与规格	数量	单位	备注
1	电动机	Y132M-6	1	台	驱动
2	电动机	Y112M-4	1	台	驱动
3	组合开关	HZ10-60/3	1	台	电源总开关
4	熔断器	RL1-60/40	3	个	主电路短路保护
5	熔断器	RL1-15/4	2	个	控制电路短路保护
6	交流接触器	CJ10-20/3	1	个	控制 M1 正反转
7	交流接触器	CJ10-10/3	1	个	控制 M2
8	热继电器	JR16-20/3D	1	个	M1 过载保护
9	热继电器	JR16-20/3	1	台	M2 过载保护
10	时间继电器	ST3PA	1	个	控制时间
11	中间继电器	JZ1-44	1	个	增加触点
12	按钮	LA4-3H	1	组	M1 正反转、停操作
13	按钮	LA4-3H	1	组	M2 启动、停止操作

项目 5

元器件选择依据说明如下：

① 本任务主要考虑电动机 M1 和 M2 的启动电流，QS 选择三级转换开关（组合开关）作为电源开关。M1 电动机的额定电流为 7.5 A×2 = 15 A，M2 电动机的额定电流为 3 A×2 = 6 A，根据组合开关的选择原则，其额定电流应不小于 15 A×（1.5～2.5）+6 A = 36 A（取系数为 2），可选 HZ10-60/3 型，额定电流为 60 A.

② 根据电动机 M1 和 M2 的额定电流，电动机 M1 选择额定电流为 20 A 的热继电器，其整定电流为 M1 的额定电流，选择 15 A 的整定电流，其调节范围为 10～16 A，由于电动机采用 Y 联结，应选择带断相保护的热继电器。因此，可选用型号为 JR16-20/3D。电动机 M2 选择额定电流为 20 A 的热继电器，其整定电流为 M2 的额定电流，选择 6 A 的整定电流，其调节范围为 4.5～7.2 A，由于电动机采用 Y 联结，应选普通的热继电器。因此，可选用型号为 JR16-20/3。

③ 由于电动机 M1 功率为 7.5 kW，因此，KM1、KM2 可选择 CJ10-20/3 的交流接触器，主触点的额定电流为 20 A，线圈电压为 380 V；电动机 M2 的功率为 3 kW，则 KM3 选择 CJ10-10/3的交流接触器，主触点的额定电流为 10 A，线圈电压为 380 V，中间继电器 KA 选用 JZ7 系列，其线圈电压也为 380 V。

④ 根据设计要求，熔断器 FU1 对 M1 和 M2 进行总短路保护，根据 M1 和 M2 的额定电流，其熔体的额定电流应不小于 15 A×（1.5～2.5）+6 A = 36 A（取系数为 2），选用 RL1-60 型熔断器，配用额定电流为 40 A 的熔体。FU2 对控制电路进行短路保护，选用 RL1-15 型熔断器，配用额定电流为 4 A 的熔体。

⑤ 三个启动按钮选用绿色或黑色，两个停止按钮选用红色 LA4-3H 型按钮。

⑥ 本任务要求延时 60 s，故选用通电延时的 ST3PA 型晶体管时间继电器。

⑦ 因主电路最大电流可达 21 A，又采用槽板走线，所以，主电路导线可选择 BVR-4 mm^2，控制电路电流较小，可选 BVR-1 mm^2 导线，按钮选 BVR-0.75 mm^2 导线。

⑧ 根据电路图，画出元件布置图。

⑨ 安装控制电路，并进行安装调试。

5.8.4 任务考评

根据班级人数先分组，然后进行任务实施，实施过程中的考评细节参见表 5-16。

表 5-16 任务考评表

项目	评价指标	自评	互评	自评、互评平均分	总分
工作任务（40 分）	导线是否有交叉（5 分）				
	布局是否合理（5 分）				
	设计电路是否正确性（15 分）				
	通电是否成功（15 分）				
职业素养（15 分）	工作服整洁、无饰品或硬质件（5 分）				
	正确查阅维修资料和学习材料（5 分）				
	8S 素养（5 分）				

续表

项目	评价指标	自评	互评	自评、互评平均分	总分
个人反思和总结（5 分）	按照完成任务的安全、质量、时间和 8S 要求，提出个人改进性建议（5 分）				
教师评价（40 分）					

成绩：________

5.8.5 课后习题

1. 电动机的控制方式有哪些？请简要介绍。
2. 电动机的保护有哪些？
3. 电气控制电路的设计原则有哪些？
4. 电气控制电路一般有什么样的设计要求？
5. 常用元器件的选择应该遵循什么原则？

项目6　CA6150型卧式车床电气控制电路的检修

项目引导

节约用电，环保意识

在CA6150型卧式车床电气控制电路的检修过程中，不仅要注重提升专业技能，还要秉持节约用电、节能减排、资源循环利用等环保理念，培养社会责任感和环保素养。

在进行电气控制电路的检修时，要求严格按照操作流程和注意事项进行，快速准确地找到并解决问题，以减少机床的非工作状态时间，从而降低电能消耗。在学习车床的操作方法和注意事项时，强调合理调整主轴转速、进给速度等参数，以适应不同的加工需求，避免不必要的能源浪费。

本项目包含2个任务，分别是认识CA6150型卧式车床、CA6150型卧式车床的检修。在车床电气控制电路的检修过程中，学会合理分类和处理废旧电气元器件、导线等废弃物，避免对环境造成污染，鼓励采用环保材料进行电路的改造和升级，如使用回收性好的材料。

作为一名自动化类专业的学生，需要在学习期间学会CA6150型卧式车床电气控制电路的检修，才能在实际应用中保证电路正常运行；作为一名未来的电气技术工作者，要能够根据现有知识和技能，尽快适应电工职业的要求。

任务 6.1

认识 CA6150 型卧式车床

知识目标

1. 了解 CA6150 型卧式车床的结构、运动形式及电气控制要求。
2. 会分析 CA6150 型卧式车床电气控制电路的工作原理。

技能目标

1. 能识别 CA6150 型卧式车床的电气元件。
2. 能熟练操作 CA6150 型平面磨床。
3. 能进行故障的排除。

素养目标

1. 培养自觉遵守安全操作规程的工作习惯。
2. 树立既善于独立思考,又注重团队协作的意识。

实施流程

序号	工作内容	教师活动	学生活动
1	布置任务	1. 通过在线平台下发预习任务; 2. 通过在线论坛收集、分析学生疑问; 3. 通过在线平台设置考勤	1. 接受任务,明确任务; 2. 在线学习相关资料,参考教材和课件完成课前预习; 3. 反馈疑问; 4. 完成在线平台签到
2	知识准备	1. CA6150 型卧式车床的结构、运动形式及电气控制要求; 2. CA6150 型卧式车床电气控制电路的工作原理	1. 学习 CA6150 型卧式车床的结构、运动形式及电气控制要求; 2. 学习 CA6150 型卧式车床电气控制电路的工作原理

续表

序号	工作内容	教师活动	学生活动
3	任务实施	1. 教师下发任务单； 2. 督导学生完成	1. 按照任务要求与教师演示过程，学生分组完成任务单； 2. 师生互动，讨论任务实施过程中出现的问题； 3. 完成任务书
4	任务考评	1. 按具体评分细则对学生进行评价； 2. 采用过程性考核方式，根据学生学习全过程的表现，教师给定综合评定分数	按具体评分细则进行自评、互评

6.1.1 任务分析

车床是一种应用极为广泛的金属切削机床，可用于车削内圆、外圆、端面、螺纹、螺杆及成形表面，并可以在尾座上安装钻头或铰刀进行钻孔或铰孔等加工。作为机床维修人员，要能快速、准确地分析、检测和排除 CA6150 型卧式车床的电气故障。

6.1.2 知识准备

1. CA6150 型卧式车床的型号规格

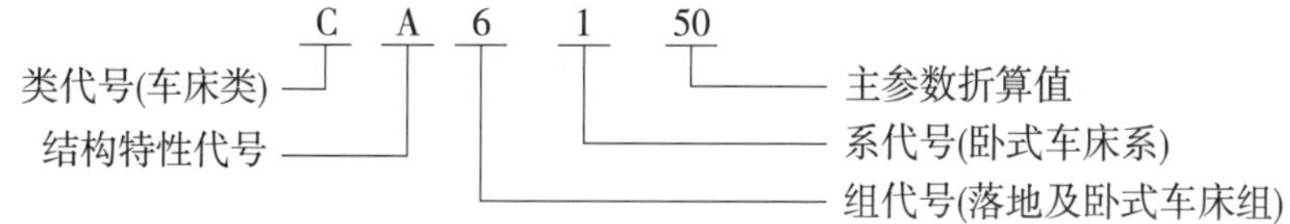

2. CA6150 型卧式车床的主要结构

CA6150 型卧式车床外形图如图 6-1 所示，主要由床身、主轴变速箱、挂轮箱、进给箱、溜板箱、溜板与刀架、尾架、光杠和丝杠等部件组成。

3. CA6150 型卧式车床的运动形式

CA6150 型卧式车床的运动形式主要分为三类：主运动、进给运动、辅助运动。

车床主运动为工件的旋转运动，是主轴通过卡盘带动工作旋转，承受车削加工时的主要切削功率。一般不要求反转，但在加工螺纹时，为避免乱扣，需要反转退刀，所以要求主轴能正反转。主轴正反转是电气和机械配合实现的。

车床进给运动是溜板带动刀架的纵向和横向直线运动，其运动方式有手动和机动两种。车床溜板箱与主轴变速箱之间通过齿轮传动来连接，且主轴运动和进给运动由同一台电动机拖动。

车床辅助运动有刀架的快速移动及工件的夹紧与放松。

4. CA6150 型卧式车床的电气控制要求

主轴的正反转通过电动机正反转予以实现，未采用传统的机械齿轮箱进行正反转，这样大大缩小了设备体积和质量，同时也降低了机械部分的故障率，但同时也对电气回路提出了更高的要求。

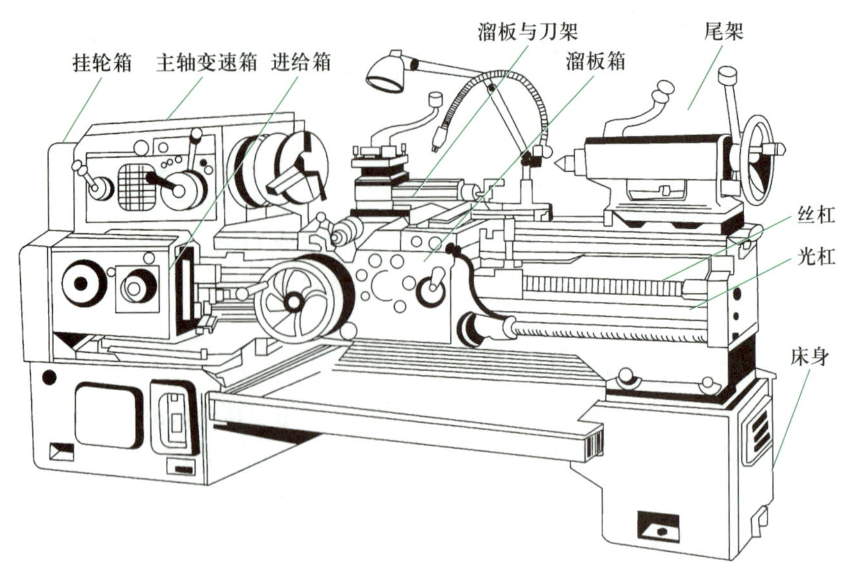

图 6-1 CA6150 型卧式车床外形图

主轴电动机的制动采用了电气反接制动形式，速度继电器为该功能提供必要的速度信号。

接触器之间有联锁保护，确保接触器不会同时闭合，引发短路故障。

控制回路与主回路之间用控制变压器进行电气隔离，提高设备安全性。

模拟设备的电动机功率均按照比例进行减小，不易产生过载，提高安全性，同时也保证设备可以长期稳定运行，但因此会缩减排除故障中的过载故障，也造成电动机过载后，热继电器难以动作。

5. CA6150 型卧式车床电气控制电路工作原理

CA6150 型卧式车床电气控制电路如图 6-2 所示。

（1）主电路分析

CA6150 型卧式车床主电路中，4 台三相异步电动机的工作电源及电源变压器一次输入电源由断路器 QF1 控制，并兼有短路、过载保护作用。熔断器 FU1 为 M3、M4 的分级短路保护。

① 主轴电动机 M1 由接触器 KM1、KM2 控制正反转运行。

② 润滑油泵电动机 M2 由断路器 QF2 控制单向运行，并对其实现短路、过载保护。

③ 冷却液电动机 M3 由接触器 KM3 控制单向运行，热继电器 FR 提供过载保护。

④ 快速移动电动机 M4 由凸轮开关 SA1 控制正反转运行。

（2）控制电路分析

① 主轴正反转控制前的准备如下：闭合电源开关 QF1，通电信号指示灯 HL 亮，主轴电磁抱闸制动器 YB 得电。闭合润滑油泵控制开关 QF2，以确保在车床运行前齿轮箱润滑系统先运行，车床控制电路中设有 QF2 动合触点（5—6），起到顺序控制作用。

主轴正反转控制过程中，主轴电动机 M1 的转向变换是由主令开关 SA2 来实现，而主轴的转向与主轴电动机 M1 的转向无关，主轴的转向取决于操作手柄和相对应的位置开关 SQ3、SQ4、SQ5、SQ6 的触点状态及继电器、电磁离合器所产生的相应动作。

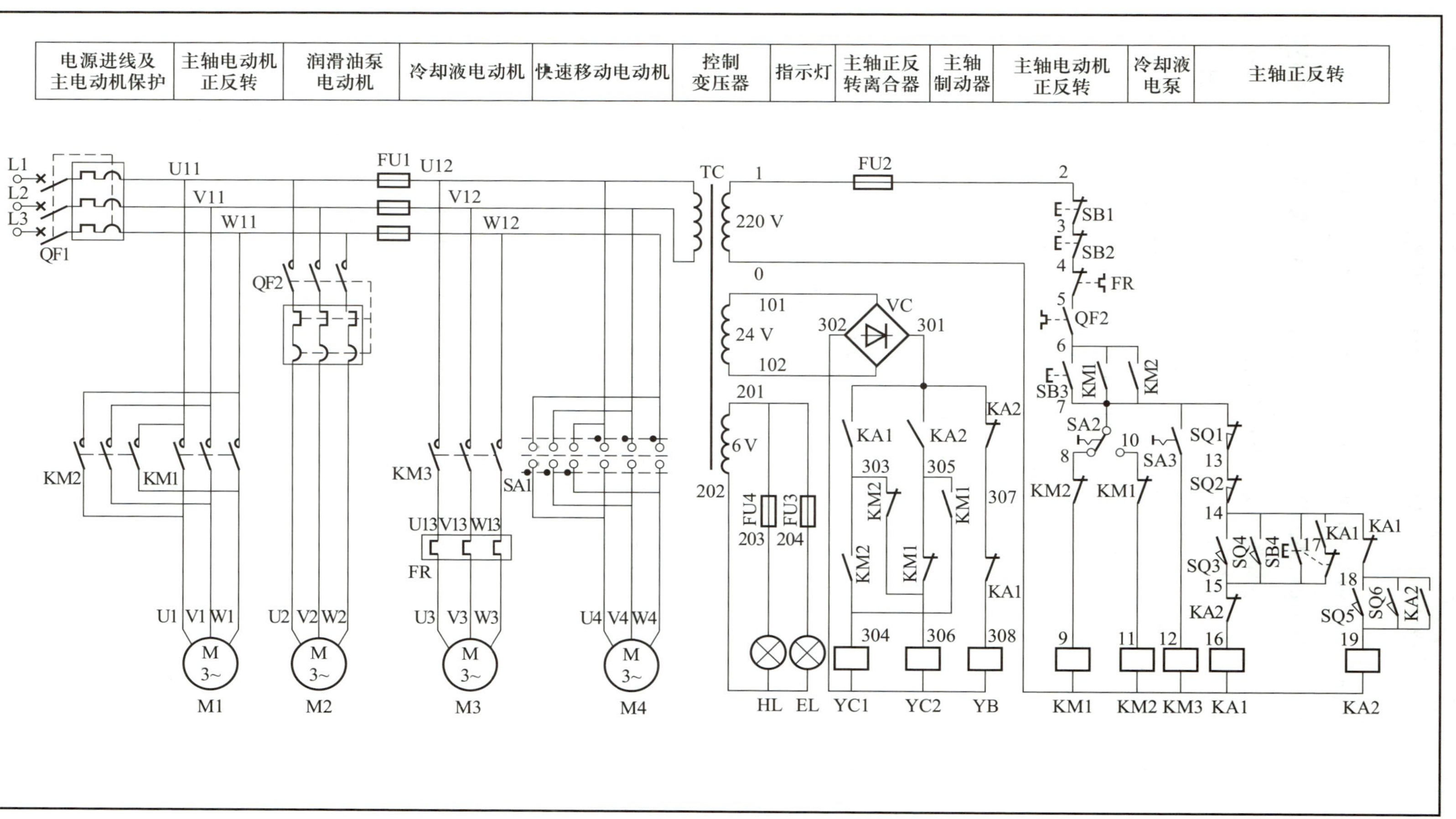

图6-2 CA6150型卧式车床电气控制电路

控制过程如下：

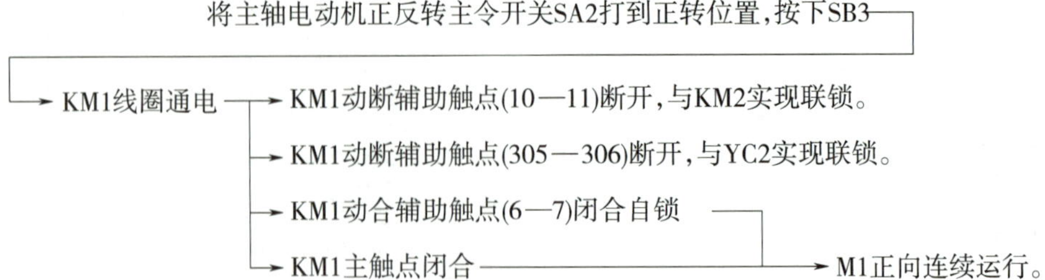

主轴电动机 M1 启动并正向运行，此时电磁离合器 YC1、YC2 的线圈未通电，与主轴电动机处于脱开状态，主轴与主轴电动机无机械联系，主轴不转动。

操作走刀箱或溜板箱操作手柄 SQ3、SQ5 或 SQ4、SQ6，使 YC1、YC2 的线圈通过中间继电器 KA1 或 KA2 的动作而通电，主轴与主轴电动机建立机械联系，实现主轴的定向运行。

具体控制过程如下：

走刀箱手柄“向上”操作，SQ3动合触点(14—15)闭合，同时SQ1动断触点(7—13)和SQ2动断触点(13—14)复位闭合

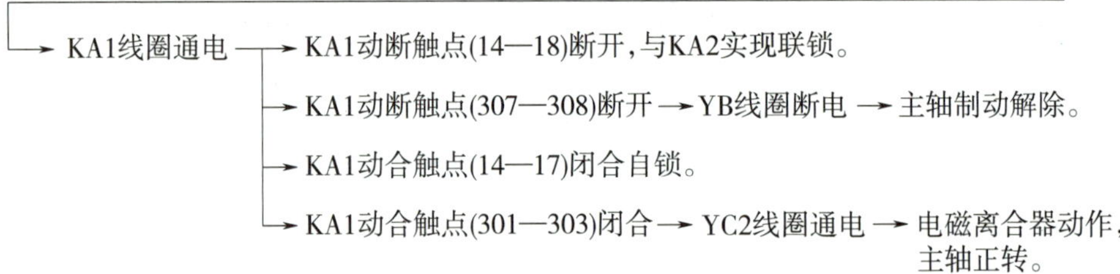

当 KM1 通电动作，主轴反转控制与正转控制相似，即：

走刀箱手柄“向下”操作，SQ5 动合触点(18—19)闭合，同时SQ1动断触点(7—13)和SQ2动断触点(13—14)复位闭合

→ KA2线圈通电 → YB线圈断电→主轴制动解除。

→ YC1线圈通电→电磁离合器动作，主轴反转。

由上述控制过程可以看出：主轴正反转是由电磁离合器与机械的配合而决定的。KM1 通电或 KM2 通电，主轴电动机正反向运行，通过操作手柄都可实现主轴的正反两个方向运行，表 8-1给出了主轴电动机转向、主轴转向控制过程中各电气元件之间的关系。

表 8-1 主轴电动机转向、主轴转向控制过程中各电气元件之间的关系表

SA2 开关选择	主轴电动机转向	操作手柄位置	手柄开关	通用继电器	电磁离合器	主轴转向
KM1 吸合	正转	向右（或向上） 向左（或向下）	SQ3（或 SQ4）压合 SQ5（或 SQ6）压合	KA1 吸合 KA2 吸合	YC2 通电 YC1 通电	正转 反转
KM2 吸合	反转	向右（或向上） 向左（或向下）	SQ3（或 SQ4）压合 SQ5（或 SQ6）压合	KA1 吸合 KA2 吸合	YC1 通电 YC2 通电	正转 反转

主轴正反转控制各继电器、电磁离合器线圈通电的电流回路。

a. SA2(7—8)闭合,按下 SB3, KM1 线圈通电的电流回路如下:

TC —1#→ FU2 —2#→ SB1 —3#→ SB2 —4#→ FR —5#→ QF2 —6#→ SB3 —7#→ SA2 —8#→ KM2 —9#→ KM1线圈 —0#→ TC。

(QF2 —6#→ KM1 —7#→ SA2 为自锁支路)

b. SA2(7—10)闭合,按下 SB3, KM2 线圈通电的电流回路如下:

TC —1#→ FU2 —2#→ SB1 —3#→ SB2 —4#→ FR —5#→ QF2 —6#→ SB3 —7#→ SA2 —8#→ KM1 —9#→ KM2线圈 —0#→ TC。

(QF2 —6#→ KM1 —7#→ SA2 为自锁支路)

c. KM1 或 KM2 通电,SB3 或 SB4(14—15)闭合,KA1 线圈通电的电流回路如下:

TC —1#→ FU2 —2#→ SB1 —3#→ SB2 —4#→ FR —5#→ QF2 —6#→ KM1(KM2) —7#→ SQ1 —13#→ SQ2 —14#→ [SQ3 / SQ4 / KA1 —17#→ SB4 / SB4] —15#→ KA2 —16#→ KA1线圈 —0#→ TC。

d. KM1 或 KM2 通电,SB5 或 SB6(18—19)闭合,KA2 线圈通电的电流回路如下:

TC —14#→ SQ2 —18#→ [SQ3 / SQ4 / KA1] —19#→ KA1线圈 —0#→ TC。

TC→14#是与 KA1 通电的公共电路,独立通电。

e. KM1 或 KM2 和 KA1 或 KA2 相继通电后,电磁离合器线圈通电的电流回路如下:

YC1 通电的电流回路:

VC —301#→ KA2 —305#→ KM1 —304#→ YC1线圈 —302#→ VC。

YC2 通电的电流回路:

VC —301#→ KA1 —303#→ KM2 —306#→ YC2线圈 —302#→ VC。

② 主轴制动控制断开 SQ1 或 SQ2 → KA1 或 KA2 线圈断电→ KA1 动断触点(301—307)复位闭合,KA2 动断触点(307—308)复位闭合→电磁制动器 YB 线圈通电,实现对主轴的制动控制。

③ 主电动机停止控制主轴停止及制动,只是主轴与主轴电动机脱离机械联系,主轴停转,主轴电动机仍旧运行。主轴停止,按下 SB1 或 SB2(两地控制),KM1 或 KM2 线圈断电,

KM1 或 KM2 主触点断开,主电动机断电停止运行。

④ 主轴点动控制如下:

主轴电动机运行的前提下按下SB4 → SB4动断触点(15—17)先断开,切断自锁支路
→ SB4动合触点(14—15)后闭合 → KA1线圈通电 → KA1动合触点(301—303) → YC2线圈通电 → 主轴在主轴电动机的拖动下运行。

由于主轴"正点"和"反点"均是控制 KA1 线圈的通断电,因此,主轴点动转向取决于 KM1 和 KM2 的通断电,由主令开关 SA2 控制。

松开 SB4, KA1、YC1 或 YC2 相继断电,点动控制结束。

⑤ 冷却泵电动机控制如下:

主轴电动机运行的前提下,闭合 SA3(SA3 是自锁式旋钮,能实现连续运行控制)→KM3 线圈通电→KM3 主触点闭合→M3 单相连续运行。

(3) 联锁保护环节

① 主轴电动机 M1 正反转控制中,采用主令开关手柄实现机械联锁,并利用接触器 KM1 和 KM2 的动断辅助触点实现接触器联锁。

② 主轴正反转控制中,采用操纵杆控制 SQ3、SQ4、SQ5、SQ6 实现机械联锁,利用中间继电器 KA1、KA2 的动断触点实现继电器联锁。

③ 电磁离合器 YC1 和 YC2 间,利用 KM1 和 KM2 的动合、动断辅助触点及 KA1 和 KA2 的动合触点实现控制电路联锁。

④ 主轴运行与主轴制动控制由 KA1 和 KA2 的动合、动断触点来实现联锁。

6.1.3 任务实施

1. 认识 CA6150 型卧式车床的电气元件

① 主轴电动机:M1,型号为 Y132M-4,额定功率为 7.5 kW。

② 润滑油泵电动机:M2,型号为 A05624,额定功率为 120 W。

③ 冷却液电动机:M3,型号为 KSB-25,额定功率为 125 W。

④ 快速移动电动机:M4,型号为 YSS2534,额定功率为 250 W。

注意:由于 4 台三相异步电动机均为小功率,所以在控制过程中都采用直接启动的方式。

⑤ 电源:

a. 总电源:采用三相四线低压工频电(50 Hz),即 L1、L2、L3(380 V/220 V),作为 M1~M4 的工作电源。

b. 控制电源:由电源变压器 TC(380 V/110 V)提供。AC 110 V 作为继电器线圈工作电源。

c. 照明电源:由电源变压器 TC(380 V/24 V)提供。AC 24 V 作为局部照明灯 EL 的电源。

d. 电磁离合器电源:由电源变压器 TC(380 V/24 V)提供。AC 24 V 经二极管桥式整流输出 DC 21.6 V,作为电磁离合器工作电源。

e. 信号指示电源:由电源变压器 TC(380 V/6 V)提供。AC 6 V 作为通电信号指示灯 HL 的电源。

2. 观摩 CA6150 型卧式车床的操作

① 查看各电气元件上的接线是否牢固,各熔断器是否安装良好。

② 独立安装好接地线，设备下方垫好绝缘垫并将所有开关置分断位置。

③ 插上三相电源，参看电气原理图。

④ 先合上装置左侧的总电源开关，按下主控电源板上的启动按钮，合上低压断路器开关 QF1，电源指示灯亮。

⑤ 将照明开关 SA1 旋到“开”位置，照明指示灯亮，将 SA1 旋到“关”位置，照明指示灯灭。

⑥ 按下主轴启动按钮 SB2，KM1 吸合，主轴电动机转动，主轴启动指示灯亮，按下主轴停止按钮 SB1，KM1 释放，主轴电动机停转。

⑦ 按下 SB2 将主轴启动，将冷却泵开关 SA2 旋到“开”位置，KM2 吸合，冷却泵电动机转动，冷却泵启动指示灯亮，将 SA2 旋到“关”位置，KM2 释放，冷却泵电动机停转。

⑧ 按下 SB3，KM3 吸合，刀架快速移动指示灯亮，快速移动电动机转动。

⑨ 松开 SB3，KM3 释放，刀架快速移动指示灯灭，快速移动电动机停止。

6.1.4 任务考评

根据班级人数先分组，然后进行任务实施，实施过程中的考评细节参见表 6-1。

表 6-1 任务考评表

项目	评价指标	自评	互评	自评、互评平均分	总分
工作任务（40 分）	车床主要结构（5 分）				
	图纸中各部分功能（5 分）				
	控制电路动作逻辑分析（15 分）				
	能正确操作机床（15 分）				
职业素养（15 分）	工作服整洁、无饰品或硬质件（5 分）				
	正确查阅维修资料和学习材料（5 分）				
	8S 素养（5 分）				
个人反思和总结（5 分）	按照完成任务的安全、质量、时间和 8S 要求，提出个人改进性建议（5 分）				
教师评价（40 分）					

成绩：__________

6.1.5 课后习题

1. CA6150 型卧式车床主要有哪些结构？
2. CA6150 型卧式车床有哪些运动形式？
3. CA6150 型卧式车床有哪些电气元件？
4. 主轴电动机转向、主轴转向控制过程中，各电气元件之间是什么关系？

项目 6

任务 6.2
CA6150 型卧式车床的检修

知识目标

了解 CA6150 型卧式车床电气故障检修步骤。

技能目标

能分析 CA6150 型卧式车床典型故障。

素养目标

1. 培养自觉遵守安全操作规程的工作习惯。
2. 树立即善于独立思考，又注重团队协作的意识。

实施流程

序号	工作内容	教师活动	学生活动
1	布置任务	1. 通过在线平台下发预习任务； 2. 通过在线论坛收集、分析学生疑问； 3. 通过在线平台设置考勤	1. 接受任务，明确任务； 2. 在线学习相关资料，参考教材和课件完成课前预习； 3. 反馈疑问； 4. 完成在线平台签到
2	知识准备	CA6150 型卧式车床电气故障检修方法	学习 CA6150 型卧式车床电气故障检修方法
3	任务实施	1. 教师下发任务单； 2. 督导学生完成	1. 按照任务要求与教师演示过程，学生分组完成任务单； 2. 师生互动，讨论任务实施过程中出现的问题； 3. 完成任务书
4	任务考评	1. 按具体评分细则对学生进行评价； 2. 采用过程性考核方式，根据学生学习全过程的表现，教师给定综合评定分数	按具体评分细则进行自评、互评

6.2.1 任务分析

CA6150 型卧式车床是机械加工中心广泛使用的一种机床,可用来加工各种回转表面、螺纹表面。完成该检修任务首先要熟知机床电气控制电路检修的一般流程、方法和注意事项,要了解 CA6150 型卧式车床的基本结构、运动形式。其次,要能分析 CA6150 型卧式车床电气控制电路的工作原理,会正确进行机床操作。然后,根据故障现象分析故障范围。最后,选择合适的检修方法检修 CA6150 型卧式车床控制电路主轴不能运转的电气故障。

6.2.2 知识准备

1. CA6150 型卧式车床电气故障检修步骤

① 先熟悉原理,再进行正确的通电试车操作。

② 熟悉电气元件的安装位置,明确各电气元件作用。

③ 教师示范故障分析检修过程(故障可人为设置)。

④ 教师设置让学生知道的故障点,指导学生如何从故障现象着手进行分析,逐步引导到采用正确的检查步骤和检修方法。

⑤ 教师设置人为的自然故障点,由学生检修。

⑥ 学生应根据故障现象,先在原理图中正确标出最小故障范围的线段,然后采用正确的检查和排除故障方法并在定额时间内排除故障。

⑦ 排除故障时,必须修复故障点,不得采用更换电气元件、借用触点及改动电路的方法,否则,作不能排除故障点扣分。

⑧ 检修时,严禁扩大故障范围或产生新的故障,并不得损坏电气元件。

2. CA6150 型卧式车床典型故障分析

① 主电路故障主要表现在 M1 与 M4 正转或反转断相、正反转均断相,M2 与 M3 断相等,主要故障原因为电源断相、电动机绕组损坏、接触器的动合触点损坏、控制开关损坏、连接导线断线或接触不良。

故障检查:用万用表电压挡测量电压是否正常;用万用表电阻挡测量电动机接线是否断线、是否接触不良、电动机绕组是否断线、开关是否良好。

主要排除方法:更换元器件或导线,修理电动机。

② 控制电路故障主要表现在控制回路无法启动、主轴正转或反转无法工作、主轴无制动等。

a. 控制回路无法启动

故障分析:控制变压器 TC 损坏,FU1、FU2 熔断,SB1、SB2、FR、QF2 触点损坏。

故障检查:用万用表的电压挡或二极管导通挡,按线号次序依次测量,测量到哪一线号无电压或不通,则检查该处的触点或连接导线。

b. 主轴正转无法工作

故障分析:主轴正转有两种情况,一种决定于 KM1 接触器及电动机 M1 正转、SQ3 或 SQ4 手柄开关、KA1 继电器、YC2 离合器;另一种决定于 KM2 接触器及电动机 M1 反转、SQ3 或 SQ4 手柄开关、KA1 继电器、YC1 离合器。在这两种情况下,主轴正转还与变压器二次绕组交流电压(24 V),以及 VC 桥式整流器是否正常有关。

故障检查:用万用表的电压挡或二极管导通挡,按线号次序依次测量,测量到哪一线号无电压或不通,则检查该处的触点或连接导线。

c. 主轴反转无法工作

故障分析:主轴反转也有两种情况,一种决定于 KM2 接触器及电动机 M1 反转、SQ5 或 SQ6 手柄开关、KA2 继电器、YC1 离合器;另一种决定于 KM2 接触器及电动机 M1 反转、SQ5 或 SQ6 手柄开关、KA2 继电器、YC2 离合器。在这两种情况下主轴反转还与变压器二次绕组交流电压(24 V),以及 VC 桥式整流器是否正常有关。

故障检查:用万用表的电压挡或二极管导通挡,按线号次序依次测量,测量到哪一线号无电压或不通,则检查该处的触点或连接导线。

d. 主轴无制动

故障分析:YB 为电磁抱闸制动器(制动离合器),当操作手柄置于中间位置时,断开 SQ1 或 SQ2,使 KA1 或 KA2 均断开电源,KA1 及 KA2 的动断触点接通,使 YB 制动离合器吸合;主轴无制动,主要是 KA1 及 KA2 的动断触点有故障。

故障检查:用万用表的直流电压挡,以 302 为基准依次测量 301、307、308,应为 DC 24 V。如测量到哪点无电压,则断开电源,检查此处触点与连接导线,予以修理或更换。

6.2.3 任务实施

1. 任务准备

工具:验电器、电工刀、剥线钳、尖嘴钳、斜口钳、旋具等。

仪表:万用表。

设备:CA6150 型卧式车床。

其他:跨接线若干,穿戴好劳动防护用品。

2. 观察故障现象

① 验电,合上 QF1、QF2,观察润滑油泵电动机 M2 是否工作。

② 先将主令开关 SA2 置于"正转"位置,按下 SB3,观察接触器 KM1 是否通电吸合。再将主令开关 SA2 置于"反转"位置,按下 SB3,观察接触器 KM2 是否通电吸合。

③ 操作 SQ3 使动合触点闭合,观察 KA1 线圈是否通电吸合,再观察 YB 线圈及 YC2 线圈是否也相继通电吸合。

④ 操作 SQ5 使动合触点闭合,观察 KA2 线圈是否通电吸合,再观察 YB 线圈及 YC1 线圈是否也相继通电吸合。

通过以上操作,观察结果是润滑油泵电动机 M2 能正常工作,接触器 KM1 和 KM2 及继电器 KA2 都能通电吸合,但 KA1 线圈没有通电吸合。

3. 确定故障范围

根据观察到的故障现象,若 KA1 无吸合动作,则说明该中间继电器线圈未通电;若电源及公共回路不正常,故障可能是 15#、16#、0#线断开,或者 KA2 动断触点损坏,或者 KA1 线圈断线或接触不良。

4. 故障排除

排除故障方法一:采用电压分阶测量法。

通电后,以电源变压器 TC 输出端 1#线端为基准,测量 KA1 线圈 0#线端间电压,测得电压值为 110 V,可确认 KA1 的 0#线无断路,若测得电压值为 0,则说明 KA1 的 0#线有断路故障,断电后,用电阻法复查确认并修复。确保 0#线无断路的前提下,以 0#线为参考点,按 KA1 线圈通电的电流回路分别测量各点电位。先任意在回路中间测一点电位,根据测得值分析判断,缩小故障范围,测量点电位为 110 V,则说明 TC 输出端 1#线端到被测点无断路,测得电位为 0,则电路中有断路,可由此点向电源方向逐点检测,若测得一触点两端或同号线两头电位不同,可认为是断路故障点。断电后,用电阻法复查确认并修复。

排除故障方法二:采用电阻分阶或分段测量法。

使用电阻分阶法应了解电路中各继电器线圈的直流电阻值,测量前必须先停电、验电,确保无电后方可实施。具体操作方法如下:以 KA1 线圈 0#线为基准,测量回路中除 0#线外各点与基准点间的电阻值。若测得电阻值等于线圈电阻值,则说明测量点到基准点无断路。若测得电阻值为∞,则说明测量点到基准点有断路故障。缩小故障范围,可由测量点向线圈方向逐点测量与基准点间电阻值。若测得一触点两端或同号线两头电阻值不同可认为是断路故障点。电阻分段法常用于 0#线或复查,电流回路中同电位的任意两点间都可使用此方法检测,两点间电阻值为 0 可视为通路;两点间电阻值为∞,则说明此段电路中有断路现象存在。

注意:

① 测量电源变压器 TC 二次电压是否达到额定值。

② 测量桥式整流 VC 直流输出端电压值应符合交流电压的有效值乘以 0.9 等于直流电压 U 值。

③ 测量电磁离合器 YC2 线圈是否断路。

④ 采用合理的测量方法应对电磁离合器 YC2 线圈通电的电流回路检测任务。

6.2.4 任务考评

根据班级人数先分组,然后进行任务实施,实施过程中的考评细节参见表 6-2。

表 6-2 任务考评表

项目内容	评价指标	自评	互评	自评、互评平均分	总分
工作任务(40 分)	能否正确识别电气元件(5 分)				
	主轴电动机正反转操作(3 分)				
	润滑油泵电动机启停操作(3 分)				
	冷却液电动机启停操作(3 分)				
	快速移动电动机正反转操作(3 分)				
	机床总电源操作、照明操作(3 分)				
	主轴正反转离合器原理分析(5 分)				
	主轴正反转原理分析(10 分)				
	主轴正反转故障排除(5 分)				
职业素养(15 分)	工作服整洁、无饰品或硬质件(5 分)				
	正确查阅维修资料和学习材料(5 分)				
	8S 素养(5 分)				
个人反思和总结(5 分)	按照完成任务的安全、质量、时间和 8S 要求,提出个人改进性建议(5 分)				
教师评价(40 分)					

成绩:__________

6.2.5 课后习题

1. 手柄开关向右，主轴不能正转，可能是什么原因？

2. 主轴不能正反转且主轴无制动（YC1、YC2 不吸合），可能是什么原因？

3. 电磁吸盘有哪些保护环节？

4. 在主轴电动机正转的情况下，主轴不能正转；在主轴电动机反转的情况下，主轴不能反转，可能是什么原因？

5. 快速移动电动机不转，可能是什么原因？

7

项目 7　交流电动机变频调速控制电路的安装与调试

项目引导

规范操作,安全第一

在现代工业领域,交流电动机变频调速技术的应用越来越广泛。它不仅能有效降低能耗,还能提高生产效率和产品质量。然而,要想充分发挥变频调速技术的优势,正确地安装与调试是关键。

本项目包含 4 个任务,分别是认识三菱变频器、三菱变频器面板运行操作、三菱变频器控制电动机正反转、三菱变频器多段速控制。每个任务都包括安装前的准备、安全检查、电路安装、系统调试,每道工序无不渗透技术人员的基本职业素养、规范操作、安全第一的工匠精神。

作为一名自动化类专业的学生,需要在学习期间学会交流电机变频调速控制电路的安装与调试,才能在实际应用中保证系统安全可靠运行;作为一名未来的卓越工程师,要能够根据现有知识和技能,尽快适应电工的职业要求。

任务 7.1

认识三菱变频器

知识目标

1. 能够复述交流电机调速基本方法。
2. 能够说出通用变频器的变频原理。
3. 能够认识通用变频器的基本电路结构。
4. 能够识读三菱 FR-E700 变频器的安装接线图。

技能目标

1. 能够规范使用设备、进行设备安全检查。
2. 能够正确识读变频器的安装接线图。
3. 能够根据任务要求完成三菱变频器安装接线。

素养目标

1. 树立正确的团结协作理念，培养协作精神。
2. 培养精益求精的工匠精神。
3. 培养岗位责任心。

实施流程

序号	工作内容	教师活动	学生活动
1	布置任务	1. 通过在线平台下发预习任务； 2. 通过在线论坛收集、分析学生疑问； 3. 通过在线平台设置考勤	1. 接受任务，明确任务； 2. 在线学习相关资料，参考教材和课件完成课前预习； 3. 反馈疑问； 4. 完成在线平台签到
2	知识准备	1. 交流异步电动机的调速方法； 2. 变频调速原理； 3. 变频器的基本电路结构； 4. 变频器分类； 5. 变频器的控制方式	1. 学习交流异步电动机的调速方法； 2. 学习变频调速原理； 3. 学习变频器的基本电路结构； 4. 学习变频器分类； 5. 学习变频器的控制方式

续表

序号	工作内容	教师活动	学生活动
3	任务实施	1. 教师下发任务单； 2. 督导学生完成	1. 按照任务要求与教师演示过程，学生分组完成任务单； 2. 师生互动，讨论任务实施过程中出现的问题； 3. 完成任务书
4	任务考评	1. 按具体评分细则对学生进行评价； 2. 采用过程性考核方式，根据学生学习全过程的表现，教师给定综合评定分数	按具体评分细则进行自评、互评

7.1.1 任务分析

变频器主要用于交流电动机转速的调节，是理想的调速方案。变频调速以其自身所具有的调速范围广、精度高及动态响应好等特点，在许多需要精确速度控制的应用中发挥着重要作用。认识和了解变频器的工作原理、端子接线、控制方式是技术人员最基本的要求。本任务是在了解三菱 FR-E700 变频器基础上，完成变频器的安装与接线工作。

7.1.2 知识准备

1. 交流异步电动机的调速方法

众所周知，直流调速系统具有较为优良的静、动态性能指标，在很长的一个历史时期内，调速传动领域被直流电动机调速系统垄断。但直流电动机由于受换向器限制，维修工作量大，事故率高，使用环境受限，很难向高电压、高转速、大容量发展。与直流电动机相比，交流电动机具有结构简单、制造容易、维护工作量小等优点，但交流电动机的控制比直流电动机复杂得多。早期的交流电动机传动均用于不可调速传动，而可调速传动则用直流电动机传动。随着电力电子技术、控制技术、计算机技术的发展，交流调速技术日益成熟，在许多方面已经可以取代直流调速系统，特别是各类通用变频器的出现和国产技术的突破，使交流调速逐渐成为主流。

异步电动机的转速公式为

$$n = n_0(1-S) = \frac{60f}{p}(1-S) \tag{7-1}$$

式中：f——异步电动机定子绕组上交流电源的频率（单位为 Hz）；

p——异步电动机的磁极对数；

S——异步电动机的转差率；

n——异步电动机的转速（单位为 r/min）；

n_0——异步电动机的同步转速（单位为 r/min）；

根据式（7-1）可知，交流异步电动机有以下 3 种基本调速方法：

① 改变定子绕组的磁极对数 p,称为变极调速。

② 改变转差率 S,称为变转差率调速,其方法有改变定子电压调速、转子串电阻调速和串级调速。

③ 改变电源频率 f,称为变频调速。

(1) 变极调速

变极调速技术是通过采用变极多速异步电动机实现调速的。这种多速电动机多为笼型转子电动机,其结构与基本系列异步电动机相似,现国内生产的有双、三、四速等几类。

变极调速是通过改变定子绕组的磁极对数来改变旋转磁场同步转速进行调速的,是无附加转差损耗的高效调速方式。由于磁极对数 p 是整数,它不能实现平滑调速,只能有级调速。在工频 50 Hz 的电网,$p=1,2,3,4$ 时,相应的同步转速为 $n_0=3\ 000$ r/min,1 500 r/min,1 000 r/min,750 r/min。改变磁极对数是用改变定子绕组的接线方式来完成的,一般双速电动机的定子是单绕组,三速和四速电动机的定子是双绕组。这种改变磁极对数来调速的笼型电动机,通常称为多速感应电动机或变极感应电动机。下面以一相绕组来说明变极原理。

先将 U 相绕组中的 2 个半相绕组 a_1x_1 与 a_2x_2 采用顺向串联,如图 7-1 所示,产生 2 对磁极。若将 U 相绕组中的 1 个半相绕组 a_2x_2 反向并联,如图 7-2 所示,则产生 1 对磁极。

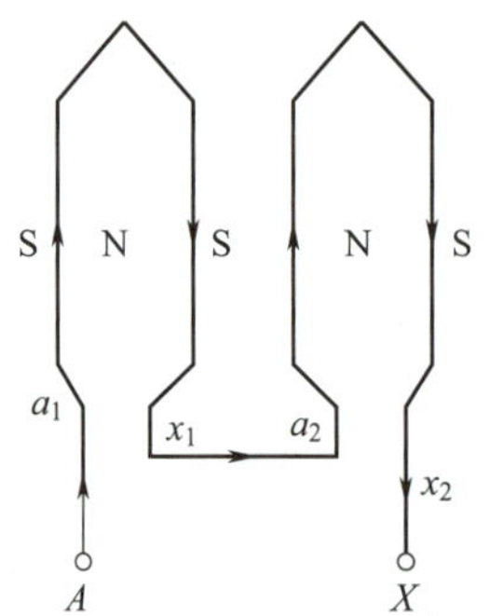

图 7-1　绕组变极原理示意图($2p=4$)

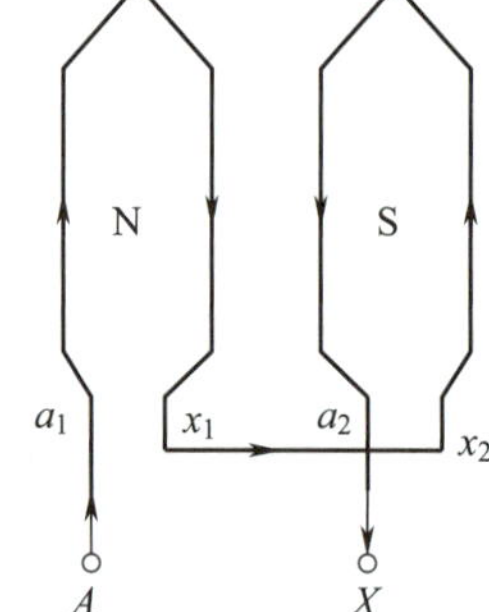

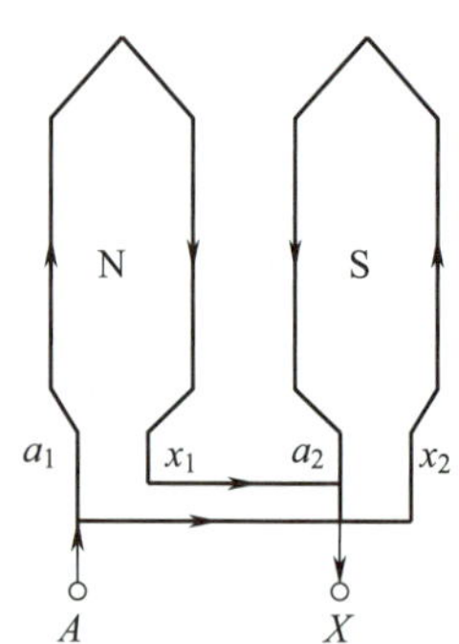

图 7-2　绕组变极原理示意图($2p=2$)

变极调速主要用于各种机床及其他设备上。其优点是运行可靠、运行效率高,控制电路简单、容易维护,对电网无干扰,初始投资低;缺点是电动机绕组引出头较多,只能有级调速,而且调速级差大,从而限制了它的使用范围。变极调速适用于 2~4 挡固定调速变化的场合,为了弥补有级调速的缺陷,有时与定子调压调速或电磁离合器调速配合使用。

(2) 变转差率调速

改变定子电压调速、转子串电阻调速和串级调速都属于变转差率调速。这些调速方法的共同特点是在调速过程中都产生大量的转差功率。前两种调速方法都是把转差功率消耗在转子电路中,很不经济;而串级调速则能将转差功率加以吸收或大部分反馈给电网,提高了经济性能。

① 改变定子电压调速

由异步电动机电磁转矩和机械特性方程可知,在一定的转速下,异步电动机的电磁转矩与定子电压的平方成正比。因此,改变定子外加电压就可以改变其机械特性,从而改变电动机在一定输出转矩下的转速。

当改变电动机的定子电压时，可以得到一组不同的机械特性曲线，从而获得不同的转速。如图 7-3 所示，曲线 1 为电动机的固有机械特性，曲线 2 为定子电压是额定电压的 0.7 倍时的机械特性。从图中可以看出，同步转速 n_0 不变，最大转差和临界转差率 S_m 不变，当负载为恒转矩负载 T_L 时，随着电压从 U_N 减小到 $0.7U_N$，转速相应地从 n_1 减小到 n_2，转差率增大，可以认为改变定子电压调速属于改变转差率的调速方法。

改变定子电压调速的主要优点是控制设备比较简单，可无级调速，初始投资低，使用维护比较方便，可以兼作笼型异步电动机的降压启动设备。其缺点是调速效率比较低，低速运行调速效率更低；调速范围窄，只有对风机和泵类工作机械调速可以获得较宽的调速范围并减小转差损耗；调速特性比较软，调试精度差；对电网干扰也大，适用于调速范围要求不宽，较长时间在高速区运行的中、小容量的异步电动机。

目前广泛采用晶闸管交流调压电路来实现改变定子电压调速。

② 转子串电阻调速

绕线式异步电动机转子串电阻调速的机械特性曲线如图 7-4 所示。从图中可以看出，转子串电阻时，最大转矩 T_m 不变，临界转差率增大，所串电阻越大，运行段机械特性斜率越大；若带恒转矩负载，原来运行在固定特性曲线 1 的 a 点上，在转子串电阻 R_1 后，就运行在 b 点上，转速由 n_a 变为 n_b，以此类推。

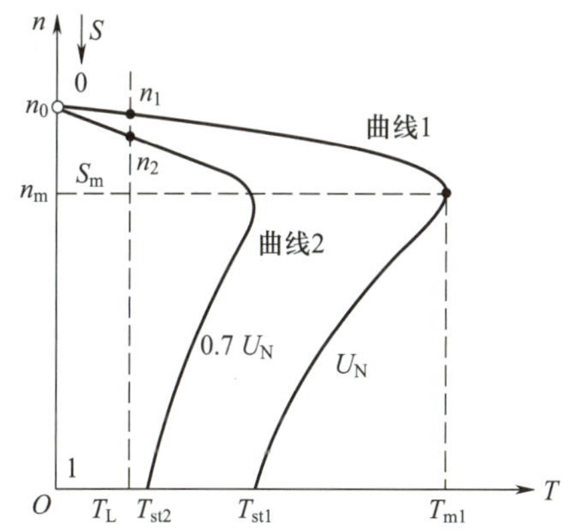

图 7-3 改变定子电压调速的机械特性曲线

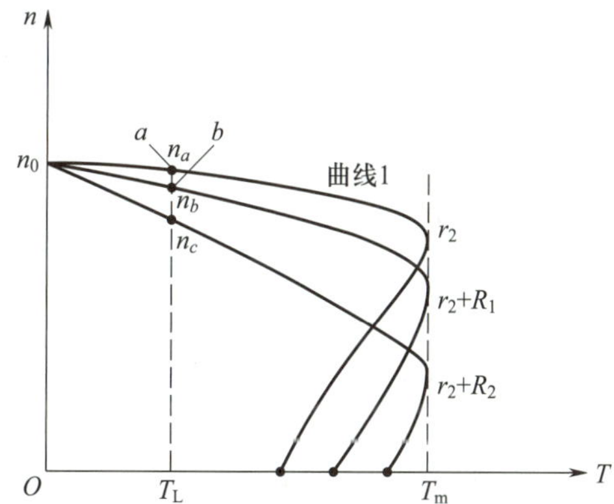

图 7-4 转子串电阻调速的机械特性曲线

转子串电阻调速的优点是设备简单，主要用于中、小容量的绕线式异步电动机，如桥式起重机等。其缺点是转子绕组需要经过电刷引出，属于有级调速，平滑性差；由于转子中电流很大，在串接电阻上产生很大损耗，所以电动机的效率很低，机械特性较软，调速精度差。

③ 串级调速

串级调速方法是指绕线式异步电动机转子回路中串入可调节的附加电势来改变电动机的转差率从而达到调速的目的。其优点是可以通过某种控制方式，使转子回路的能量回馈到电网，从而提高效率，在适当的控制方式下，可以实现低同步或高同步的连续调速；缺点是只能适用于绕线式异步电动机，且控制系统相对复杂。

(3) 变频调速

交流变频调速技术的原理是把工频 50 Hz 的交流电转换成频率和电压均可调的交流电，通过改变交流异步电动机定子绕组的供电频率，在改变频率的同时也改变电压，从而达到调节电动机转速的目的。

交流变频调速系统一般由三相异步电动机、变频器及控制器组成，它与直流调速系统相比，具有以下显著特点。

① 结构简单和经济性：交流电动机没有电刷和换向器，结构更简单，制造和维护成本较低。

② 可靠性和耐用性：由于没有电刷和换向器的磨损问题，交流电动机更可靠且耐用。

③ 适用性广泛：交流电动机适用于各种环境，包括大容量和高电压的应用。

④ 技术发展：随着变频技术的发展，交流调速系统的性能不断提高，具有较宽的调速范围和高的稳态精度。

2. 变频调速原理

(1) 变频调速条件

根据电机学原理可知，只要改变定子绕组的电源频率 f 就可以调节转速大小，但是事实上，只是改变 f 并不能正常调速，而且可能导致电动机运行性能恶化，其原因分析如下。

由电机学原理可知，三相异步电动机定子绕组的反电动势 E_1 的表达式为

$$E_1 = 4.44fN_1K_{N1}\phi_m = U_1 + \Delta U \tag{7-2}$$

式中，E_1——气隙磁通在每相定子绕阻中感应电动势的有效值（单位为 V）；

N_1——每相定子绕组的匝数；

K_{N1}——与绕组结构有关的常数；

ϕ_m——电动机主磁通；

ΔU——漏阻抗电压降；

U_1——定子电压。

由于式(7-2)可知，当 E_1 和 f 的值较大时，定子的漏阻抗相对比较小，漏阻抗电压降 ΔU 可以忽略不计，即可以认为电动机的定子电压 $U_1 \approx E_1$。若电动机的定子电压 U_1 保持不变，以电动机的额定频率 f_N 为基准频率，称为基频，变频调速时，可以从基频向上调，也可以从基频向下调。当定子绕组的交流电源频率 f 由基频 f_N 向下调节时，会使电动机的磁路过饱和，导致定子绕组过热而损坏电动机；而由基频 f_N 向上调节时，主磁通 ϕ_m 将减小，铁芯利用不充分，电磁转矩 T 下降，电动机的负载能力下降。因此，为充分利用电动机铁芯，维持电动机输出转矩不变，希望在调节频率 f 的同时能够维持主磁通 ϕ_m 不变。

(2) 基频以下恒磁通（恒转矩）变频调速

当在一定频率以下调频时，为保证 ϕ_m 始终不变，根据式(7-2)得

$$\frac{E_1}{f} = 常数 \tag{7-3}$$

由于异步电动机定子绕组中的感应电动势 E_1 无法直接检测和控制，根据 $U_1 \approx E_1$，可以通过控制 U_1 达到控制 E_1 的目的，即

$$\frac{U_1}{f} = 常数 \tag{7-4}$$

通过以上分析可知：在额定频率下调频时($f<f_{1N}$)，调频的同时也要调压，将这种调速方法称为变压变频调速控制（VVVF），也称恒压频比控制方式，简称 V/f 控制。

当定子电源频率 f 很低时，U_1 也很低。此时，定子绕组上的电压降 ΔU 在电压 U_1 中所占的比例增加，将使定子电流减小，从而使磁通 ϕ_m 减小，这将引起低速时的最大输出转矩减小。可以通过提高 U_1 来补偿 ΔU 的影响，使磁通 ϕ_m 不变，这种控制方法称为电压补偿，也称转矩提升。

(3) 基频以上恒功率(恒电压)变频调速

当定子绕组的交流电源频率 f 由基频向上调节时，若按照 $U_1/f=$ 常数的规律控制，电压也必须由额定值向上增大，由于电动机不能超过额定电压运行，所以频率 f 由额定值向上增大时，定子电压不可能随之升高，只能保持 $U_1=U_{1N}$ 不变。这样必然会使 ϕ_m 随着 f 增大而减小，类似于直流电动机的弱磁调速。由电机学原理可知，ϕ_m 减小将引起电磁转矩 T 减小。在这种控制方式下，转速越高，转矩越小，但是转速与转矩的乘积基本不变，所以基频以上调速属于弱磁恒功率调速。

3. 通用变频器的基本结构

变频器是把电压、频率固定的交流电变成电压、频率可调的交流电，其与外界的联系基本上分为主电路、控制电路、标准控制端子排 3 个部分，如图 7-5 所示。

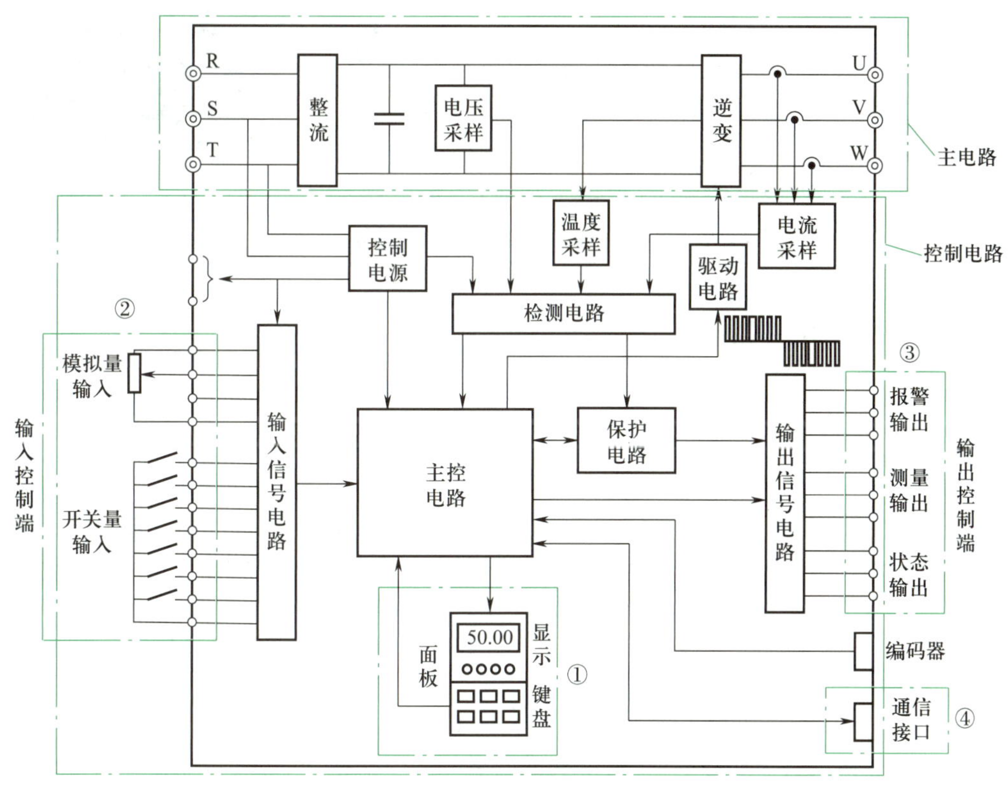

图 7-5　变频器的基本结构框图

(1) 主电路

交—直—交变频器主电路如图 7-6 所示，由整流电路、能耗电路和逆变电路组成。

① 整流电路

a. 整流二极管 $VD_1\sim VD_6$

在图 7-6 中，整流二极管 $VD_1\sim VD_6$ 组成三相整流桥，将电源的三相交流电全波整流成

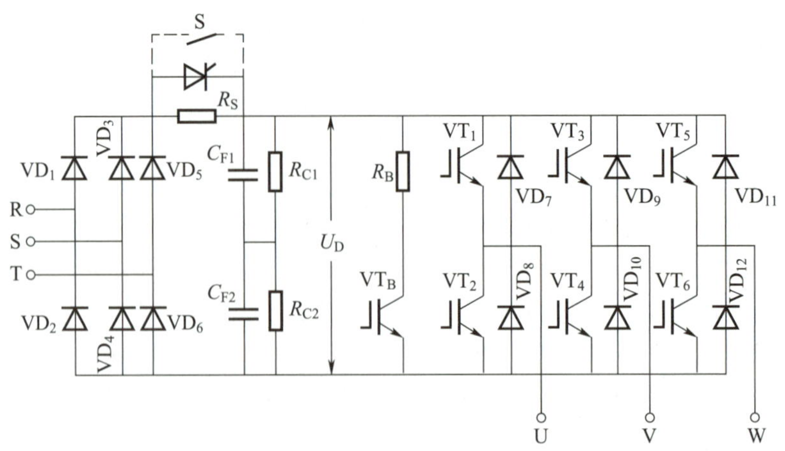

图 7-6 交—直—交变频器主电路

直流电。由于我国三相电源的线电压为 380 V，故全波整流后的平均电压为

$$U_D = 1.35 \times 380\ \text{V} = 513\ \text{V}$$

变频器的三相桥式整流电路常采用集成电路模块，三相整流桥集成电路模块如图 7-7 所示。

图 7-7 三相整流桥集成电路模块

b. 滤波电容器 C_F

在图 7-6 中，滤波电容器 C_F 有两个功能：一是滤平全波整流后的电压纹波；二是当负载变化时，使直流电压保持平稳。

c. 电源指示灯 HL

HL 除了表示电源是否接通，还具有在变频器切断电源后，表示滤波电容器 C_F 上的电荷是否已经释放完毕的功能。

② 能耗电路

电动机在工作频率下降的过程中，将处于再生制动状态，拖动系统的动能将转换成电能反馈到直流电路中，使直流电压 U_D 不断增大，甚至可能达到危险的地步。为了保证安全，必须将再生到直流电路的能量消耗掉，使 U_D 保持在允许范围内。如图 7-6 所示，在直流侧电容并联一个由电力晶体管 VT_B 和能耗电阻 R_B 组成的泵升电压限制电路，当泵升电压超过一定数值时，使 VT_B 导通，再生制动能量消耗在 R_B 上，从而达到限制电压的目的。

③ 逆变电路

逆变管 $VT_1 \sim VT_6$ 组成三相逆变桥，通过控制 6 个 IGBT 轮流导通和关断，把 $VD_1 \sim VD_6$ 整流所得的直流电再逆变成频率、电压都可调的三相交流电，当前常用的逆变器件有 IGBT 和 IPM。

逆变电路中，每个逆变器两端并联一个二极管，它为再生电流及能量返回直流电路提供通路，因此把这样的二极管称为续流二极管。同时由于负载存在感性，IGBT 关断瞬间会在两端产生极高的自感反相电压，此电压可能击穿 IGBT，并联的二极管将这个反相电压短路，从而起到保护 IGBT 的作用。

(2) 控制电路

变频器的控制电路主要以 16 位、32 位单片机或 DSP 为控制核心，从而实现数字化控制,主要具有设定和显示运行参数、信号检测、系统保护、计算与控制、驱动逆变器等作用。

控制电路端子分为输入控制端及输出控制端。输入控制端既可以接收模拟量输入信号,也可以接收开关量输入信号。输出端子包括用于报警的报警输出端子、指示变频器运行状态的状态输出端子及用于指示各种输出数据的测量输出端子。

通信接口用于变频器和其他控制设备的通信,常采用 RS-485 接口或 PROFINET 接口

4. 变频器分类

(1) 按变换环节分类

按交流变频器调速的变换环节分类,变频器可以分为交—交变频器和交—直—交变频器。

① 交—交变频器。

交—交变频器是一种把频率固定的交流电源直接变换成频率连续可调的交流电源的装置。

常用的交—交变频器的结构示意图如图 7-8 所示。改变正反组切换频率可以调节输出交流电的频率,从而改变导通角 α 的大小,即可调节矩形波的幅值。

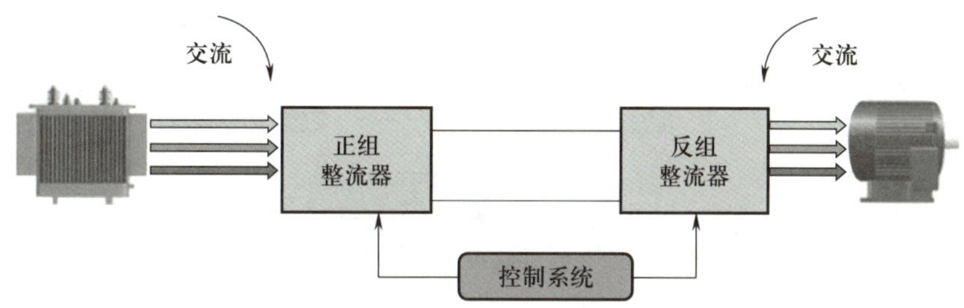

图 7-8 交—交变频器的结构示意图

交—交变频器的优缺点如下:

优点:没有中间环节,变换效率高。

缺点:连续可调的频率范围较窄,其最大输出频率为额定频率的 1/2,因此,主要用于低速大容量的拖动系统中。

② 交—直—交变频器

交—直—交变频器是先将恒压恒频的交流电通过整流器整流成直流电,再经过逆变器将直流电变成频率连续可调的三相交流电。

交—直—交变频器常采用不可控整流器整流,脉宽调制(PWM)逆变器调压调频的控制方式,如图 7-9 所示。

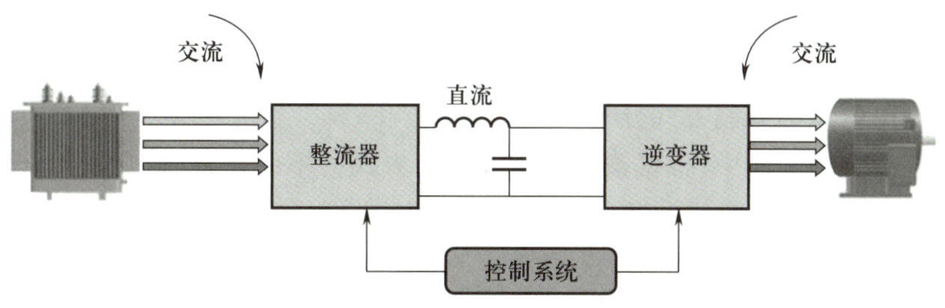

图 7-9 交—直—交变流器的结构示意图

在这种控制方法中,由于采用不可控整流器整流,其输入功率因数不变;采用 PWM 逆变器调压调频,则输出谐波可以减小。PWM 逆变器需要全控型电力半导体器件,其输出谐波减小的程度取决于 PWM 的开关频率,而开关频率则受器件开关时间的限制。采用绝缘

栅双极型晶体管(IGBT)时,开关频率可达 10 kHz 以上,输出波形已经非常逼近正弦波,因而又称 SPWM 逆变器,成为当前较有发展前途的一种装置形式。

(2) 按直流电路的滤波方式分类

交—直—交变频器中间直流环节的滤波元件可以是电容器,也可以是电感器,据此,变频器分为电流型变频器和电压型变频器两大类。

① 电压型变频器

在交—直—交变频器中,当中间直流环节采用大电容滤波时,直流电压波形比较平直,在理想情况下是一个内阻抗为 0 的恒压源,输出交流电压是矩形波或阶梯波,电流波形近似正弦波,这类变频器称为电压型变频器,如图 7-10 所示。现变频器大多都属于电压型变频器。

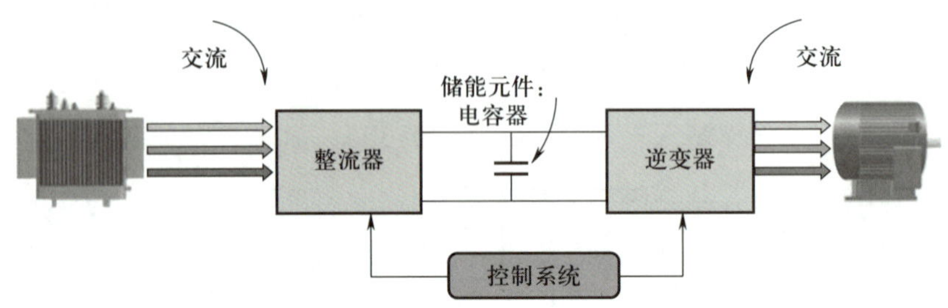

图 7-10　电压型变频器的结构示意图

② 电流型变频器

当交—直—交变频器的中间直流环节采用大电感滤波时,直流电流波形比较平直,因而电源内阻抗很大,对负载来说基本上是一个电流源,输出交流电流是矩形波或阶梯波,电压波形近似正弦波,这类变频器称为电流型变频器,如图 7-11 所示。

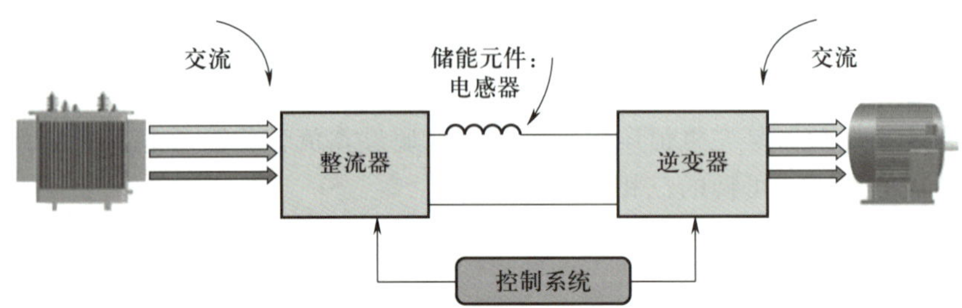

图 7-11　电流型变频器的结构示意图

(3) 按输出电压的调制方式分类

在交—直—交变频器中,根据输出电压的调制方式的不同,可以将变频器分为正弦波脉宽调制(SPWM)变频器和脉幅调制(PAM)变频器。

① 正弦波脉宽调制(SPWM)变频器

正弦波脉宽调制(SPWM)变频器在逆变电路部分同时对输出电压的幅值和频率进行控制。在这种方式中, SPWM 变频器以较高的频率对逆变电路的半导体开关器件进行开闭控制,并通过改变输出脉冲的占空比来控制输出电压的大小。

SPWM 变频器的特点是:功率因数高,调节速度快,输出电压和电流波形接近正弦波,改善了由矩形波引起的电动机发热、转矩降低等电动机运行性能问题。变频器目前普遍应用的是占空比按正弦波规律变化的正弦波脉宽调制方式。

正弦波脉宽调制(SPWM)变频器适用于单台或多台电动机并联运行、动态性能要求高的调速系统。

② 脉幅调制(PAM)变频器

脉幅调制(PAM)变频器将“变压”和“变频”分开完成,即在整流电路部分对输出电压的幅值进行控制,而在逆变电路部分对输出频率进行控制。因为在脉幅调制(PAM)变频器中,逆变电路换流器件的开关频率即为该变频器的输出频率,所以这是一种同步调速方式。在这种方式下,当系统低速运行时,谐波和噪声都比较大。

这两种变频器的区别在于:SPAM 变频器调速要采用可控整流器,并要对可控整流器进行导通角控制;而 PWM 变频器调速则采用不可控整流器,工作时无须对整流器进行控制。

(4) 按用途分类

根据用途的不同,变频器可以分为通用变频器和专用变频器。

① 通用变频器

通用变频器的特点就是其通用性,它适用于对调速性能没有严格要求的场所。随着变频技术的进一步发展,通用变频器发展以节能运行为主要目的,如风机、泵类等对系统调速性能要求不高的场所。

② 专用变频器

专用变频器是指应用于某些特殊场所的具有某种特殊性能的变频器,其特点是某个方面的性能指标极高,因而可以实现高控制要求,但相对价格较高。

目前,较常见的专用变频器主要有风机类专用变频器、恒压供水(水泵)专用变频器、机床专用变频器、重载专用变频器、注塑机专用变频器、纺织专用变频器、电梯专用变频器等。

(5) 按控制方式分类

① V/f 控制变频器

V/f 控制变频器是一种比较简单的控制方式,它的基本特点是对变频器输出的电压和频率按一定比例同时控制,得到所需要的转矩。采用 V/f 控制方式的变频器,控制电路成本较低,多用于对精度要求不高的场合。

② 空间矢量控制(磁通轨迹法)变频器

空间矢量控制(磁通轨迹法)又称 SVPWM 控制方式。该控制方式一次生成三相调制波形,以内切多边形逼近圆的方式进行控制。该控制方式由于引入频率补偿,能消除速度控制的误差,另外,将输出电压、电流闭环,能提高动态的精度和稳定度;但控制电路环节较多,且没有引入转矩的调节,因此,系统性能没有得到根本改善。

③ 矢量控制(磁场定向法)变频器

矢量控制(磁场定向法)又称 VC 控制方式。该控制方式实质是将交流电动机等效为直流电动机,分别对速度、磁场两个分量进行独立控制。该控制方式的优点是转矩可以连续平滑调节,调速范围宽;但控制参数的选择比较困难,需要在线调整。

④ 直接转矩控制变频器

直接转矩控制又称 DTC 控制方式。该控制方式直接在定子坐标系下分析交流电动机的数学模型,控制电动机的磁场和转矩,从而在很大程度上解决了矢量控制的不足。

上述 4 种不同控制方式变频器的特点比较见表 7-1。

表 7-1 4 种不同控制方式变频器的特点比较

控制方式	反馈装置	速比 i	启动转矩（在 3 Hz）	静态速度精度	适用场合
V/f 控制	不带 PG	<1/40	150%	±(0.2~0.3)%	一般风机、泵类等
	带 PG 或 PID 调节器	1/60	150%	±(0.2~0.3)%	较高精度调速、控制
空间矢量控制	不要	1/100	150%	±0.2%	一般工业上的调速或控制
矢量控制	不带 PG	1/100	150%	±0.2%	所有调速和控制
	带 PG 或编码器	1/1000	零转速时为 150%	±0.2%	伺服拖动、高精传动、转矩控制
直接转矩控制	不要	1/100	零转速时为 150%~200%	±0.2%	重载启动、起重负载转矩控制系统、恒转矩波动大的负载

7.1.3 任务实施

1. 准备元器件和工具

元器件和工具清单见表 7-2。

表 7-2 元器件和工具清单

序号	元器件和工具	型号与规格	数量	单位	备注
1	常用电工工具	验电笔、螺钉旋具（一字和十字）、电工刀、尖嘴钳、钢丝钳、压线钳等	1	套	
2	万用表	MF-47、DT9502 或自定	1	台	
3	三菱变频器	FR-E700	1	台	
4	使用手册	三菱通用变频器 FR-E700 使用手册	1	本	

2. 认识三菱 FR-E700 变频器

三菱 700 系列变频器是从原先的 500 系列演变而来的，共包括 A700，D700，E700，F700 四种类型。700 系列的变频器在端子排布和参数设置上具有互通性。因此，只需要了解其中一种类型的变频器，就可以触类旁通，其基本参数和外部接线基本一致，本书以 E700 为例进行介绍。

E700 系列经济型变频器具备 V/f 控制、开环矢量控制功能，内置 RS-485 通信口，支持

Modbus-RTU 协议。此外,该系列变频器还提供了 15 段速控制及 PID 调节等多种功能。其外形图及铭牌如图 7-12 所示。

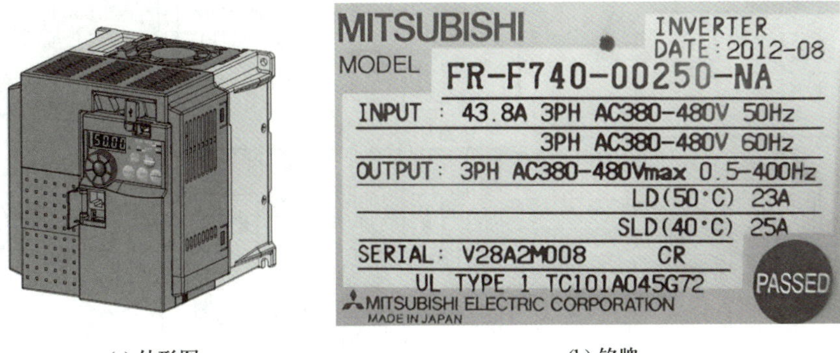

(a) 外形图 (b) 铭牌

图 7-12 三菱 E700 变频器外形图及铭牌

变频器的铭牌数据一般包括变频器的型号、电源等级、电动机的最大容量、输出频率、有关额定值和制造编号等。认识和理解铭牌数据是技术人员最基本的要求。

三菱 FR-E700 变频器的铭牌数据如图 7-13 所示,其中,CHT 表示产地在中国、NA 表示产地在日本、EC 表示产地在欧洲、UL 表示产地在美国。

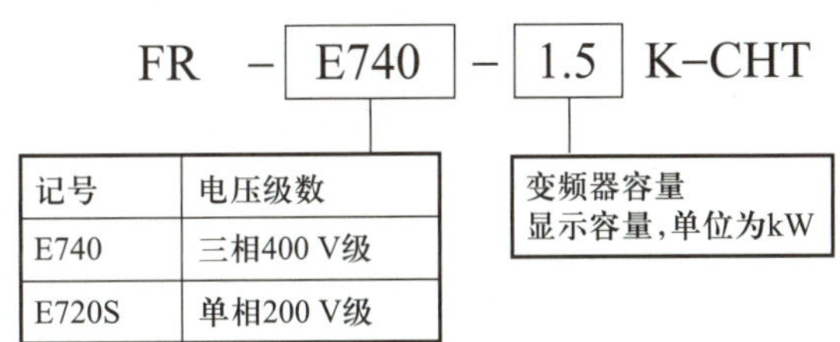

图 7-13 三菱 E700 变频器的铭牌数据

3. 安装接线

(1) 端子安装接线

端子接线图分主电路与控制电路两部分,如图 7-14 所示。

主电路根据不同的机型选择不同的进线电源,一般分为三相交流电源和单相交流电源两种。图 7-15 所示为单相交流电源,只需要接入 AC 220 V 即可,但是其输出依然是三相电动机,而不是单相电动机。

控制电路共包括控制信号输入、频率设定信号(模拟)、继电器输出、集电极开路输出和模拟电压输出等。

(2) 主电路端子

主电路端子用来连接电源和电机,其功能见表 7-3。

主电路接线说明如下:

① 电源必须接 R/L1, S/L2,T/L3,绝对不能接 U,V,W,否则会损坏变频器。

② 变频器和电动机间的接线距离较长时,特别是低频率输出的情况下,会由于主电路电缆的电压降而导致电动机的转矩下降,电压降应控制在 2%以内。

③ 变频器和电动机间的接线总长度最长为 500 m。

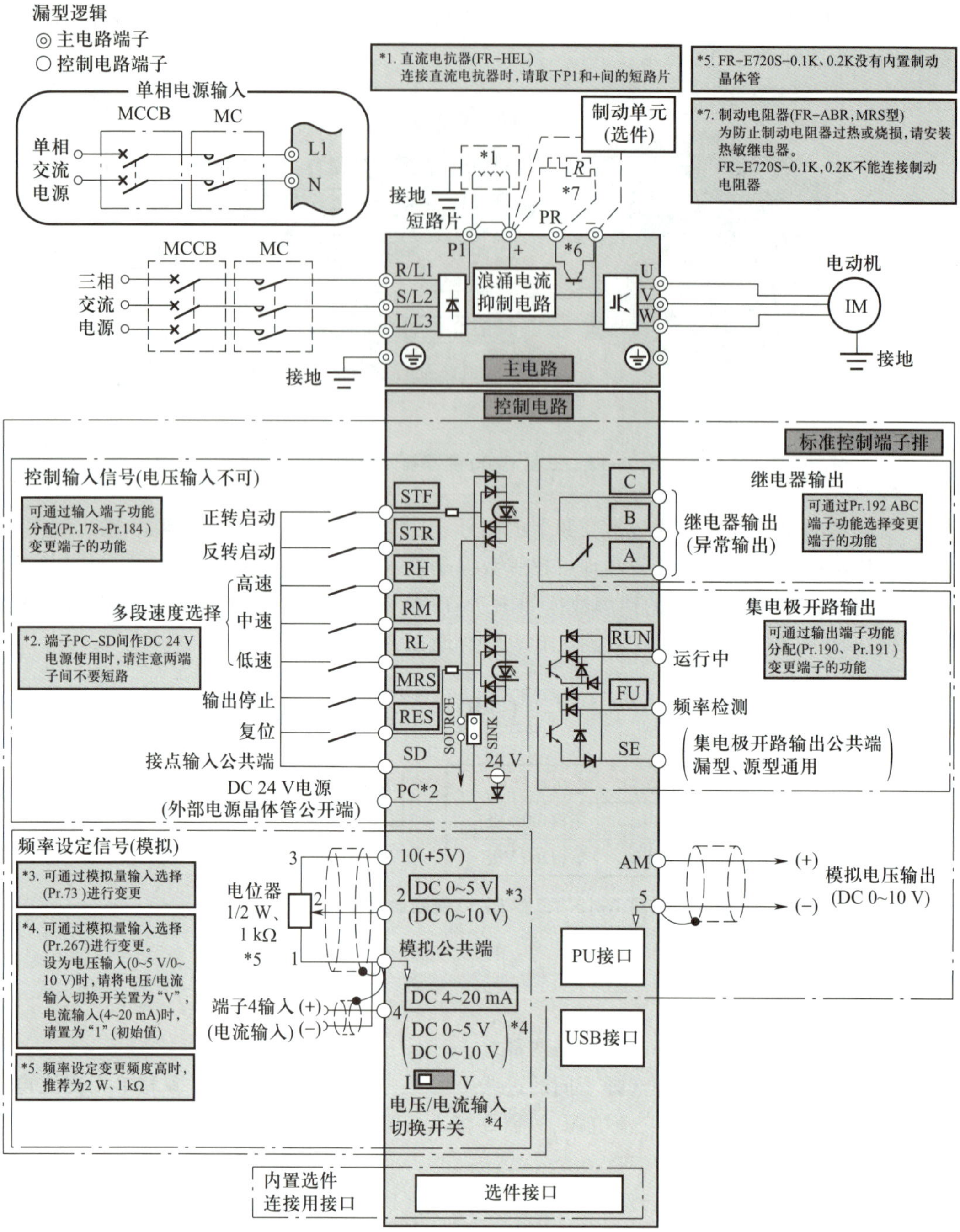

漏型逻辑
◎ 主电路端子
○ 控制电路端子

单相电源输入
MCCB MC
单相交流电源 L1 N

*1. 直流电抗器(FR-HEL)
连接直流电抗器时，请取下P1和+间的短路片

*5. FR-E720S-0.1K、0.2K没有内置制动晶体管

制动单元（选件）

*7. 制动电阻器(FR-ABR, MRS型)
为防止制动电阻器过热或烧损，请安装热敏继电器。
FR-E720S-0.1K, 0.2K不能连接制动电阻器

*1 R *7
接地 短路片 P1 + PR *6
MCCB MC
三相交流电源 R/L1 S/L2 L/L3
浪涌电流抑制电路
U V W
电动机 IM
接地
接地
主电路
控制电路
标准控制端子排

控制输入信号(电压输入不可)
可通过输入端子功能分配(Pr.178~Pr.184)变更端子的功能
正转启动 STF
反转启动 STR
多段速度选择 高速 RH
中速 RM
低速 RL
*2. 端子PC-SD间作DC 24 V电源使用时，请注意两端子间不要短路
输出停止 MRS
复位 RES
接点输入公共端 SD
SOURCE SINK 24 V
DC 24 V电源(外部电源晶体管公开端) PC*2

继电器输出
C B A
继电器输出(异常输出)
可通过Pr.192 ABC端子功能选择变更端子的功能

集电极开路输出
可通过输出端子功能分配(Pr.190、Pr.191)变更端子的功能
RUN 运行中
FU 频率检测
SE （集电极开路输出公共端 漏型、源型通用）

频率设定信号(模拟)
*3. 可通过模拟量输入选择(Pr.73)进行变更
*4. 可通过模拟量输入选择(Pr.267)进行变更。设为电压输入(0~5 V/0~10 V)时，请将电压/电流输入切换开关置为“V”，电流输入(4~20 mA)时，请置为“1”(初始值)
*5. 频率设定变更频度高时，推荐为2 W、1 kΩ
电位器 1/2 W、1 kΩ *5
3 10(+5V)
2 2 DC 0~5 V *3 (DC 0~10 V)
1 5 模拟公共端
端子4输入 (+) (电流输入) (-)
4 DC 4~20 mA (DC 0~5 V DC 0~10 V) *4
I V
电压/电流输入切换开关 *4

AM (+)
5 (-)
模拟电压输出 (DC 0~10 V)
PU接口
USB接口
内置选件连接用接口
选件接口

图 7-14 端子接线图

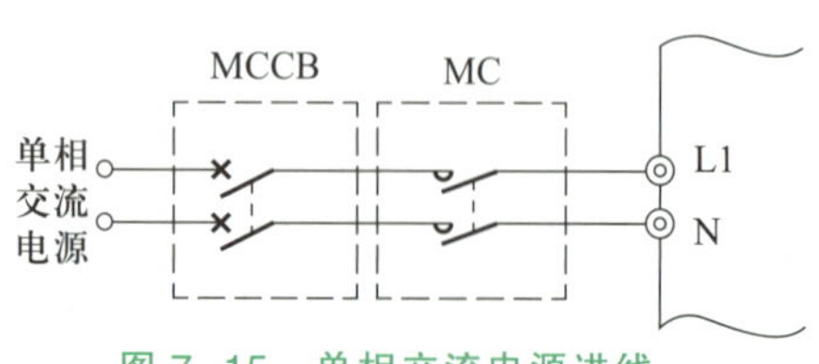

图 7-15 单相交流电源进线

表 7-3　主电路端子功能

端子记号	端子名称	端子功能说明
R/L1 S/L2 T/L3	交流电源输入	连接工频电源。 当使用高功率因数器(FR-HC)及共直流母线变线器(FR-CV)时,不要连接任何东西
U,V,W	变频器输出	连接三相笼型电动机
+,PR	制动电阻器连接	在端子+和 PR 间连接选购的制动电阻器(FR-ABR,MRS 型)
+,-	制动单元连接	
+,P1	直流电抗器连接	

④ 变频器运行后,如需改变接线操作,应断开电源,确认操作面板上的显示消失,并经过 10 min 后,用万用表检测剩余电压以后进行。切断电源后一段时间内,电容上仍然有电,非常危险。

⑤ 由于在变频器内有漏电流,为了防止触电,变频器和电动机必须接地。接地时必须遵循国家及当地安全法规和电气规范的要求。

(3) 控制电路端子

控制电路端子用来连接外部输入设备(启动指令开关、频率给定器等)、外部输出设备(故障输出、输出频率监视等),其符号及功能说明见表 7-4。

表 7-4　变频器控制电路接线端子的符号及功能说明

<table>
<tr><th colspan="2">类型</th><th>端子</th><th>名称</th><th colspan="2">功能说明</th></tr>
<tr><td rowspan="5">输入信号</td><td rowspan="2">启动及功能设定</td><td>STF</td><td>正转启动</td><td>STF 信号 ON 时,为正转;OFF 时,为停止指令</td><td rowspan="2">STF、STR 信号同时 ON 时,变成停止指令</td></tr>
<tr><td>STR</td><td>反转启动</td><td>STR 信号 ON 时,为反转;OFF 时,为停止指令</td></tr>
<tr><td rowspan="3">启动及功能设定</td><td>RH,RM,RL</td><td>多段速度选择</td><td colspan="2">用 RH、RM 和 RL 信号的组合可以选择多段速度</td></tr>
<tr><td>MRS</td><td>输出停止</td><td colspan="2">MRS 信号 ON(20 ms 以上)时,变频器输出停止。用电磁制动停止电机时,用于断开变频器的输出</td></tr>
<tr><td>RES</td><td>复位</td><td colspan="2">复位用于解除保护回路动作时的报警输出。使 RES 信号处于 ON 状态 0.1 s 或以上,然后断开。
初始设定为始终可进行复位。但进行了 Pr.75 的设定后,仅在变频器报警发生时可进行复位。复位所需时间约为 1 s</td></tr>
</table>

续表

类型		端子	名称	功能说明
输入信号	启动及功能设定	SD	接点输入公共端(漏型,初始设定)	接点输入端子(漏型逻辑)
			外部晶体管公共端(源型)	源型逻辑时,当连接晶体管输出(即集电极开路输出),如可编程控制器(PLC)时,将晶体管输出用的外部电源公共端接到该端子,可以防止因漏电引起的误动作
			DC 24 V电源公共端	DC 24 V、0.1 A 电源(端子 PC)的公共输出端子。与端子 5 及端子 SE 绝缘
		PC	外部晶体管公共端(漏型,初始设定)	漏型逻辑时,当连接晶体管输出(即集电极开路输出),如可编程控制器(PLC)时,将晶体管输出用的外部电源公共端接到该端子,可以防止因漏电引起的误动作
			接点输入公共端(源型)	接点输入端子(源型逻辑)的公共端子
			DC 24 V 电源	可作为 DC 24 V、0.1 A 的电源使用
模拟信号	频率设定	10	频率设定用电源	作为外接频率设定(速度设定)用电位器时的电源使用
		2	频率设定(电压)	如果输入 DC 0~5 V(或 0~10 V),在 5 V(10 V)时为最大输出频率,输入、输出成正比。通过 Pr.73 进行 DC 0~5 V(初始设定)和 DC 0~10 V 输入的切换操作
		4	频率设定(电流)	如果输入 DC 4~20 mA(或 0~5 V,0~10 V),在 20 mA 时为最大输出频率,输入、输出成比例。只有电压/电流输入切换开关为 ON 时,端子 4 的输入信号才会有效(端子 2 的输入将无效)。通过 Pr.267 进行 4~20 mA(初始设定)和 DC 0~5 V、DC 0~10 V 输入的切换操作。电压输入(0~5 V 或 0~10 V)时,将电压/电流输入切换开关切换至“V”
		5	频率设定公共端	是频率设定信号(端子 2 或 4)及端子 AM 的公共端子。不要接大地

续表

类型		端子	名称	功能说明
输出信号	继电器	A,B,C	继电器输出(异常输出)	指示变频器因保护功能动作时输出。异常时:B-C 间不导通(A-C 间导通);正常时:B-C 间导通(A-C 间不导通)
	集电极开路	RUN	变频器正在运行	变频器输出频率为启动频率(初始值为 0.5 Hz)或以上时,为低电平;正在停止或正在直流制动时,为高电平
		FU	频率检测	输出频率为任意设定的检测频率以上时,为低电平;未达到时,为高电平
		SE	集电极开路输出公共端	端子 RUN、FU 的公共端子
	模拟电压输出	AM	可以从多种监视项目中选一种作为输出。	输出项目:输出频率(初始设定)
通信	RS-485	PU 接口	能过 PU 接口,进行 RS-485 通信	

(4) 漏型与源型电路

在图 7-14 中,有一个控制逻辑切换的跳线开关(SOURCE/SINK),变频器出厂设定为漏型逻辑(SINK)。为了切换控制逻辑,需要切换控制端子上方的跨接器,如图 7-16 所示。使用镊子或尖嘴钳将漏型逻辑(SINK)上的跨接器转换至源型逻辑(SOURCE)上。跨接器的转换须在未通电的情况下进行。

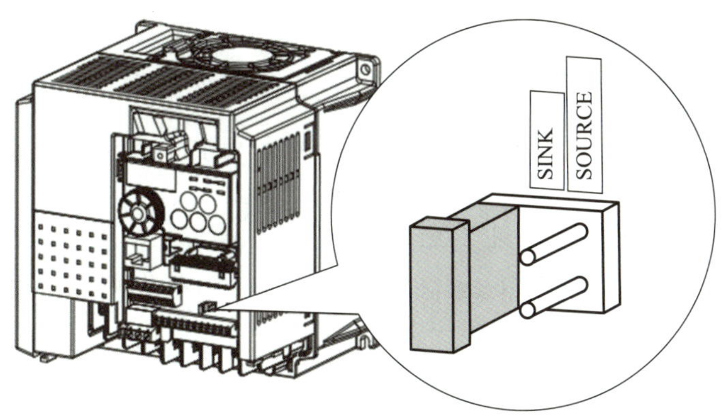

图 7-16 漏型逻辑和源型逻辑的切换

控制电路输入信号出厂设定为漏型逻辑。在这种逻辑中,信号端子接通时,电流是从相应的输入端子流出,如图 7-17 所示,端子 SD 是接点输入信号的公共端子。端子 SE 是集电极开路输出信号的公共端子。

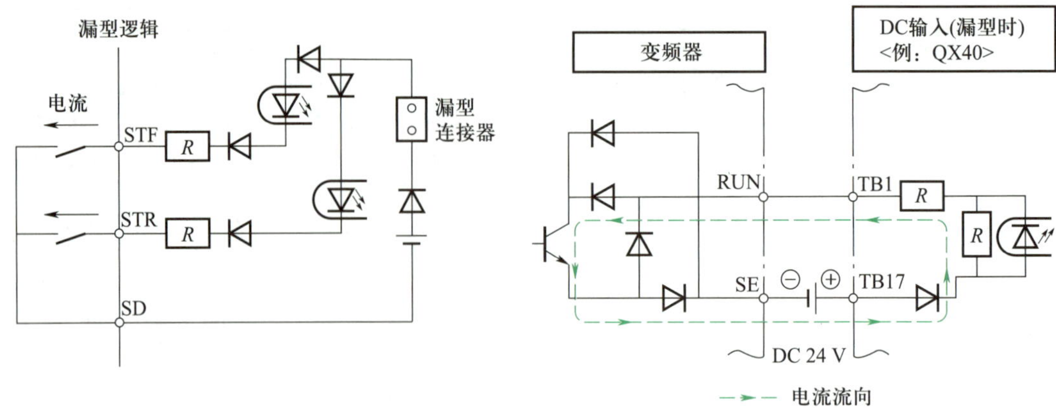

图 7-17 漏型逻辑

在控制电路端子板的背面，把跳线从漏型逻辑位置移至源型逻辑位置，可以改变变频器的控制逻辑。在源型逻辑中，信号接通时，电流是流入相应的输入端子，如图 7-18 所示。端子 PC 是接点输入信号的公共端子。端子 SE 是集电极开路输出信号的公共端子。

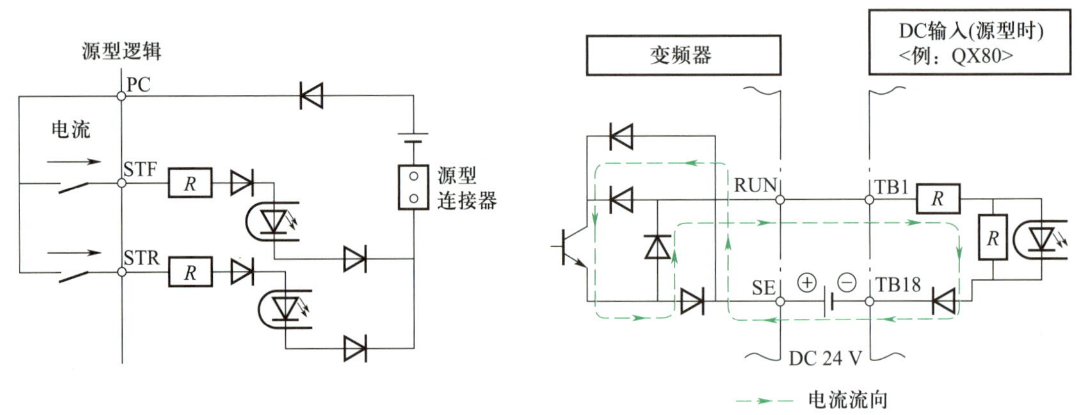

图 7-18 源型逻辑

7.1.4 任务考评

根据班级人数先分组，然后进行任务实施，实施过程中的考评细节参见表 7-5。

表 7-5 任务考评表

项目	评价指标	自评	互评	自评、互评平均分	总分
工作任务(40 分)	认识三菱 FR-E700 变频器及铭牌数据(5 分)				
	主电路端子接线正确(5 分)				
	布局是否合理(5 分)				
	控制电路连接正确(15 分)				
	通电是否成功(10 分)				

续表

项目	评价指标	自评	互评	自评、互评平均分	总分
职业素养（15 分）	工作服整洁、无饰品或硬质件（5 分）				
	正确查阅维修资料和学习材料（5 分）				
	8S 素养（5 分）				
个人思考和总结（5 分）	按照完成任务的安全、质量、时间和 8S 要求，提出个人改进性建议（5 分）				
教师评价（40 分）					

成绩：__________

7.1.5 课后习题

1. 交流异步电动机有哪些调速方式？比较其优缺点。
2. 交—直—交变频器的主电路由哪 3 大部分组成？试述各部分的作用。
3. 变频器是怎样分类的？
4. 为什么对异步电动机进行变频调速时，希望电动机的主磁通保持不变？
5. 在何种情况下，变频也需变压？在何种情况下，变频不能变压？为什么？在上述两种情况下，电动机的调速特性有何特征？

任务 7.2 三菱变频器面板运行操作

知识目标

1. 能够说出三菱变频器的常见运行模式。
2. 学会变频器的基本操作流程。

技能目标

1. 能够规范使用设备、掌握本任务的安全要点。
2. 能根据任务要求设置运行模式。

3. 能够准确设置变频器相关参数。

素养目标

1. 树立安全第一的工作规则,将安全理念深植心中。
2. 培养遵守规范的工作习惯,保证任务实施的正确性。
3. 培养灵活创新、坚持不懈、精益求精的工作态度。
4. 培养团结协作、互帮互助的合作精神。

实施流程

序号	工作内容	教师活动	学生活动
1	布置任务	1. 通过在线平台下发预习任务; 2. 通过在线论坛收集、分析学生疑问; 3. 通过在线平台设置考勤	1. 接受任务,明确任务; 2. 在线学习相关资料,参考教材和课件完成课前预习; 3. 反馈疑问; 4. 完成在线平台签到
2	知识准备	1. 三菱变频器的运行模式; 2. 变频器操作面板操作方法	1. 学习三菱变频器的运行模式; 2. 学习变频器操作面板操作方法
3	任务实施	1. 教师下发任务单; 2. 督导学生完成	1. 按照任务要求与教师演示过程,学生分组完成任务单; 2. 师生互动,讨论任务实施过程中出现的问题; 3. 完成任务书
4	任务考评	1. 按具体评分细则对学生进行评价; 2. 采用过程性考核方式,根据学生学习全过程的表现,教师给定综合评定分数	按具体评分细则进行自评、互评

7.2.1 任务分析

利用变频器操作面板上的 RUN 键控制变频启动、停止及正反转,利用变频器面板上的旋钮控制电动机以 50 Hz 正反转运行,10 Hz 点动运行,并能通过变频器控制面板的旋钮在 0~50 Hz 之间调速。

7.2.2 知识准备

1. 三菱变频器的运行模式

变频器的运行必须有启动指令和频率指令,将启动指令设为 ON 后,电动机便开始运转。同时根据频率指令来决定电动机的转速。所谓运行模式,是指指定输入变频器的启动指令和频率指令的输入通道。变频器的常见运行模式有面板(PU)运行模式、外部运行模式、组合运行模式、通信模式(又称网络运行模式)等。运行模式的选择应根据生产过程的控制要求和生产作业的现场条件等因素来决定,达到既满足控制要求又能以人为本的目的。

三菱变频器运行模式用“运行模式选择”参数 Pr.79 设定,其运行模式通常有 7 种,详见表 7-6。

表 7-6　变频器的运行模式

<table>
<tr><th>参数编号</th><th>名称</th><th>初始值</th><th>设定范围</th><th>运行模式</th><th>频率指令</th><th>启动指令</th><th>LED 显示
▭:灭灯
▭:亮灯</th></tr>
<tr><td rowspan="5">79</td><td rowspan="5">运行模式选择</td><td rowspan="5">0</td><td>0</td><td colspan="3">外部/PU 切换模式,电源接通时,为外部运行模式,EXT 指示灯点亮;通过 PU/EXT 可切换 PU 或外部运行模式</td><td>外部运行模式
EXT
PU 运行模式
PU</td></tr>
<tr><td>1</td><td>面板(PU)运行模式</td><td>操作面板(M 旋钮)</td><td>操作面板(RUN 键)</td><td>PU</td></tr>
<tr><td>2</td><td>外部运行模式</td><td>外部输入信号(端子 2、5 输入电压信号,端子 4、5 输入电流信号,多段速设定,点动)</td><td>外部输入信号(STF、STR 端子)</td><td>外部运行模式
EXT
网络运行模式
NET</td></tr>
<tr><td>3</td><td>外部/PU 组合运行模式 1</td><td>操作面板、PU(FR-PU04-CH/FR-PU07)设定或外部信号输入(多段速设定),端子 4、5 间(AU 信号 ON 时有效)[①]</td><td>外部输入信号(STF、STR 端子)</td><td rowspan="2">PU　EXT</td></tr>
<tr><td>4</td><td>外部/PU 组合运行模式 2</td><td>外部信号输入(端子 2、5 输入电压信号,端子 4、5 输入电流信号,点动,多段速选择等)</td><td>操作面板的 RUN 键、PU(FR-PU04-CH/FR-PU07)的 FWD、REV 键输入</td></tr>
</table>

项目 7

续表

参数编号	名称	初始值	设定范围	运行模式	频率指令	启动指令	LED 显示 ▬：灭灯 ▭：亮灯
79	运行模式选择	0	6	切换模式，可以一边继续运行状态，一边实施 PU 运行模式、外部运行模式、网络运行模式的切换。			PU 运行模式 PU 外部运行模式 EXT 网络运行模式 NET
			7	外部运行模式（PU 运行互锁）。 X12 信号 ON[②]： 可切换到 PU 运行模式（外部运行中输出停止）。 X12 信号 OFF[②]： 禁止切换到 PU 运行模式			PU 运行模式 PU 外部运行模式 EXT

注：① Pr.79 ＝“3”的频率指令的优先顺序是：多段速运行（RL/RM/RH/REX）>PID 控制（X14）>端子 4 模拟输入（AU）>在操作面板上进行的数字输入。

② 对于 X12 信号（PU 运行互锁信号）输入所使用的端子，通过将 Pr.178～Pr.184（输入端子功能选择）设定为“12”来进行功能的分配。

（1）面板（PU）运行模式

从变频器本体的操作面板上输入变频器的启动指令和频率指令称为 PU 运行模式，又称面板运行模式。这种模式不需要外界其他的操作控制信号，可直接在变频器的面板上进行操作。可设定“运行模式选择”参数 Pr.79＝1 和 0 来实现 PU 运行模式。

（2）外部运行模式

外部运行模式通常为出厂设定。这种模式通过外接的启动开关、频率设定电位器等输入变频器的启动指令和频率指令，控制变频器的运行。外部频率设定信号有 0～10 V，0～5 V，4～20 mA 的直流信号。启动开关与变频器的 STF、STR 端子相连接，频率设定电位器与变频器端子 10、端子 2、端子 5 相连接，外部运行模式接线图如图 7-19 所示。

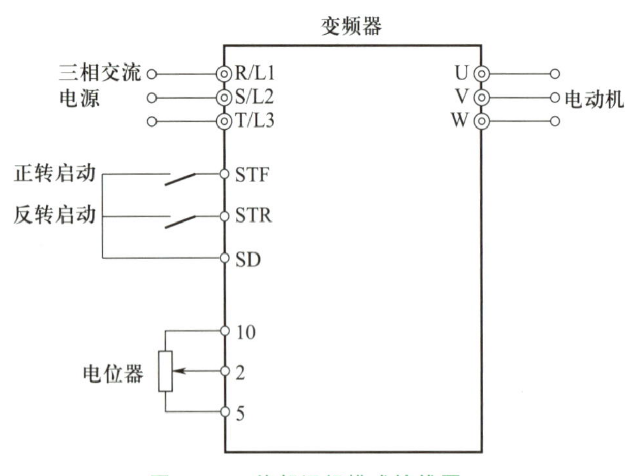

图 7-19 外部运行模式接线图

可设定“运行模式选择”参数 Pr.79 = 2 和 0 来实现外部运行模式。

(3) 组合运行模式

PU 和外部运行模式可以进行组合操作，此时，Pr.79 = 3 或 4，采用下列两种方法中的一种。

① 启动信号用外部信号设定(STF 或 STR)，频率信号用 PU 运行模式操作设定或通过多段速端子 RH、RM、RL 设定。

② 启动信号用 PU 键盘设定，频率信号用外部频率设定电位器或多段速端子 RH、RM、RL 设定。

(4) 通信模式

通信模式，又称网络运行模式，是通过 RS-485 接口和通信电缆将变频器的 PU 接口与 PLC、工业计算机(PC)等数字化控制器连接，实现先进的数字化控制。通信模式可以设定参数 Pr.79 = 6 来实现，这时不仅可以进行数字化控制器与变频器的通信操作，还可以进行计算机通信操作与其他运行模式的相互切换。

2. 三菱 FR-E700 系列变频器的操作面板

变频器的操作面板上装有 LED 显示、按键、M 旋钮，它可以对变频器的启动、停止、频率指令、参数设定，以及各种状态监控进行操作。变频器型号不同，其面板也不相同，这里选用三菱 FR-E700 变频器所配操作面板 FR-PA07 进行介绍，如图 7-20 所示，各显示和按键功能见表 7-7。

图 7-20 FR-PA07 操作面板

表 7-7 FR-PA07 操作面板各显示和按键功能

<table>
<tr><th>显示和按键</th><th colspan="2">功能</th></tr>
<tr><td>监视器(4 位 LED)</td><td colspan="2">显示频率、参数编号、故障代码等</td></tr>
<tr><td>Hz 指示灯</td><td colspan="2">单位显示，显示频率时亮灯</td></tr>
<tr><td>A 指示灯</td><td colspan="2">单位显示，显示电流时亮灯，显示电压时熄灭，显示设定频率监控时闪烁</td></tr>
<tr><td>RUN 指示灯</td><td colspan="2">运行状态显示，变频器动作中亮灯或闪烁。
亮灯：正转运行中。
缓慢闪烁(1.4 s 循环)：反转运行中。
快速闪烁(0.2 s 循环)：
① 按 RUN 键或输入启动指令都无法运行时；
② 有启动指令，频率指令在启动频率以下时；
③ 输入 MRS 信号时</td></tr>
<tr><td>MON 指示灯</td><td colspan="2">监视模式时亮灯</td></tr>
<tr><td>PRM 指示灯</td><td colspan="2">参数设定模式时亮灯</td></tr>
<tr><td>PU 指示灯</td><td>PU 运行模式时亮灯</td><td rowspan="2">外部/PU 组合运行模式 1、2 时，PU、EXT 同时亮灯</td></tr>
<tr><td>EXT 指示灯</td><td>外部运行模式时亮灯</td></tr>
</table>

续表

显示和按键	功能
NET 指示灯	网络运行模式时亮灯
旋钮(M 旋钮)	用于变更频率、参数的设定值。 按该旋钮可显示以下内容: ① 监视模式时的设定频率; ② 校正时的当前设定值; ③ 错误历史模式时的顺序
PU/EXT 键	用于切换 PU/外部运行模式。 使用外部运行模式(通过另接的频率设定旋钮和启动信号启动的运行)时按此键,使表示外部运行模式的 EXT 指示灯处于亮灯状态。 要切换进入组合模式时,可同时按 MODE 键(0.5 s),或者变更参数 Pr.79,也可以解除 PU 运行模式
RUN 键	通过 Pr.40 的设定,可以选择旋转方向
STOP/RESET 键	STOP:停止运转指令。 RESET:保护功能(严重故障)生效时,也可以进行报警复位
SET 键	用于确定频率和参数的设定。运行中,按此键,则监视器依次显示运行频率、输出电流、输出电压
MODE 键	用于切换各设定模式。与 PU/EXT 键同时按下,也可以用来切换运行模式。长按此键(2 s)可以锁定操作

7.2.3 任务实施

1. 准备元器件和工具

元器件和工具清单见表 7-8。

表 7-8 元器件和工具清单

序号	元器件和工具	型号与规格	数量	单位	备注
1	常用电工工具	验电笔、螺钉旋具(一字和十字)、电工刀、尖嘴钳、钢丝钳、压线钳等	1	套	
2	万用表	MF-47、DT9502 或自定	1	台	
3	三菱变频器	FR-E740-0.4K-CHT	1	台	
4	使用手册	三菱通用变频器 FR-E700 使用手册	1	本	

2. 三菱 FR-E700 变频器的基本操作

FR-E700 变频器的基本操作包括设定频率、设定参数、显示报警履历等,其基本操作流程如图 7-21 所示。变频器“运行模式选择”参数设定为 Pr.79=0 或 1。

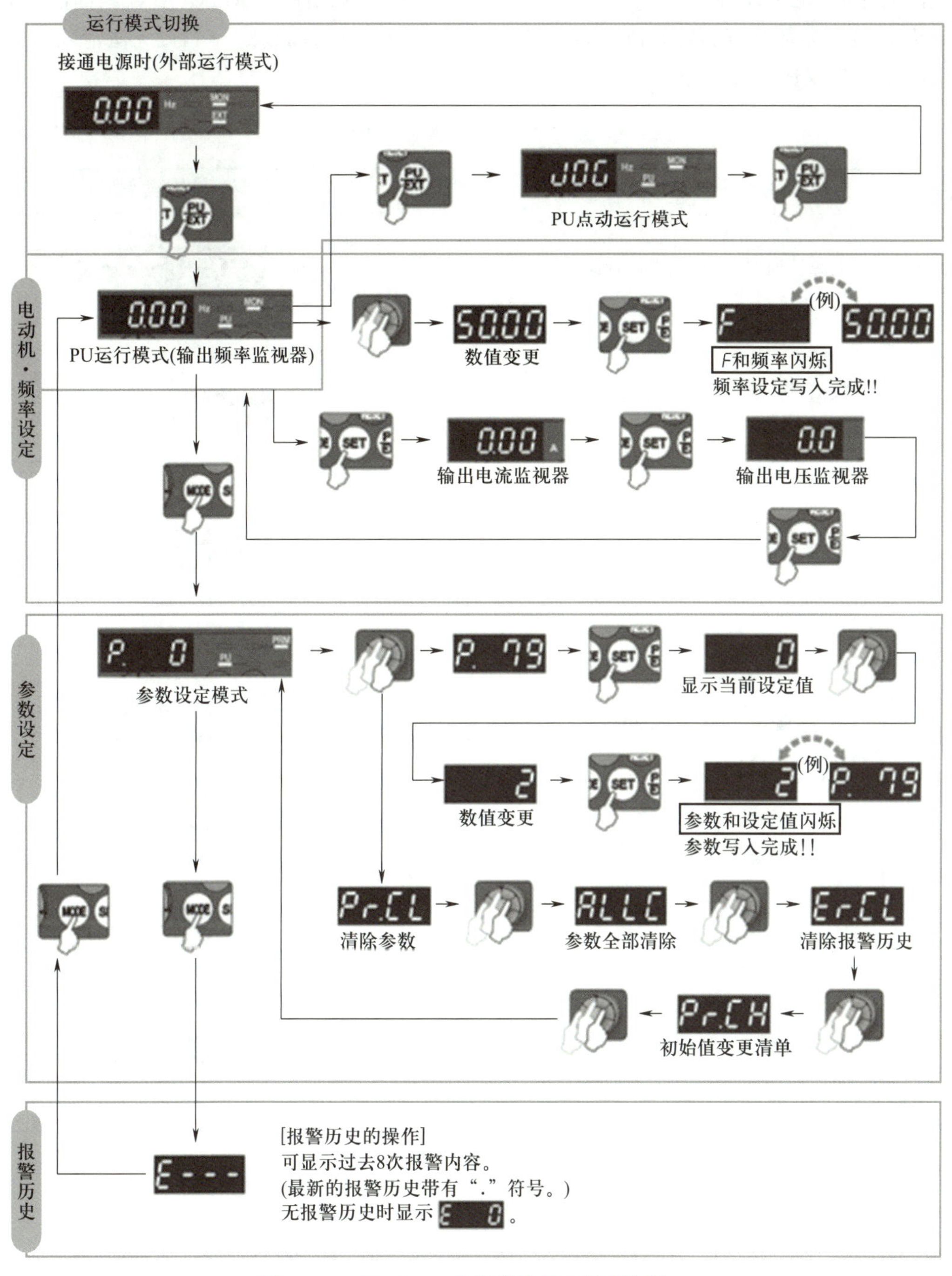

图 7-21 FR-E700 变频器的基本操作流程

Pr.79＝0 时,变频器可以在外部运行、PU 运行和 PU 点动运行之间进行切换控制。当变频器上电时,首先进入外部运行模式,以后每按一次 PU/EXT 键,变频器都将以外部运行→PU 运行→PU 点动运行的顺序切换。

3. 参数清除、参数全部清除

在对变频器进行操作之前,必须清除变频器的参数,使其恢复出厂设置,当遇到无法解决的问题时,也可以将参数返回出厂设置。将 Pr.CL(参数清除)、ALLC(参数全部清除)设定为 1,可使参数恢复为初始值。如果将 Pr.77(参数写入选择)设定为 1,则无法清除。参数清除操作步骤详见表 7-9。

表 7-9 参数清除操作步骤

操作步骤		显示结果
1	电源接通时,显示监视器画面	0.00 Hz MON EXT
2	按(PU/EXT)键,进入 PU 运行模式	PU 显示灯亮 0.00 PU
3	按(MODE)键,进入参数设定模式	PRM 显示灯亮 P. 0 PRM 显示以前读取的参数编号
4	旋转旋钮,将参数编号设定为Pr.CL(Pr.CL)及ALLC(ALLC)	参数清除 Pr.CL 参数全部清除 ALLC
5	按(SET)键,读取当前的设定值。 显示“0”(初始值)	0
6	旋转旋钮,将数值设定为“1”	1
7	按(SET)键确定	1 参数清除 Pr.CL 参数全部清除 ALLC 闪烁……参数设定完成

注:无法显示 Pr.CL、ALLC 时,将 Pr.160 设定为 0。无法清除时,将 Pr.79 设定为 1。

4. 参数设定

使用变频器操作面板上的各种按键和旋钮,可以设定参数(必须在 Pr.79=0 或 1 时)。

① 将上限频率参数 Pr.1 的设定值设成 50 Hz,其操作步骤见表 7-10。

表 7-10 改变参数值的操作步骤

操作步骤		显示结果
1	电源接通时,显示监视器画面	0.00 Hz MON EXT
2	按(PU/EXT)键,进入 PU 运行模式	PU 显示灯亮 0.00 PU
3	按(MODE)键,进入参数设定模式	PRM 显示灯亮 P. 0 PRM 显示以前读取的参数编号
4	旋转旋钮,将参数编号设定为 P. 1 (Pr.1)	P. 1
5	按(SET)键,读取当前的设定值。 显示"120.0 Hz"(初始值)	120.0 Hz
6	旋转旋钮,将数值设定为"50.00 Hz"	50.00 Hz
7	按(SET)键确定	50.00 Hz ⇄ P. 1 闪烁……参数设定完成

注:a. 旋转旋钮可读取其他参数。

b. 按(SET)键可再次显示设定值。

c. 按两次(SET)键可显示下一个参数。

d. 按两次(MODE)键可返回频率监视画面。

注意:

a. 参数写入选择 Pr.77 = 1 时,不可设定参数,否则会出现 Er1(禁止写入错误)报警错误信息。

b. 变频器运行时,不能设定参数,否则会出现 Er2(运行中写入参数)报警错误信息。

② 变频器在出厂时,所有参数都会显示。但用户可以限制参数的显示,使部分参数隐藏,用户可更改参数 Pr.160 实现限制通过操作面板或参数单元读取的参数,其操作步骤参考表 7-10。其值可设定为

a. Pr.160 = 0,可以显示基本参数和扩展参数。

b. Pr.160 = 999 9,只显示基本参数。

5. 简单设定运行模式

通过简单的操作,完成利用启动指令和速度指令的组合,设定 Pr.79 运行模式。操作步骤见表 7-11。

表 7-11 改变参数值的操作步骤

操作步骤		显示结果
1	电源接通时,显示监视器画面	0.00 Hz MON EXT
2	运行模式快速变更: 同时按(PU/EXT)和(MODE)键 0.5 s	闪烁 79-- PRM
3	旋转旋钮,将值设定为79-3(79-3),关于其他设定,参见表 7-12	闪烁 79-3 PU EXT PRM 闪烁
7	按(SET)键确定	79-3 79-- 闪烁……参数设定完成。 3 s 后显示如下监视器画面: 0.00 Hz MON PU EXT

表 7-12 Pr.79 参数设置

操作面板显示	运行方法	
	启动指令	频率指令
闪烁 79-1 PU PRM 闪烁	RUN	旋钮
闪烁 79-2 EXT PRM 闪烁	外部 (STF、STR)	模拟量电压输入
闪烁 79-3 PU EXT PRM 闪烁	外部 (STF、STR)	旋钮
闪烁 79-4 PU EXT PRM 闪烁	RUN	模拟量电压输入

6. 三菱变频器操作面板操作训练

(1) 接线

FR-E740 变频器 PU 运行模式接线图如图 7-22 所示,将变频器的 R/L1、S/L2、T/L3 端子接三相交流电源(380 V),U、V、W 端子接电动机,然后合上电源开关,给变频器通电。注意不能将三相交流电源接到 U、V、W 端子上,否则会损坏变频器。

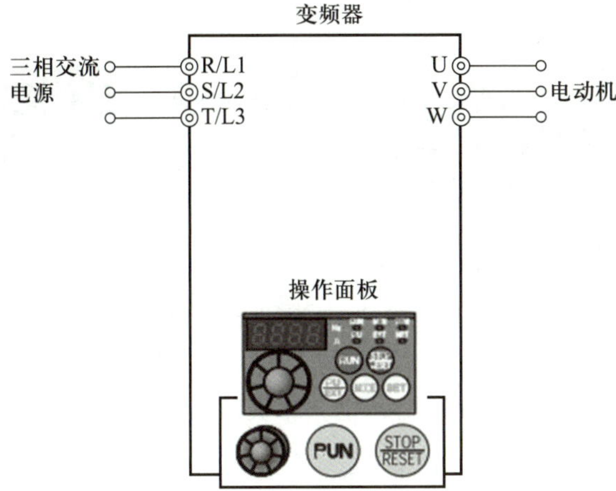

图 7-22 FR-E740 变频器 PU 运行模式接线图

(2) 参数设置

在 PU 运行模式下运行时,需要设置 Pr.79 = 0 或 1,Pr.1 = 50 Hz(上限频率),Pr.2 = 0 Hz(下限频率),Pr.7 = 5 s(加速时间),Pr.8 = 5 s(减速时间)。设置步骤参考表 7-10。

(3) 设定频率进行试运行

设定频率为 30 Hz 试运行,其操作步骤见表 7-13。

表 7-13 用操作面板设定频率运行的操作步骤

操作步骤		显示结果
1	电源接通时,显示监视器画面	0.00 Hz MON EXT
2	按(PU/EXT)键,进入 PU 运行模式	PU 显示灯亮 0.00 PU
3	频率设定: 旋转(旋钮图)旋钮,显示想要设定的频率,闪烁约 5 s	30.00 闪烁约5 s
4	在数值闪烁期间,按(SET)键设定频率。若不按(SET)键,数值闪烁 5 s 后,显示将变为“0.00”(0.00 Hz),此情况请返回步骤 3 重新设定频率	30.00 F 闪烁……参数设定完成
5	闪烁约 3 s 后,显示将返回“0.00”(监视显示)。 按(RUN)键运行,显示器的频率值随 Pr.7 加速时间而增大,显示为 30 Hz(如要设置变频器反转运行,则修改参数 Pr.40 = 1 即可)	3 s后 0.00 30.00 Hz RUN MON PU

续表

操作步骤		显示结果
6	要变更设定频率,执行步骤 3、4(从之前设定的频率开始)	
7	按(STOP/RESET)键停止,显示器的频率值随 Pr.8 减速时间而减小,显示为 0.00 Hz,电动机停止运行	30.00 → 0.00 Hz PU MON

(4) 用 M 旋钮作为电位器进行试运行

在变频器运行或停止中,都可以通过 M 旋钮来设定频率。此时应设置参数 Pr.160(扩展功能显示选择)= 0,参数 Pr.161(频率设定/键盘锁定操作选择)= 1(M 旋钮电位器模式),即旋转 M 旋钮可以调节变频器的输出频率大小,其操作步骤见表 7-14。

表 7-14 用 M 旋钮作为电位器设定频率运行的操作步骤

操作步骤		显示结果
1	电源接通时,显示监视器画面	0.00 Hz MON EXT
2	按(PU/EXT)键,进入 PU 运行模式	PU 显示灯亮 0.00 PU
3	设置 Pr.160 = 0,Pr.161 = 1	操作步骤参考参数设置
4	按(RUN)键运行变频器	0.00 Hz RUN MON PU
5	旋转(M)旋钮,将值设定为 50 Hz。闪烁的数值即为设定频率,没有必要按(SET)键	0 → 50.00 闪烁约5 s

注:① 如果“50.00”闪烁后回到“0.00”,说明 Pr.161 频率设定/键盘锁定操作选择的设定值可能不是“1”。

② 运行或停止中,都可以通过旋转(M)旋钮进行频率的设定(在 Pr.295 频率变化量设定中旋转(M)旋钮可以改变变化量)。

(5) PU 进行点动控制

通过操作面板及 PU(FR-PU04-CH/FR-PU07)设置为点动运行模式,其操作步骤见表 7-15。

表 7-15 变频器面板点动操作步骤

操作步骤		显示结果
1	确认运行显示和运行模式显示: ① 应为监视模式; ② 应为停止中状态	0.00 Hz MON EXT

续表

操作步骤		显示结果
2	按(PU/EXT)键，进入 PU 点动运行模式	JOG Hz MON PU
3	按(RUN)键： ① 按下(RUN)键的期间内电动机旋转； ② 以 5 Hz 旋转（Pr.15 的初始值）	5.00 Hz MON PU
4	松开(RUN)键	停止
5	变更 PU 点动运行的频率时，按(MODE)键，进入参数设定模式	PRM显示灯亮 P. 0 PRM 显示以前读取的参数编号
6	旋转旋钮，将参数编号设定为 Pr.15 点动频率	P. 15
7	按(SET)键显示当前设定值（5 Hz）	5.00 Hz MON PU
8	旋转旋钮，将数值设定为 10 Hz	10.00 Hz MON PU
9	按(SET)键确定	10.00 P. 15 闪烁……参数设定完成
10	执行步骤 1—4 的操作，电动机以 10 Hz 旋转。若电动机不转，则确认启动频率 Pr.13。当点动频率设定低于启动频率时，电动机不转	

（6）监视输出电流和输出电压

在监视模式中，按(SET)键可以切换输出频率、输出电流、输出电压的监视器显示，其操作步骤见表 7-16。其显示结果根据设定值不同会与表中数据有所不同。

表 7-16 监视输出电流和输出电压的操作步骤

操作步骤		显示结果
1	运行中，按(SET)键使监视器显示输出频率	60.00 Hz RUN MON EXT Hz指示灯亮
2	无论在哪种运行模式下，若运行、停止中按(SET)键，监视器上将显示输出电流	1.00 A RUN MON EXT A指示灯亮
3	按(SET)键，监视器上将显示输出电压	220.0 RUN MON EXT Hz、A指示灯熄灭

项目7

7.2.4 任务考评

根据班级人数先分组，然后进行任务实施，实施过程中的考评细节参见表 7-17。

表 7-17 任务考评表

项目	评价指标	自评	互评	自评、互评平均分	总分
工作任务（40 分）	会参数清除或参数全部清除（5 分）				
	会简单设定运行模式（5 分）				
	采用 PU 运行模式设置正确（10 分）				
	M 旋钮作为电位器进行试运行成功（10 分）				
	PU 进行点动控制试运行成功（10 分）				
职业素养（15 分）	工作服整洁、无饰品或硬质件（5 分）				
	正确查阅维修资料和学习材料（5 分）				
	8S 素养（5 分）				
个人思考和总结（5 分）	按照完成任务的安全、质量、时间和 8S 要求，提出个人改进性建议（5 分）				
教师评价（40 分）					

成绩：________

7.2.5 课后习题

一、填空题

1. 三菱变频器的运行模式有________、________、________、________4 种。

2. 三菱系列变频器设置加速时间的参数是__________；设置上限频率的参数是________；设置下限频率的参数是__________。

3. 若需要将变频器的所有参数都显示出来，需要将________设置为________。

4. 若需要对参数进行清零，需要将________设置为________。

5. 在变频器运行过程中显示电流值，需要按________键。

6. FR-E740 变频器的操作面板上，RUN 指示灯亮表示__________，PU 指示灯亮表示________，EXT 指示灯亮表示__________。

7. 三菱变频器的操作面板中，MODE 键表示__________，PU/EXT 键表示__________，RUN 键表示__________。

二、实操题

1. 变频器工作在面板操作模式，试分析在设置下列参数的情况下，变频器的实际运行频率。

项目 7

① 预置上限频率 Pr.1 = 60 Hz，下限频率 Pr.2 = 10 Hz，面板给定频率分别为 5 Hz，40 Hz，70 Hz。

② 预置 Pr.1 = 60 Hz，Pr.2 = 10 Hz，Pr.31 = 28 Hz，Pr.32 = 32 Hz，面板给定频率见表 7-18，将变频器的实际输出频率填入表 7-18 中。

表 7-18 变频器的实际输出频率

给定频率/Hz	输出频率/Hz	给定频率/Hz	输出频率/Hz
5		32	
20		50	
29		70	
30			

2. 在 PU 运行模式下，运行点动，点动频率为 30 Hz，点动加减速时间是 2 s。如何设置参数？变频器如何运行？

3. 设置参数，使变频器：

① 跳过 10~15 Hz，在 10 Hz 运行；

② 跳过 20~25 Hz，在 25 Hz 运行；

③ 跳过 40~50 Hz，在 50 Hz 运行。

4. 利用变频器操作面板控制电动机以 40 Hz 正转、反转，电动机加减速时间为 3 s，点动频率为 20 Hz，上、下限频率为 60 Hz 和 5 Hz。频率由面板给定。

① 写出将参数复位出厂值的步骤；

② 画出变频器的接线图；

③ 写出变频器的参数设置；

任务 7.3

三菱变频器控制电动机正反转

知识目标

1. 能够说出变频器外接输入控制端子分类。
2. 能够说出变频器的模拟量输入控制端子功能。

项目7

技能目标

1. 能够正确使用工具和仪表。
2. 会根据任务要求正确设置变频器参数。
3. 能根据任务要求完成电动机正反转调试工作。

素养目标

1. 培养用理论指导实践的工作习惯。
2. 培养灵活创新、精益求精的工作态度。
3. 培养团结协作、互帮互助的合作精神。

实施流程

序号	工作内容	教师活动	学生活动
1	布置任务	1. 通过在线平台下发预习任务; 2. 通过在线论坛收集、分析学生疑问; 3. 通过在线平台设置考勤	1. 接受任务,明确任务; 2. 在线学习相关资料,参考教材和课件完成课前预习; 3. 反馈疑问; 4. 完成在线平台签到
2	知识准备	1. 三菱变频器外接输入控制端子的功能设定; 2. 模拟量信号的功能设定	1. 查阅三菱变频器外接输入控制端子相关资料; 2. 查阅模拟量输入控制端子、数字量输入控制端子相关资料
3	任务实施	1. 教师下发任务单; 2. 督导学生完成	1. 按照任务要求与教师演示过程,学生分组完成任务单; 2. 师生互动,讨论任务实施过程中出现的问题; 3. 完成任务书
4	任务考评	1. 按具体评分细则对学生进行评价; 2. 采用过程性考核方式,根据学生学习全过程的表现,教师给定综合评定分数	按具体评分细则进行自评、互评

7.3.1 任务分析

现有一台功率为 1.1 kW 的三相异步电动机拖动传送带运行,变频器通过电动机调节传送带的速度,要求用外部开关控制变频器启停,通过外部电位器给定 0~5 V 的电压,让变频器在 0~50 Hz 之间进行正反转调速运行,加减速时间为 5 s;利用变频器外部端子控制正反转点动,点动频率为 10 Hz,点动加减速时间为 1 s。

7.3.2 知识准备

在工业自动化领域中，三菱变频器以其高效、节能的特点广受青睐。其输入控制端子的功能是实现精准电动机控制的关键之一。通过外接输入控制端子从外部输入开关信号和模拟量信号来控制变频器，实现远距离控制变频器运转。

1. 外接输入控制端子的分类

变频器外接输入控制端子分为数字量输入控制端子和模拟量输入控制端子两类。变频器常见的数字量输入控制端子都采用光电耦合隔离方式，接收的都是数字量信号。所有端子大体可以分为三大类。

① 基本控制输入端子：如有些变频器的正转、复位等端子，这些端子的功能是变频出厂时已经标定，一般不能再更改。

② 可编辑控制输入端子：由于变频器可能接收的控制信号多达数十种，为了节省接线端子和减少体积，变频器只提供一定数量的“可编程控制输入端子”，也称“多功能输入端子”，用户可以根据实际需要，通过参数进行更改。

③ 模拟量输入控制端子：模拟量输入控制端子一般可接受 0~5 V、0~10 V 电压信号和 0~20 mA、4~20 mA 电流信号。

2. 数字量输入控制端子功能的设定

三菱 FR-E740 变频器的输入信号中，STF、STR、RL、RM、RH、MRS、RES 等端子是多功能输入端子，这些端子功能可以通过参数 Pr.178~Pr.182 进行更改，以节省变频器控制端子的数量。

FR-E740 变频器的多功能输入端子参数设置见表 7-19。

表 7-19 FR-E740 变频器的多功能输入端子参数设置

端子	参数编号	名称	初始值	初始信号	设定范围
输入端子	178	STF 端子功能选择	60	STF(正转指令)	0~5,7,8,10,12,14~16,18,24,25,60(仅 Pr.178 可设定),61(仅 Pr.179 可设定),62,65~67,9999
	179	STR 端子功能选择	61	STR(反转指令)	
	180	RL 端子功能选择	0	RL(低速运行指令)	
	181	RM 端子功能选择	1	RM(中速运行指令)	
	182	RH 端子功能选择	2	RH(高速运行指令)	
	183	MRS 端子功能选择	24	MRS(输出停止)	
	184	RES 端子功能选择	62	RES(变频器复位)	

输入端子参数设定与功能选择的部分设定见表 7-20，详细设定参看 FR-E740 使用手册。

表 7-20　输入端子参数设定与功能选择的部分设定

设定值	信号名称	功能	
		Pr.59=0	**Pr.59=1,2**
0	RL	低速运行指令	遥控设定清零
1	RM	中速运行指令	遥控设定减速
2	RH	高速运行指令	遥控设定加速
3	RT	第 2 功能选择	
4	AU	端子 4 输入选择	
5	JOG	点动运行选择	
7	OH	外部电源过电流保护输入	
8	REX	15 速选择(同 RL、RM、RH 的多段速组合)	
10	X10	变频器运行许可信号(连接 FR-HC/FR-CV)	
12	X12	PU 运行外部互锁	
14	X14	PID 控制有效端子	
15	BRI	制动开启完成信号	
16	X16	PU/外部运行切换(X16 为 ON 时外部运行)	
18	X18	*V/f* 切换(X18 为 ON 时 *V/f* 控制)	
24	MRS	输出停止	
25	STOP	启动自保持选择	
60	STF	正转指令[仅 STF 端子(Pr.178)可分配]	
61	STR	反转指令[仅 STR 端子(Pr.179)可分配]	
62	RES	变频器复位	
65	X65	PU/NET 运行切换(X65 为 ON 时 PU 运行)	
66	X66	外部/NET 运行切换(X66 为 ON 时 NET 运行)	
67	X67	指令权切换(X67-ON 时通过 Pr.338、Pr.339 使指令生效)	
9999	—	无功能	

注意:

通过 Pr.178~ Pr.184(输入端子功能选择)变更端子分配,有可能会对其他的功能产生影响,须在确认各端子的功能后,再进行设定。

① 1 个功能能够分配给 2 个以上的多个端子。此时,各端子的输入取逻辑和。

② 速度指令的优先顺序为点动>多段速设定(RH,RM,RL,REX)>PID(X14)。

③ 当没有设定 X10 信号(连接 FR-HC、FR-CV 的变频器运行许可信号),或者在Pr.79 = 7 的情况下未分配 PU 运行外部互锁(X12)信号时,MRS 信号共享此功能。

④ 多段速设定(7 速)、遥控设定的分配使用通用的端子,不能个别设定(由于均为速度设定,没必要同时设定,因此为通用)。

⑤ AU 信号为 ON 时,端子 2(电压输入)无效。

3. 模拟量输入控制端子功能设定

三菱变频器可以通过外部给定电压信号或电流信号调节变频器的输出频率,这些电压信号和电流信号在变速器内部经过 AD 转换模块转换成数字信号作为频率给定信号,控制变频器的速度。FR-E740 变频器的模拟量输入控制端子 2、5 和 4、5 两路输入,其输入功能由参数 Pr.73 和参数 Pr.267 设定,其参数意义及设定范围见表 7-21。

表 7-21 模拟量输入控制端子设置的相关参数意义及设定范围

<table>
<tr><th>参数编号</th><th>名称</th><th>初始值</th><th>设定范围</th><th colspan="2">内容</th></tr>
<tr><td rowspan="4">Pr.73</td><td rowspan="4">模拟量
输入选择</td><td rowspan="4">1</td><td>0</td><td>端子 2 输入 0~10 V</td><td rowspan="2">无可逆运行</td></tr>
<tr><td>1</td><td>端子 2 输入 0~5 V</td></tr>
<tr><td>10</td><td>端子 2 输入 0~10 V</td><td rowspan="2">有可逆运行</td></tr>
<tr><td>11</td><td>端子 2 输入 0~5 V</td></tr>
<tr><td rowspan="4">Pr.267</td><td rowspan="4">端子 4
输入选择</td><td rowspan="4">0</td><td rowspan="2">0</td><td>电压/电流输入切换开关</td><td>内容</td></tr>
<tr><td>I V</td><td>端子 4 输入 4~20 mA</td></tr>
<tr><td>1</td><td rowspan="2">I V</td><td>端子 4 输入 0~5 V</td></tr>
<tr><td>2</td><td>端子 4 输入 0~10 V</td></tr>
</table>

(1) 模拟量输入规格的选择

模拟量电压输入所使用的端子 2 可以选择 0~5 V(初始值)或 0~10 V 电压信号,由参数 Pr.73 设定,见表 7-22。

表 7-22 Pr.73 和 Pr.267 参数设置

<table>
<tr><th rowspan="2">Pr.73 设定值</th><th rowspan="2">端子 2 输入</th><th colspan="2">端子 4 输入</th><th rowspan="2">可逆运行</th></tr>
<tr><th>AU 信号</th><th></th></tr>
<tr><td>0</td><td>0~10 V</td><td rowspan="4">OFF</td><td rowspan="4">—</td><td rowspan="2">不运行</td></tr>
<tr><td>1(初始值)</td><td>0~5 V</td></tr>
<tr><td>10</td><td>0~10 V</td><td rowspan="2">运行</td></tr>
<tr><td>11</td><td>0~5 V</td></tr>
<tr><td>0</td><td rowspan="4">—</td><td rowspan="4">ON</td><td rowspan="4">根据 Pr.267 的设定值:
0:4~20 mA(初始值)。
1:0~5 V。
2:0~10 V</td><td rowspan="2">不运行</td></tr>
<tr><td>1(初始值)</td></tr>
<tr><td>10</td><td rowspan="2">运行</td></tr>
<tr><td>11</td></tr>
</table>

模拟量输入所使用的端子 4 可以选择电压输入（0～5 V，0～10 V）或电流输入（4～20 mA初始值）。变更输入规格时，须变更参数 Pr.267 和电压/电流输入切换开关。电压/电流输入切换开关置于如图 7-23 所示的位置，端子 4 的额定规格随电压/电流输入切换开关的设定而变更。

电压输入时：输入电阻为 10 kΩ±1 kΩ，最大容许电压为 DC 20 V。

电流输入时：输入电阻为 233 Ω±5 Ω，最大容许电流为 30 mA。

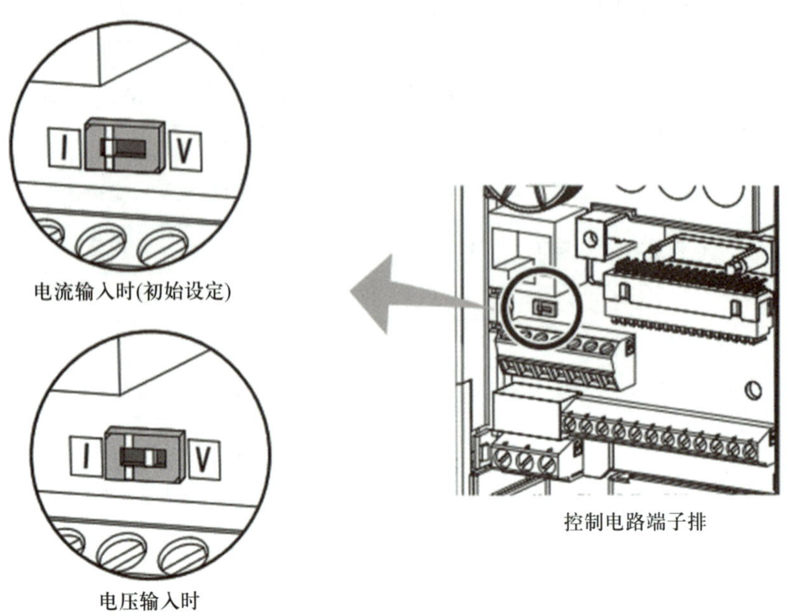

图 7-23 端子 4 的电压/电流切换开关设定

（2）以模拟量输入电压运行

端子 2、端子 5 之间输入 DC 0～5 V 的电压信号时，按照图 7-24（a）接线，此时设置 Pr.73=1或 11，输入 5 V 时，为最大输出频率（由 Pr.125 设定）。5 V 的电源既可以使用内部电源（内部电源在端子 10、端子 5 之间输出 DC 5 V），也可以使用外部电源输入。

端子 2、端子 5 之间输入 DC 0～10 V 的电压信号时，按照图 7-24（b）接线，此时设置 Pr.73=0或 10，输入 10 V 时，为最大输出频率（由 Pr.125 设定）。10 V 的电源，必须使用外部电源输入。

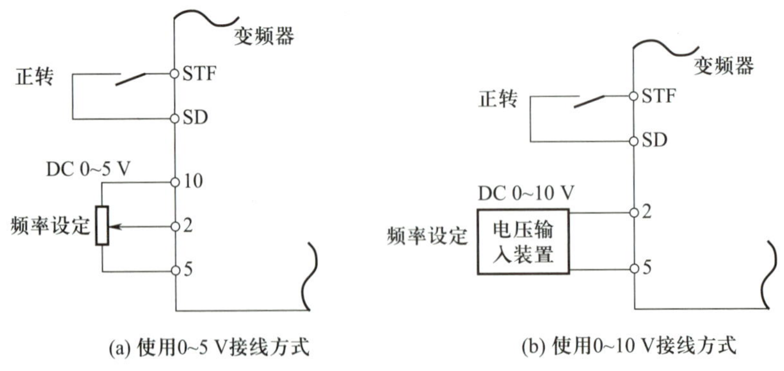

图 7-24 模拟量输入控制端子 2 的接线方式

(3) 以模拟量输入电流运行

如采用电流信号给定频率时,需要将 DC 4~20 mA 的电流信号输入到端子 4、端子 5 之间,设置参数 Pr.267=0,同时 AU 信号设置为 ON。其接线图如图 7-25 所示。

(4) 以模拟量输入来切换正转、反转(可逆运行)

通过将 Pr.73 设定为 10 或 11,并对 Pr.125(Pr.126)端子 2 频率设定增益频率(端子 4 频率设定增益频率)、C2(Pr.902)端子 2 频率设定偏置频率~C7(Pr.905)端子 4 频率设定增益进行调整,可以通过端子 2(端子 4)实现可逆运行。

例 7-1 通过端子 2(0~5 V)输入进行可逆运行时,设定 Pr.73=11,使可逆运行有效。在 Pr.125(Pr.903)中设定最大模拟量输入时的频率。将 C3(Pr.902)设定为 C4(Pr.903)设定值的 1/2。如图 7-26 所示,在端子 2、端子 5 之间输入 DC 0~2.5 V 为反转、DC 2.5 V~5 V 为正转。

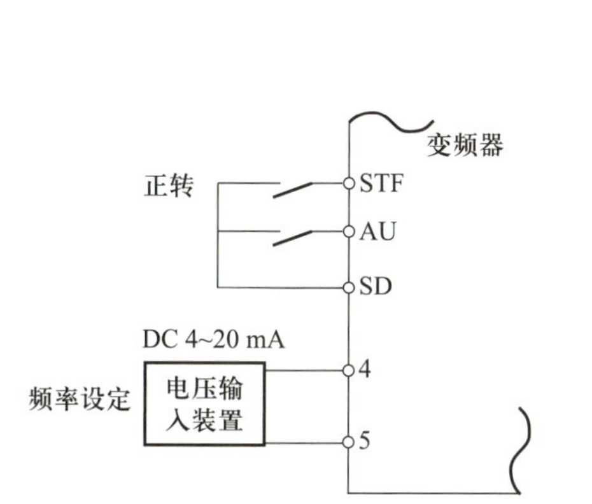

图 7-25 模拟量输入控制端子 4 的接线方式

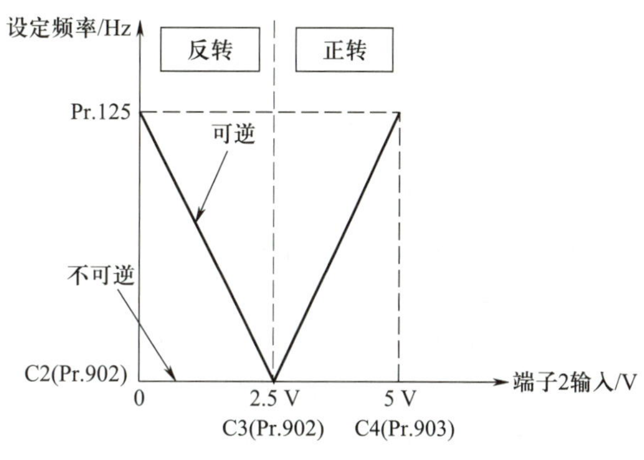

图 7-26 可逆运行

注意:

① 在设定为可逆运行后,没有模拟量输入时(仅输入启动信号),会以反转运行。

② 设定为可逆运行后,在初始状态下,端子 4 也为可逆运行(0~4 mA:反转,4~20 mA:正转)。

7.3.3 任务实施

1. 准备元器件和工具

元器件和工具清单见表 7-23。

表 7-23 元器件和工具清单

序号	元器件和工具	型号与规格	数量	单位	备注
1	常用电工工具	验电笔、螺钉旋具(一字和十字)、电工刀、尖嘴钳、钢丝钳、压线钳等	1	套	
2	万用表	MF-47、DT9502 或自定	1	台	
3	三菱变频器	FR-E740-0.4K-CHT	1	台	
4	使用手册	三菱通用变频器 FR-E700 使用手册	1	本	

2. 变频器硬件电路接线

按照图 7-27 完成变频器的接线,认真检查,确保正确无误。

2. 设置变频器参数

打开电源开关，在 PU 运行模式下，设置以下参数：

Pr.1 = 50 Hz，上限频率。

Pr.2 = 0 Hz，下限频率。

Pr.7 = 5 s，加速时间。

Pr.8 = 5 s，减速时间。

Pr.9 = 2.5 A，电源过电流保护，一般设定为变频器的额定电流。

Pr.73 = 1，端子 2 输入 0～5 V 电压信号。

Pr.125 = 50 Hz，端子 2 频率设定增益频率。

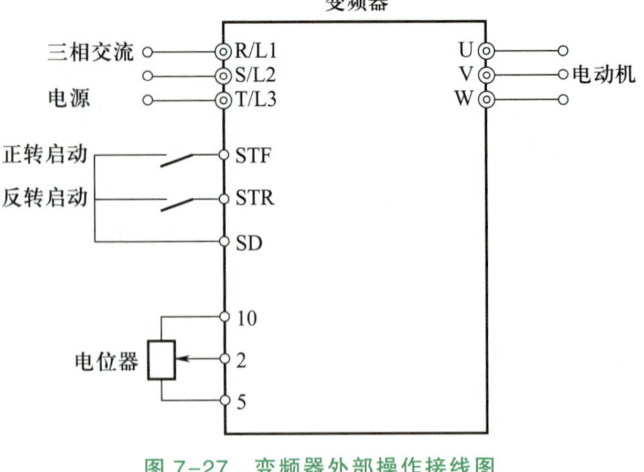

图 7-27　变频器外部操作接线图

Pr.178 = 60，端子 STF 设定为正转端子。

Pr.179 = 61，端子 STR 设定为反转端子。

Pr.79 = 2，选择外部运行模式。

3. 调试运行

① 用电位器设定变频器运行频率。

② 闭合正转启动按钮，观察并记录电动机运转情况。

③ 断开正转启动按钮，闭合反转启动按钮，观察并记录电动机的运转情况。

④ 改变 Pr.7、Pr.8 的值，重复①—③，观察电动机运转状态的变化。

7.3.4　任务考评

根据班级人数先分组，然后进行任务实施，实施过程中的考评细节参见表 7-24。

表 7-24　任务考评表

项目	评价指标	自评	互评	自评、互评平均分	总分
工作任务（40 分）	能正确使用工具和仪表，按照电路图正确接线（10 分）				
	参数设置正确（10 分）				
	变频器操作正确（10 分）				
	系统调试（10 分）				
职业素养（15 分）	工作服整洁、无饰品或硬质件（5 分）				
	正确查阅维修资料和学习材料（5 分）				
	8S 素养（5 分）				
个人思考和总结（5 分）	按照完成任务的安全、质量、时间和 8S 要求，提出个人改进性建议（5 分）				
教师评价（40 分）					

成绩：＿＿＿＿＿＿

7.3.5 课后习题

一、填空题

1. 三菱 FR-E700 变频器的外接输入开关的接口方式有__________、__________、__________3 种。

2. 三菱变频器数字量输入控制端子的逻辑有__________逻辑方式和__________方式 2 种,其漏型逻辑和源型逻辑可以通过__________控制逻辑切换。

3. 变频器的数字量输入控制端子有两种控制方式,分别为__________控制方式和__________控制方式。

4. 三菱变频器的模拟量输入控制端子可以接受__________V 或__________V 的电压信号,__________mA 的电流信号。

5. 三菱变频器的模拟量输入控制端子有__________和__________两路输入,这两路模拟量输入的功能由“模拟量输入选择”参数__________和“端子 4 输入选择”参数__________设定。

6. 采用电流信号给定频率时,需要将 DC 4~20 mA 的电流信号输入到端子__________之间此时要使用端子 4,必须将 Pr.267 = __________,同时将 AU 信号设置为__________。

二、简答题

1. 三菱变频器的模拟量输入控制端子有几个?电压输入和电流输入的量程标准是多少?如何通过开关设置电压输入和电流输入?

2. 三菱变频器如果通过端子 10、端子 2、端子 5 给定 0~5 V 的电压信号,参数如何设置才能实现变频器正转和反转运行切换?

三、实操题

利用变频器外部端子实现电动机正转、反转和点动的功能,电动机加减速时间为 4 s,点动频率为 10 Hz。RH 为点动端子,STF 为正转端子,STR 为反转端子,由端子 2、端子 5 给定 0~10 V 的模拟量电压信号,试画出变频器的接线图并设置参数。

任务 7.4

三菱变频器多段速控制

知识目标

1. 能够说出什么是多段速。
2. 能够复述多段速端子功能设置方法。

技能目标

1. 能够正确使用工具和仪表。
2. 会根据任务要求正确设置变频器参数。
3. 能根据任务要求完成多段速控制调试工作。

素养目标

1. 树立正确的团结协作理念，培养协作精神。
2. 培养对工作一丝不苟的工作作风。
3. 培养用理论指导实践的工作习惯。

实施流程

序号	工作内容	教师活动	学生活动
1	布置任务	1. 通过在线平台下发预习任务； 2. 通过在线论坛收集、分析学生疑问； 3. 通过在线平台设置考勤	1. 接受任务，明确任务； 2. 在线学习相关资料，参考教材和课件完成课前预习； 3. 反馈疑问； 4. 完成在线平台签到
2	知识准备	1. 多段速参数的意义； 2. 三菱变频器的多段速功能设定	1. 查阅多段速相关资料； 2. 学习三菱变频器多段速功能设定方法
3	任务实施	1. 教师下发任务单； 2. 督导学生完成	1. 按照任务要求与教师演示过程，学生分组完成任务单； 2. 师生互动，讨论任务实施过程中出现的问题； 3. 完成任务书
4	任务考评	1. 按具体评分细则对学生进行评价； 2. 采用过程性考核方式，根据学生学习全过程的表现，教师给定综合评定分数	按具体评分细则进行自评、互评

7.4.1 任务分析

在工业生产中，由于工艺的要求，很多生产机械需要在不同的转速下运行。如数控车床的主轴，针对这种情况，一般的变频器都有多段速控制功能，以满足工业生产的需求。现有一变频控制系统，要求用 4 个外接端子实现 15 段速控制，运行频率分别为 5 Hz，8 Hz，10 Hz，12 Hz、15 Hz、20 Hz、25 Hz、28 Hz、30 Hz、35 Hz、39 Hz、42 Hz、45 Hz、48 Hz、50 Hz。变频器的上、下限频率分别为 50 Hz、0，加减速时间为 5 s。

7.4.2 知识准备

在变频器的外接输入控制端子中，通过功能预置，可以将若干（通常为 2~4）输入端子作为多段速（3~16 挡）控制端。其转速的切换由外接的开关器件通过改变输入端子的状态及其组合来实现，转速的挡位是按二进制顺序排列的，故 2 个输入端子可以组合成 3 或 4 段转速，3 个输入端子可以组合成 7 或 8 段转速，4 个输入端子可以组合成 15 或 16 段转速。

用参数预先设定多种运行速度，用输入端子的不同组合选择速度。其中，参数 Pr.4~Pr.6用来设定高、中、低 3 段速，参数 Pr. 24 ~ Pr. 27 用来设定 4 ~ 7 段速，参数 Pr.232~Pr.239用来设定 8~15 段速，其参数意义及设定范围见表 7-25。

表 7-25　多段速参数意义及设定范围

参数号	名称	出厂设定/Hz	设定范围/Hz	功能	备注
Pr.4	3 段速设定（1 速：高速）	50	0~400	设定 RH 闭合时的频率	
Pr.5	3 段速设定（2 速：中速）	30	0~400	设定 RM 闭合时的频率	
Pr.6	3 段速设定（3 速：低速）	10	0~400	设定 RL 闭合时的频率	
Pr.24~Pr.27	多段速设定（4~7 速）	9999	0~400 Hz，9999	通过 RH、RM、RL 的组合，设定 4~7 段速的频率	9999：未选择
Pr.232~Pr.239	多段速设定（8~15 速）	9999	0~400 Hz，9999	通过 RH、RM、RL、REX 的组合，设定 8~15 段速的频率	9999：未选择

（1）多段速设定（Pr.4~Pr.6）

RH 信号为 ON 时以 Pr.4 设定的频率运行，RM 信号为 ON 时以 Pr.5 设定的频率运行，RL 信号为 ON 时以 Pr.6 中设定的频率运行。3 段速运行示意图如图 7-28 所示。

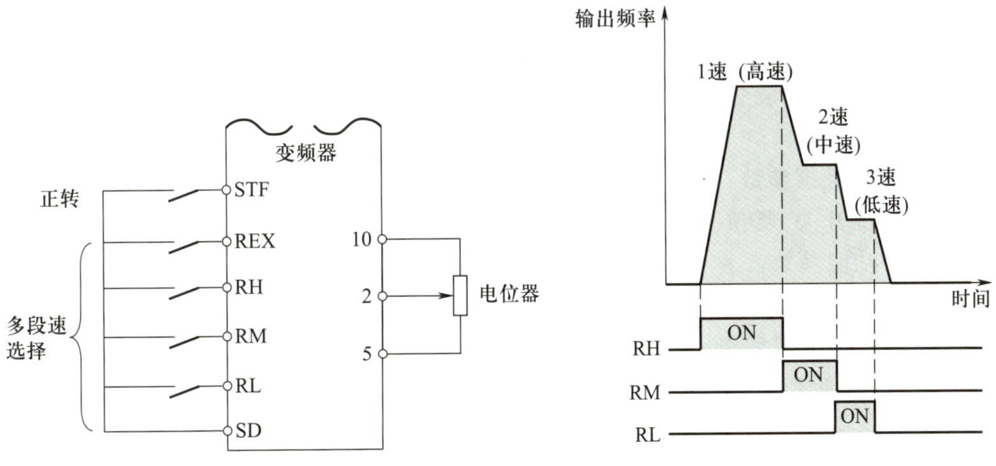

图 7-28　3 段速运行示意图

(2) 4 速以上的多段速设定(Pr.24～Pr.27、Pr.232～Pr.239)

通过 RH、RM、RL、REX 信号的组合,可以设定 4～15 速。须在 Pr.24～Pr.27,Pr.232～Pr.239 中设定运行频率(初始值状态下 4～15 速为无法使用的设定)。

REX 信号输入所使用的端子,通过将 Pr.178～Pr.184(输入端子功能选择)设定为“8”来分配功能。7 段和 15 段速运行示意图如图 7-29 所示。

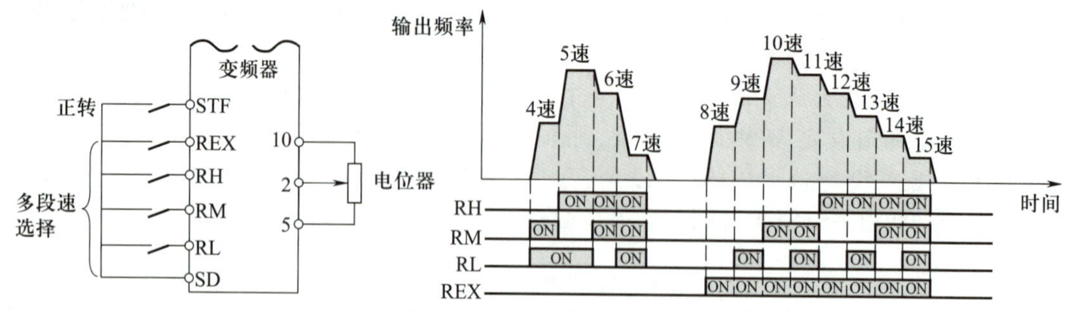

图 7-29　7 段和 15 段速运行示意图

7.4.3　任务实施

1. 准备元器件和工具

元器件和工具清单见表 7-26。

表 7-26　元器件和工具清单

序号	元器件和工具	型号与规格	数量	单位	备注
1	常用电工工具	验电笔、螺钉旋具(一字和十字)、电工刀、尖嘴钳、钢丝钳、压线钳等	1	套	
2	万用表	MF-47、DT9502 或自定	1	台	
3	三菱变频器	FR-E740-0.4K-CHT	1	台	
4	使用手册	三菱通用变频器 FR-E700 使用手册	1	本	

2. 变频器硬件接线

按照图 7-30 完成变频器的接线,认真检查,确保正确无误。

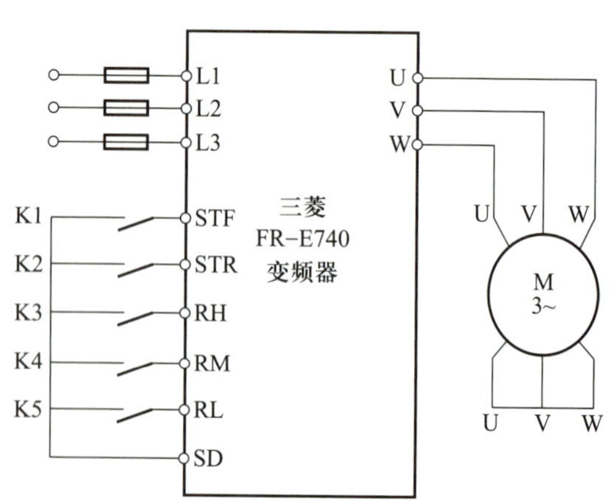

图 7-30　变频器外部操作接线图

3. 设置变频器参数

打开电源开关,复位变频器参数并正确设置如下功能参数:

Pr.1 = 50 Hz,上限频率。

Pr.2 = 0 Hz,下限频率。

Pr.7 = 5 s,加速时间。

Pr.8 = 5 s,减速时间。

Pr.9 = 2.5 A,电源过电流保护,一般设定为变频器的额定电流。

Pr.160=0,扩展功能显示选择。

Pr.79=3,操作模式选择。

Pr.179=8,15 速选择,STR 端子。

Pr.180=0,低速运行指令,RL 端子。

Pr.181=1,中速运行指令,RM 端子。

Pr.182=2,高速运行指令,RH 端子。

Pr.4=50,固定频率 50 Hz。

Pr.5=30,固定频率 30 Hz。

Pr.6=10,固定频率 10 Hz。

Pr.24=5,固定频率 5 Hz。

Pr.25=8,固定频率 8 Hz。

Pr.26=12,固定频率 12 Hz。

Pr.27=15,固定频率 15 Hz。

Pr.232=20,固定频率 20 Hz。

Pr.233=25,固定频率 25 Hz。

Pr.234=28,固定频率 28 Hz。

Pr.235=35,固定频率 35 Hz。

Pr.236=39,固定频率 39 Hz。

Pr.237=42,固定频率 42 Hz。

Pr.238=45,固定频率 45 Hz。

Pr.239=48,固定频率 48 Hz。

4. 调试运行

① 打开开关“K1”,启动变频器。

② 切换开关“K2”“K3”“K4”“K5”的能断,观察并记录变频器的输出频率。

5. 学习总结

根据实训结果进行表 7-27 的数据填写。

表 7-27 15 段速的输出频率与开关组合记录表

K5	K4	K3	K2	输出频率
OFF	OFF	OFF	OFF	
ON	OFF	OFF	OFF	
OFF	ON	OFF	OFF	
OFF	OFF	ON	OFF	
ON	ON	OFF	OFF	
OFF	OFF	ON	OFF	
OFF	ON	ON	OFF	
ON	ON	ON	OFF	

项目7

续表

K5	K4	K3	K2	输出频率
OFF	OFF	OFF	ON	
ON	OFF	OFF	ON	
OFF	ON	OFF	ON	
OFF	OFF	ON	ON	
ON	ON	OFF	ON	
OFF	OFF	ON	ON	
OFF	ON	ON	ON	
ON	ON	ON	ON	

7.4.4 任务考评

根据班级人数先分组，然后进行任务实施，实施过程中的考评细节参见表 7-28。

表 7-28 任务考评表

项目	评价指标	自评	互评	自评、互评平均分	总分
工作任务（40 分）	能正确使用工具和仪表，按照电路图正确接线（10 分）				
	参数设置正确（10 分）				
	变频器操作正确（10 分）				
	系统调试（10 分）				
职业素养（15 分）	工作服整洁、无饰品或硬质件（5 分）				
	正确查阅维修资料和学习材料（5 分）				
	8S 素养（5 分）				
个人思考和总结（5 分）	按照完成任务的安全、质量、时间和 8S 要求，提出个人改进性建议（5 分）				
教师评价（40 分）					

成绩：__________

7.4.5 课后习题

1. 三菱变频器有几种多段速实现方式？有什么不同？

2. 用 4 个开关控制变频器实现电动机 12 段速频率运转。12 段速设置分别为:5 Hz,10 Hz,15 Hz,-15 Hz,-5 Hz,-20 Hz,25 Hz,40 Hz,50 Hz,30 Hz,-30 Hz,60 Hz。变频器的启动和停止信号可以由外部端子给定。试画出变频器外部接线图,写出参数设置。

3. 利用外部端子控制变频器的正反转,利用变频器面板给定频率,控制电动机以 40 Hz正反转运行,上、下限频率为 0 和 50 Hz,加减速时间为 15 s。试画出变频器的接线图并设置正确参数。

主要参考文献

[1] 蒋祥龙,李震球.电气控制技术项目化教程[M]. 2版.北京:机械工业出版社,2025.

[2] 蒋祥龙,李震球.电工电子实训项目化教程[M].北京:机械工业出版社,2024.

[3] 王玺珍,赵承获,袁媛.电机与电气控制技术[M]. 6版.北京:高等教育出版社,2022.

[4] 杨益飞,刘杰.电机与电气控制技术[M].北京:机械工业出版社,2024.

[5] 李艳玲,朱光耀,杨苗.电机与电气控制技术[M]. 2版.北京:机械工业出版社,2023.

[6] 孙方霞,夏慧,郭宝宁.电机与拖动技术项目化教程[M].北京:机械工业出版社,2024.

[7] 郭艳萍.变频调速与伺服驱动技术[M].北京:机械工业出版社,2023.

[8] 李方园,刘长国,刘雁.变频器技术及应用[M].北京:机械工业出版社,2016.